SV

Thomas Bernhard
Der Wahrheit auf der Spur

Reden, Leserbriefe, Interviews, Feuilletons

Herausgegeben von
Wolfram Bayer, Raimund Fellinger
und Martin Huber

Suhrkamp Verlag

Erste Auflage 2011
© dieser Ausgabe Suhrkamp Verlag Berlin 2011
Alle Rechte vorbehalten, insbesondere das der Übersetzung,
des öffentlichen Vortrags sowie der Übertragung
durch Rundfunk und Fernsehen, auch einzelner Teile.
Kein Teil des Werkes darf in irgendeiner Form
(durch Fotografie, Mikrofilm oder andere Verfahren)
ohne schriftliche Genehmigung des Verlages reproduziert
oder unter Verwendung elektronischer Systeme
verarbeitet, vervielfältigt oder verbreitet werden.
Satz: Hümmer GmbH, Waldbüttelbrunn
Druck: Pustet, Regensburg
Printed in Germany
ISBN 978-3-518-42214-4

1 2 3 4 5 6 – 16 15 14 13 12 11

Der Wahrheit auf der Spur

Jean-Arthur Rimbaud
Zum 100. Geburtstag

Verehrte Versammlung,
es heißt, wir e h r e n die Dichter nur, wenn sie tot sind, wenn der Gruftdeckel oder der nasse Erdhaufen die endgültige Trennung zwischen ihm und uns herbeigeführt hat, wenn der Schöpfer lyrischer Gedichte in Not und Elend erstickt ist, wenn er, wie es so schön und peinlich in den Nachrufen minderwertiger Geister heißt, s e i n e n Geist aufgegeben hat. Dann findet sich schon, so es Gott will, ein verstaatlichtes Büro, das im Adreßbuch zu blättern beginnt, und das Werk der Nachwelt nimmt seinen Lauf. Es gibt Kränze und »Kränzchen«, und es entwickelt sich ein amüsantes Geschäft zwischen Weinlokal und Ministerium, solange, bis entweder der Akt des Dichters wieder verschwindet, oder man sich zur Herausgabe seines Werkes entschlossen hat. Es gibt Feiern und Pomp, man entdeckt das Pensum des Toten, zerrt es ans Licht – man »veranstaltet« den Dichter –, meist nur, um sich selbst die Langeweile zu vertreiben, für die man schließlich bezahlt wird. Und ist es nicht so (bei uns!), daß nicht der Dichter geehrt wird, sondern der Herr vom Kulturamt, der die Begrüßung vornimmt, der Herr Gedichte-Verwalter, der Schauspieler, der Rezitator? So mancher Hölderlin oder Georg Trakl würde sich im Grabe umdrehen über soviel gemachte, aufgepfropfte Kultur, über soviel Kunstmarktgerede, von dem nichts herauskommt als Schamlosigkeit!
Es geht darum, an Jean-Arthur Rimbaud zu erinnern. Gott sei Dank, daß er ein Franzose war! Glauben wir also an die Kraft und die Herrlichkeit des dichterischen Wortes, glauben wir an das fortdauernde Leben des Geistes, an die Un-

verwüstlichkeit der Bilder (der Totenbilder und der Visionen), wie sie auftauchen zwischen den Blättern von ein paar großen Männern aus den Elementen, wie sie ein Jahrhundert nur ein- oder zweimal hervorbringt. Täuschen wir uns nicht, das Gewaltige, Erregende, Aufwühlende und Beruhigende, das Bleibende, wächst nicht wie der Sauerampfer auf der Sommerwiese! So ein bedeutender Vers, dem der Mensch den Blick in die Tiefe verdankt, kommt nicht alle Tage zustande, nicht jedes Jahr. Es müssen immer etliche Tausend Bücher herausgestampft werden, ehe die Maschine einmal einen solch elementaren Ruck macht, und uns ein, wenn auch nur ein bedeutendes Werk der Weltliteratur liefert. Die immer so an der großen Glocke hängen und tönen bis in die versoffenen Bierstuben, die Zeitschriftendichter und die Exportartikler der Literatur, die es auch zuweilen zum Nobelpreis bringen, sind zumeist nur auffrisiertes Gewäsch und Modefabrikation. In der Literatur kommt es nur auf das Ursprüngliche an, eben auf das Elementare, auf Leute wie Jean Arthur Rimbaud.
Der Dichter Frankreichs war ein wirkliches Element, seine Verse waren aus Fleisch und Blut. Hundert Jahre sind nichts für diesen Meister des Wortes, den unübersetzbaren Rimbaud. Er riß das Leben an sich, unkonventionell, mit der Wurzel, packte es zugleich voll Ehrfurcht und Todessüchtigkeit. Seine Dichtung ist abgeschlossen, mit dreiundzwanzig Jahren klappte er sein Buch zu, sein »Trunkenes Schiff«, seine »Erleuchtungen«, seine »Saison in der Hölle«. Nie mehr rührte er die Feder an, um zu dichten, der Ekel vor der Literatur hatte ihn erfaßt. Aber er war fertig, es war genug. »Absurde! Ridicule! Dégoûtant!« – so wehrte Rimbaud ab, wenn man von seinen Versen mit Bewunderung sprach, und versuchte, ihn der Literatur in Frankreich zurückzugewinnen.
Rimbaud wurde am 20. Oktober 1854 in Charleville geboren. Sein Vater war Offizier, die Mutter eine Frau wie jede

andere, bedacht auf das Wohl des Knaben, aber in dem Augenblick mißtrauisch und zurückgezogen, als es in ihm zu gären beginnt, als er mit neun Jahren seine ersten Verse heimbringt von der Schule, seine ersten »Essays«, seine Visionen, seine ersten Dichtungen, die zu den besten Frankreichs zählen. Im Juli 1870 bekommt er einen ersten Preis für die meisterhaften lateinischen Verse, in die er »Sancho Pansas Ansprache an seinen Esel« umgearbeitet hatte. Noch während des Studiums schreibt er für ein Ardennenblatt und greift Napoleon und Bismarck mit gleicher Heftigkeit an. Um die Armut der Menschen zu sehen u n d zu leiden, wandert er zu Fuß nach Paris, taucht unter in der Menscheneinöde und der Menschenfurcht, und er wirft sich den Gequälten und Nichtshabenden zwischen den einzelnen Boulevards an die Brust. In dieser Zeit sollen seine Haare so lang gewesen sein wie eine Pferdemähne, ein Vorübergehender bot ihm vier Sous an für den Friseur, die er, der »Dichter aus Charleville«, in Tabak anlegt. Dann ist er Zeuge der Revolution in der Babylon-Kaserne, in dem dichten Gemisch der Rassen und Klassen, und feurig ruft er es aus: »Arbeiter will ich sein! Kämpfer!« – Nach achttägigem Kampf erstürmen die Regierungstruppen die Hauptstadt, die gefangenen Revolutionäre, seine Freunde und Genossen, verbluten. Er selbst, der die erste große Erschütterung seines Lebens hinter sich hat, kann wie durch ein Wunder entweichen. Aber in Charleville war er nicht mehr zuhause.

Rimbaud war Märtyrer und »Sozialer«, aber niemals Politiker. Er hatte nichts mit der Politik, der Kunstbefremdung, zu tun und gemein. Er war nichts weniger als ein Mensch, und als solcher rührte ihn die Vergewaltigung des Geistes auf. In Charleville setzte er sich hin und schrieb die feurigen Gedichte »Das trunkene Schiff« – obwohl er das Meer noch nicht kannte –, schrieb »Paris bevölkert sich wieder«, die Orgie, die Anklage gegen das Geschwulst des Hasses, das Gedicht des Pariser Menschenlasters, alles in ihm war Empörung, und wenn er den Fluß entlangging, »brauchte er Stunden, um sich innerlich zu beruhigen«. Er war siebzehn Jahre alt, als er das wunderbare Versgebilde »Die Armen in der Kirche« niederschrieb, mit »klopfendem Herzen, ganz bei den schmutzigen Kindern, die immer auf die hölzernen Engel schauen und dahinter den Gott vermuten...« Rimbaud war Kommunist, ja, aber nicht der, der auf den Champs-Elysées die Paläste anzünden wollte, sondern ein Kommunist des Geistes, ein Kommunist seiner Lyrik und seiner bildhaften Prosa.

Als er Verlaine, dem einzigen lebenden Dichter Frankreichs, den er verehrte, seine Verse schickt, antwortet ihm dieser mit dem klassisch gewordenen Satz: »Venez, chère grande âme!« – Und wie erstaunt ist der »Dichter von Paris«, der in den rauchgeschwängerten Salons wie ein Gott aus und ein ging, als er, anstatt einen »würdigen« Mann, den siebzehnjährigen zerlumpten Jean vor der Wohnungstür findet. Dieser hatte die »Sensation«, das große brennende Gedicht, hinter sich. Ja, das waren Zeiten!

Mit Verlaine begann für Rimbaud eine neue Epoche, es war eine tief freundschaftliche und zutiefst menschliche, und sie waren mitsammen nach England gereist, um London kennenzulernen, die stinkige Luft des größten Hafens der Welt, Mittelengland mit seinen schwarzen Fabriken, waren nach Brüssel gekommen, um sich – auf Zeit! – zu trennen. Verlaine mußte »heim« zu seiner Familie, die er, ohne »Rücksicht«, wie es heißt, eines Morgens verlassen hatte. Wie verschieden waren die beiden Landstreicher, denen es gegönnt war, ohne Paß durch Europa zu streifen, ohne alles, der Flüchtige, immer ausbrechende Rimbaud, vorwärts getrieben von der monumentalen neuen Wirklichkeit, die »es zu verdauen gab in der Prosa«, und der weiche, ihm ganz verfallene Verlaine, der dem Katholizismus, der Rettung, zustrebte, der ihm die tiefen Dichtungen verdankt, die geheiligten Lieder des ruhenden Menschen, die der geschlagene Mann im Gefängnis niederschreibt, nachdem er den jungen Bruder aus Charleville im Streit angeschossen und schwer verletzt hatte. Verlaine war für Rimbaud der große Dichter, aber weich und süchtig, Rimbaud dagegen hatte sich in Verlaine zum »alleinigen Lebensreichtum außer Jesus Christus« geformt. Man darf es nicht falsch verstehen: Verlaine liebte die poetische Kraft seines »Bruders« und das wunderbar klare Gesicht Arthurs, nicht mehr.

Das Leben der Dichter gehört nicht auf die Straße geschleppt, aber Rimbauds Leben ist so gewaltig, so groß, so abgründig und doch so religiös, wie das Leben eines Heiligen. Er steht vor uns wie seine Dichtung: abscheulich, wahrhaft, schön und von Gott!

Er war in Deutschland Hauslehrer bei einem Stuttgarter Doktor Wagner, streifte durch Belgien und nach Holland. Er ließ sich für die Kolonialtruppen anwerben und erreichte nach siebenwöchiger Überfahrt Java. Aber es war ihm mit dem Militärdienst genauso wenig ernst wie einstmals mit dem Gedanken, »Missionar zu werden, um die Welt zu sehen«. Als er in Niederländisch-Indien an Land ging, schien es, als hätte er sein Ziel erreicht: unerreichbar der abscheulichen Zivilisation zu sein! Er machte sich davon, ging nach Batavia, lebte vom Handgeld, schlug sich durch die neue Landschaft, lebte mit Tieren und Halbidioten zusammen, betrat 1876 ein englisches Schiff, um heimzukehren. Er war für eine Zeit müde geworden. Als man an der Insel Helena vorbeikam, verlangte er, daß man anhalte. Da man seinem Wunsche nicht nachkam, sprang er einfach ins Meer, um hinüberzuschwimmen. Mit knapper Not konnte er, der unbedingt Napoleons Lager habe sehen wollen, wieder an Bord gebracht werden. Genau am 31. Dezember war er wieder in Charleville.

Er war zeitlebens ein Abenteurer, und die Hälfte seines Daseins war er unterwegs. Er hatte sich längst von der Literatur abgewandt, und er schrieb nicht mehr:

»Im Straßenschotter hatt ich meine Schuh zerschnitten,
acht Tage lang. In Charleroi macht ich halt.
Im ›Grünen Cabaret‹ begehrt ich Butterschnitten
und Schinken, der beinah zur Hälfte kalt.

Ich dehnte unterm Tische mit Behagen
die Füße aus, sah mir die Wände an
mit ihrer simplen Malerei. O nicht zu sagen,
als mir die Magd mit ihrem hohen Busen dann,

mit ihrem frohen Blick, mit ihrem Mund, der lachte,
– die hat vor einem Kuß nicht Angst! – auf buntem Teller
Butterbrot und warmen Schinken brachte,

so rosaweiß, von Knoblauchduft durchwürzt,
und dann den Bierschaum, den ein heller
Spätsonnenstrahl umsäumt, ins hohe Glas gestürzt.«

Er genoß nurmehr. Und er ist wieder in Marseille und verkauft Schlüsselringe, kommt nach Ägypten, kehrt wieder nach Frankreich zurück und schifft sich schließlich als Einkäufer von Kaffee und Parfum nach Arabien ein. Im November verläßt er Arabien und gelangt nach Zeila. In der ersten Dezemberhälfte, nach zwanzigtägigem Ritt durch die Wüste Somali, kommt er nach Harrar, einer englischen Kolonie. Hier wird er Generalagent einer englischen Firma mit einem »Gehalt von 330 Franken, Beköstigung, Reisekosten und 2% Provision«. Bevor er jedoch Aden verlassen hatte, schrieb er seiner Mutter um wissenschaftliche Bücher. Die Kunst war über Bord geworfen, er strebte nach anderen

geistigen Dingen, gleichviel wichtigen, und er studiert im folgenden Metallurgie, Schiffahrtskunde, Hydraulik, Mineralogie, Maurerarbeit, Zimmermannsarbeit, landwirtschaftliche Maschinen, Sägemühlen, Bergmanns-Glaser-Töpfer-Metallgießerhandwerk, artesische Brunnen – alles will er sich zu eigen machen, er hat Hunger wie nie zuvor, selbst als Generalagent! Die Filiale Harrar des Handelshauses gelangt unter des Dichters Rimbaud Leitung zu großer Blüte. Ihm selbst gehen die Geschäfte immer zu schlecht. In seinen Briefen schreibt er von Geld und Gold, das man suchen müsse. Er wird wieder ungeduldig und will nach Tonking, nach Indien und zum Panamakanal. Und er macht nichts mehr als Geschäfte, vielleicht nur, um sich zu betäuben, er handelt mit Kaffee und Waffen, die er ans Rote Meer schickt, mit Baumwolle und Früchten – er hatte Frankreich die schönsten Jugenddichtungen geschenkt. Und voller Unglück schreibt er: »Ich langweile mich sehr, ich habe nie jemanden gekannt, der sich so langweilte, wie ich.«
1890, als er den Wunsch hatte, sich zu verheiraten, spürte er plötzlich eine Art von Gicht in sich, den Schmerz des Körpers, den dieser sturmgepeitschte Mensch bisher nicht kannte. Fern von Frankreich, unter Sklaven und Negern, in der stinkenden Wüste. Das Ende nahte mit Riesenschritten. Er selber schrieb über seine Krankheit: »Das Klima Harrars ist kalt, und ich zog aus Gewohnheit fast gar nichts an, eine einfache Tuchhose und ein Wollhemd, und so machte ich täglich unsinnige Ritte von 15-40 Kilometern durch die schroffen Berge des Landes. Ich glaube, am Knie muß sich ein giftiges Leiden entwickelt haben, hervorgerufen durch Ermüdung, Hitze und Kälte. Tatsächlich hat es mit einem Hammerschlag unter der Kniescheibe begonnen: ein leichter Schlag, den ich alle Minuten einmal spürte ... Ich ging herum und arbeitete fleißig weiter, mehr als je, denn ich glaubte an eine gewöhnliche Verkühlung ...« Die Untersu-

chung des englischen Arztes im Hospital in Aden ergab eine weit vorgeschrittene gefährliche Gelenksentzündung. Rimbaud entschloß sich, sich auf einen nach dem Mittelmeer abgehenden Dampfer bringen zu lassen.
In Marseille wird sein Bein amputiert. Die alte Madame Rimbaud ist bei ihm. »Ich bin ein Krüppel«, schreibt er verzweifelt, »was kann ein Krüppel der Welt nützen? Lieber den Tod, nach all dem, was ich schon ertragen habe ...« Das schreibt er nach monatelangen Qualen, die ihn aufs Bett warfen. Er leidet an Krebs. Am 23. Juli ließ er sich, wie es seine Schwester beschreibt, zur Familie nach Roche bringen, die sich dort angesiedelt hatte. Dort hoffte er, endgültig Ruhe und Schlaf zu finden. Es war 1891. Das Getreide war erfroren, als er heimkam, und beim Anblick des für ihn eingerichteten Zimmers rief er aus: »Das ist ja Versailles hier!« – Darauf folgten die furchtbarsten Monate seines Lebens. Im Oktober machen sich die ersten Anzeichen des Todes bemerkbar. Noch einmal möchte er aufbrechen, mit einem Bein, nach Indien, oder wenigstens nach Harrar zu den Negern. Er wird schon auf die Bahn gebracht, in den Zug geschleppt, muß aber auf der nächsten Station wieder heraus. Es war die tiefste Verzweiflung eines Menschen. Im »Hôpital de la Conception« trug er sich unter dem Namen Jean Rimbaud ein. Dann war alles nurmehr Kampf zwischen dem Leben, das er w o l l t e , und dem Tode. Er hat wunderbare Visionen, seine »Illuminations« kehren wieder, seine Erleuchtungen. In der Agonie kehrt der Dichter zurück, plötzlich ist er wieder dort, wo er mit dreiundzwanzig Jahren aufgehört hatte, als er fortlief, wo es ihn anspie aus allen Ecken und Enden, das »Barbarentum der Literatur«, die »Verweichlichung des Intellekts«. Er ist wieder Dichter – auch wenn er nichts mehr schreibt. Er ist wieder da – er w a r doch nicht fort gewesen, nur in Harrar, in Ägypten, in England, in Java. Es war nur ein Umweg, jetzt sah er die Dichtung aus

Charleville deutlich vor sich und es war ihm bewußt: sie ist ge schaffen! Sie senkte sich als wunderbarer Trost auf ihn herab. »Am 10. November, nachmittags zwei Uhr, war er tot«, notierte seine Schwester Isabelle. Der über soviel Gottesfürchtigkeit erschütterte Pfarrer gab ihm den Segen. »Ich habe noch nie einen so starken Glauben gesehen«, sagte er. Dank der Hilfe Isabelles wurde Rimbaud nach Charleville gebracht und mit großem Pomp auf dem dortigen Friedhof begraben. Dort liegt er heute noch neben seiner Schwester Vitalie, unter einem schlichten Marmormonument.

Das Werk Rimbauds war immer von jenen bekämpft, die der Wahrheit keine Ehre geben, und trotzdem beginnt es mit dem glückhaften revolutionären durch und durch dichterischen Schulaufsatz des Neunjährigen »Die Sonne war noch warm ...«, den sein Lehrer und Freund Izambard aufbewahrte. Es zählt zum Gewaltigsten und ist das Ursprünglichste, das je in französischer Sprache geschrieben wurde, alle miteingeschlossen, die Großen, Racine, Verlaine, Valéry, Gide und neuerdings Claudel. Seine Dichtung ist nicht nur französisch, sondern europäisch, es ist Welt-Dichtung, es sind Sprüche und Weissagungen, Empfindungen und Delirien von unheimlicher Zauberkraft.

Man darf Rimbaud nicht zerreden, man muß ihn lesen, wirken lassen muß man ihn als Ganzes wie einen Traum von der Erde, man muß seine Welt betreten, wie e r sie betrat, mit schmutzigen Schuhen und mit hungrigem Magen, einmal auf der Straße nach Mézières, dann in Paris, in der Ausweglosigkeit. Man muß, wie Rimbaud selbst, in s e i n e K i r c h e n hineinschauen, sein Werk nicht b e t r a c h t e n , sondern mitleben und mitleiden, einfach anschauen, wie ein Mädchen irgendein Ding anschaut, das ihm in den Weg flattert.

»Morgens um vier im Sommer, dauert / der Liebe Schlaf noch. / Aus den Gebüschen dampfen / Düfte des Festes der

Nacht...« So etwas wird selten gesagt und gar nicht gedichtet. Das ist ganzer, erschütternder, einsamer, weltcharakterlicher Rimbaud. Oder »Ophelia«, die zwei Gedichte, die alle Welt in sich eingeschlossen haben und mit ihr Gott. Da ist all das zu finden, was den Heutigen mangelt: Schönheit und Ehrfurcht im wahrsten Sinne, und da ist Verlassenheit und in ihr der ewige und einzige Gott, der große Vater, auch wenn sie ihn noch so aus Rimbauds Versen vertreiben wollen. Um gläubig zu sein, muß man nicht Hostien verschlucken, muß man nicht alle Jahre zweimal beichten. Es genügt, wenn der Mensch ins Antlitz der Welt schaut, tief hinein in seine Mitte – wie Rimbaud. Man soll niemals über die Kirche spotten, aber man darf die schlechten Priester als schlecht bezeichnen und die niederträchtigen Nonnen als niederträchtig. Man muß aber auch den Glanz und die Güte Gottes preisen, wie es Rimbaud getan hat vom Anfang bis zum Ende, mit elementarer Gewalt. Denn was sein Werk so groß macht, das ist seine geschlossene Unförmigkeit. Rimbaud war einfach der erste, der wie Rimbaud schrieb. Er und keiner damals wußte, »daß e s nichts ist, aber daß ER ist, und daß ER immer ist«.

Er ist »Shakespeare enfant« – und nicht nur, weil Victor Hugo es gesagt hat. Unvergänglich ist sein »Bateau ivre«, der phantastische Traum. Wo hatte er die Ästhetik hingeworfen? Doch auf den großen, sich gegenseitig auffressenden Abfallhaufen der Literatur, der zu allen Zeiten seinen üblen Parfumgestank verbreitet: Ihm war das Unwirkliche, Gläserne eines späten Rilke fern. Er war keusch und tierhaft zugleich, und die schönsten, empfindsamsten Reflexionen stammen von ihm. Er schrieb nicht auf Büttenpapier, sondern auf stinkende Käsepakete – aber g e r a d e das war nur noch Poesie. Die »Saison in der Hölle« war das einzige Werk, das er selber zu Lebzeiten herausbrachte. Verlaine besorgte nach Rimbauds Tod eine Gesamtausgabe.

Die Dichtung sei ihm nicht mehr gewesen wie ein »Befreiungsversuch«, ein »Ventil für die drängend überschüssige Vitalität«, sagte später Stefan Zweig von ihm. In solche Ströme aber kann man keine b l o ß e Vitalität entladen, Rimbaud nicht, denn sie war ihm keine Zuflucht, die Dichtung, sondern ureigene Heimat. »Religion zwang ihn n i e in die Knie«, schrieb derselbe Stefan Zweig (der Rimbaud tief verehrte!). Und doch war s e i n e Literatur eine einzige, freilich weltweite, geschichtlich freie, ungebundene, unverfeinerte, im Schmutz und in den zerrissenen Schuhen triumphierende Religion. Und diese seine Religion brachte ihn auch zu Fall, sie zwang ihn ja in die Knie! – An seiner »Höllensaison« hing sein ganzes Leben, an seinen »Erleuchtungen« hing sein Herzschlag. – Der Reichtum in Harrar nützte nichts, das ganze Geld nützte nichts, alles, alles nützte nichts, nieder sinkt er, scheinbar klein wird er letztlich, und nieder k n i e t er sich in Delirien und fleht um die letzte Erleuchtung: um den ewigen Vater!

Nur wer um den ewigen Vater fleht, hat Aussicht, bestehen zu bleiben, kann sagen, wie Rimbaud gesagt hat: Ich bin immer!

Das Werk von Josef Weinheber

Josef Weinheber: SÄMTLICHE WERKE: *1., 2., 3. und 4. Band. Herausgegeben von Josef Nadler und Hedwig Weinheber. Salzburg 1954, Otto Müller Verlag. Bisher 2900 S., Dünndruck, je Band* DM *17.50, als Einzelband* DM *18.20.*

Josef Nadler und Hedwig Weinheber, die Witwe des Dichters, haben das Werk des Lyrikers Josef Weinheber gesammelt. Es sollen fünf Bände daraus werden, vier sind bereits erschienen, enthaltend die ersten Gedichte, die Gedichte und die Romane und die kleine Prosa. Der erste Band enthält die Frucht aus den Jahren 1913 bis 1931, darunter die Sammlungen »Ich und Du«, »Der dunkle Weg«, »Einer, der mittrank«, »Amores«, »Der einsame Mensch«, »Anna Fröhlich«, »Von beiden Ufern« und »Boot in der Bucht«. Eine schier unerschöpfliche Fülle der Themen und der Leidenschaften wird hier offenbar.
Der zweite Band umfaßt das Hauptwerk des Lyrikers, die bekannten Gedichtbücher »Adel und Untergang«, »O Mensch, gib acht«, »Zwischen Göttern und Dämonen«, »Kammermusik«, »Wien wörtlich« und »Hier ist das Wort«. Der Gipfelpunkt der Sprache ist erreicht. Manche loben das letzte Buch »Hier ist das Wort« als das reinste. Im Worte ja, doch die Dichtung hauchte den »Göttern und Dämonen« den stärksten Atem ein. In d i e s e m Buch liegt Weinhebers Leben und Weinhebers Tod. Nichts schafft mehr Gemüt und Österreichertum und Deutschtum zugleich als dieses Werk. Die Sprache ist nicht kultiviert, aber prächtig angepackt. Dieser dritte Band ist die Essenz eines »verruchten tiefen, sich endlich erschöpfenden Lebens«. Weinheber hat es geschafft, hier im dritten Band ist es vollkommen klar. Und

darum sei über den Menschen, über die brennende hilfesuchende Glut, Verzeihen gebreitet, denn jeder hat notwendig, einen Teil wenigstens vergessen zu bekommen.

Der dritte Band bringt die drei Romane Weinhebers »Das Waisenhaus«, »Gold außer Kurs« und »Nachwuchs«. Nie war der Dichter ein Mann, der wirklich handfeste Prosa schreiben konnte. Diese drei Bücher sind durchdrungen von einer großen Liebe zur Armut, wie sie seit Jahrhunderten dort, zwischen Ottakring und Heiligenstadt, ihr unscheinbares, tödliches Dasein fristet. Selbstbiographie und Sehnsucht sind diese »Romane«, schöne für den Wiener, der in ihnen zu Hause ist, aber sicherlich fremd dem, der diese Stadt nicht kennt. Schon in St. Pölten würde sie niemand verstehen. Dazu kommt, daß sie sprachlich nicht durchhalten und es vor allem an der notwendigen Komposition mangelt.

Der vierte Band sammelt kleine Prosa, Reden, Aufsätze, Kritik und eine Anzahl Gedichte, die zu Lebzeiten des Dichters in keine Buchausgabe Aufnahme gefunden haben. Weinheber hat über die Sprache viel zu sagen gewußt. Immer wieder taten sich ihm neue Fundgruben auf, neue »Landschaften des gültigen deutschen Wortes«. In den Skizzen und Beschreibungen seiner Heimat ist ein seliger Hauch Österreichertum spürbar, so in »Wien, das Herz«, einer seiner schönsten Eingebungen. Stadt, Vorstadt und das niederösterreichische Weinland werden im wahrsten Sinne des Wortes liebend heraufbeschwört. In den unbekannten Gedichten, von überallher gesammelt, ist der Bogen vom Volkslied und dem einfachen Bänklgesang bis zu Hymne und Ode gespannt. Hier ist der Blick in die Werkstatt des Sprachgewaltigen tief erschütternd und beglückend zugleich. Neben Gelegenheitsversen stehen die Zeugen einer reinen schlackenlosen Dichtung. In den Kritiken findet sich die Stelle, die von Hans Leifhelm, dem frühverstorbenen echten Talent, sagt: »Das ist die große Kunst. Denn nur dort, wo der Mensch sichtbar wird, eben dieser Einzelne, Schwergeprüfte, der die Stimme für alle ist, nur dort geschieht von des Geistes Gnaden die Verzauberung.«

Die Gesamtausgabe scheint sich im kommenden Frühjahr zu vollenden. Die Dünndruckausgabe macht Freude, wenn man auch den Herausgebern wünschen möchte, nicht allzuviel kleinliche Sorgfalt walten zu lassen. Die vielen Anmerkungen, ob in Bleistift geschrieben oder in Tinte, abends oder morgens, sind zwecklos. Dennoch, hier wurde eine aufrechte Arbeit geleistet. Das ungeheuere Wagnis, jetzt, neun Jahre nach dem Tode Weinhebers, dessen Werk in seiner Gesamtheit zu bringen, ist geglückt und darf hoch anerkannt werden. Mit besonderer Spannung und – ruhig offensichtlicher – Freude kann man den letzten Band (Briefe) erwarten.

Von schwarzen Sonnen und heiterem Gemüt
Ein Rundgang durch Salzburger Ausstellungen

Die Zeichnung ist dort am stärksten, wo sie impulsiv heraustritt aus dem Geschehen, aus dem sterbenden Tag, der Gasse, dem Fischmarkt, aus der Landschaft, aus der ans Wunderbare grenzenden Welt des Künstlers. So ist es bei Anton S t e i n h a r t , der jährlich von Salzburg aus zu den Orangen und Palmen reist, das Meer entlang, durch gelbe Küstenstreifen, immer nah der Sonne, die nirgendwo so rot und sinngebend aus den Ufern steigt wie zwischen Murano und Ischia. Steinharts Rohrfederzeichnungen sind keine Erzählungen, sie sind wie die Gedichte Rimbauds, brennend und geheimniserregend, furchtbar manchmal in ihrer Schönheit, unerbittlich in der Kraft der Gesichter, die in den Zeitlauf gebannt sind. Das Leben ist sündhaft, die Kunst ist Sünde. Die ekstatische Härte des Striches in den Tuschporträts ist auch in den Landschaften unvermindert. Über hundert Blätter aus Sardinien, beiläufig und wohlgeordnet in der Galerie Welz verstreut, atmen die Frische des Augenblicks. Cagliari aus Finsternis und Schwüle, das Meer, der Garten von Alghero, schwarze rollende Morgensonnen, Tagewerker am Anfang und Ende der Welt, Hügelrücken und Karsthänge schaffen ein schweres und reifes, von der ständig und nie alternden Sonne Italiens überflutetes Reise- und Tagebuch. Nach den Blättern aus Ponza vom Vorjahr ein neues, noch reiferes Werk – ein Stück Weisheit.

Im selben Hause in der Siegmund-Haffner-Gasse: Alfred W i c k e n b u r g und Wilhelm Thöny, Gründer der Grazer Sezession, ein Komponist der kräftigen Farben mit stark konstruktivem Zug. Mehr als fünfzig Gemälde aus der langen Schaffensperiode legen das Zeugnis des Künstlers ab. Die

Anordnung der Bilder ermöglicht es, Wickenburgs vier Jahrzehnte der Malerei, das sind vier in sich geschlossene Landstriche seiner eigenen Position, zu durchschreiten. Die Wandlung vollzog sich klar in der Form. Es sind, so scheint es, vier Gemälde, um die sich die Ausstellung gruppiert: »Porträt einer Tänzerin«, »Die überraschte Schläferin« mit den saugenden Farben Chagalls, »Artisten« und das »Märchen«. Das sind die Stützen einer Künstlerschaft, die Wickenburg eigen ist und die heute souverän auf irgendeinem Gipfel der österreichischen Malerei (neben Boeckl, Thöny und Kolig) stünde, hätte sie die Abstraktion, die »Vergeistigung« als ihre einzige Sicherung erkannt und aufgenommen.

An der Salzach, im Künstlerhaus, schloß eine dritte Ausstellung gerade die Pforten. Rudolf H r a d i l, jung und vielgereist, zeigte Gemälde und Zeichnungen. Das, was so selten geworden ist, ist ihm zu eigen: Persönlichkeit! Kunst ist keine Formation. Hradil, bei Fernand Léger im Handwerk geschult, hat es geschafft. Was heute zu sehen ist, hat auch Charakter. Seine Gemälde sind Dokumente der Zeit und daher gültig. Nicht nur von heute auf morgen. Dunkle Visionen, strenge Gesänge eines Gläubigen, Philosophie der Farben. Auch ihm gibt der Süden einen Impuls, »Venedig« und »Rom« sind die Themen, Kraftwerke und die Ecken der Besoffenen. Die Zeichnungen sind nicht minder prägnante »Ergebnisse«. Endlich einer, der nicht nach den ersten fünf Bildern »keimfrei« und gealtert ist.

Bleibt am Ende unseres Rundganges nur noch ein Abstecher in die Residenz, wo der »Kunstverein« Applikationen Veronika M a l a t a s zeigt. Das ist wirklich erfreulich, spazieren zu gehen zwischen den Bildern und Stoffresten, Tüll und Seide, Samt und Bauernleinen. Die Urgroßmütter haben das auch schon für ihre Totenkleider verwendet. Aber wie neu und erfrischend ist oft das Alte! Und dann noch die Phantasie, die so schöne moderne Gebilde wie den »Jonas« und seine Geschichte hat entstehen lassen. Nicht hohe Kunst ist, was Veronika Malata da an die Wände gezaubert hat. Sie stickte und nähte fünfzehn Jahre lang und weiß heute gar nicht, daß es Seligkeit ist, die herauskam. Seligkeit aus bunten Stoffen und einem heiteren Gemüt.

Salzburg: Kokoschka und Manzù

Salzburg, im Juli
Oskar K o k o s c h k a zeigt im weißen Saal der Residenz seine neuesten Werke. Es gibt darin keine neue Entdeckung. Im Mittelpunkt steht das Bildnis Pablo Casals', des großen pyrenäischen Künstlers. Hier ist die Farbe zur Philosophie und die Philosophie zur Frage des Menschen geworden. Casals ist ein Kämpfer dieser unserer Erde, seine Waffe ist das Cello, seine Macht ist die Musik. In ihr ist keine Rückkehr, nur noch Existenz. Casals: das bedeutet, unbeirrbar bleiben und unabänderlich. Das heißt: die Schöpfung lieben in der Bitternis. Das alles sagt dieses kräftige Bild. Daneben hängt das monumentale Triptychon »Thermopylae«, geschaffen für die Hamburger Universität, darstellend den Kampf der Griechen gegen die Perser im Engpaß der Thermopylen. Kokoschka ist weniger ein Meister der großen Fläche als sein Landsmann Boeckl. Daher erscheint der Zyklus auch nicht ganz bewältigt. Wilde Farben des menschlichen Chaos: die fiktive Vernichtung aller Kultur. Wenn es auch seine Weltanschauung darstellt, so hat Kokoschka in dieser Darstellung doch nicht die Weisheit der letzten Zeichnungen etwa Picassos erreicht. Er hat sie vom Papier auf die Leinwand zu übertragen versucht. Es sind die Schauer der modernen Hölle, die die drei überdimensionalen Gemälde durchflackern, grün, rot und gelb. Am packendsten ist das mittlere Teilstück mit dem Seher Megistias, der den Untergang der Griechen vorausgesagt hat. Dieses Triptychon besteht aus drei großen Versuchen. Vielleicht steht die Vollendung noch auf dem Programm des bedeutenden Künstlers? – Das ist der erste Eindruck – die vollkommenen »Ansichten« von London und Linz mit hineingenommen – einer ohne Zweifel hoch inter-

essanten Ausstellung, die auf die mehr oder weniger bedeutungslosen Skizzen zum Bühnenbild der heurigen »Zauberflöte« in der Felsenreitschule völlig und bereitwilligst hätte verzichten können.

Im Bastionsgarten stehen die Plastiken von Giacomo M a n z ù, der vom Vorjahr bekannte und vielgerühmte »Kardinal« und die »Tänzerin«. Im Pavillon neue Skulpturen. Alle tragen Würde. Gotische Strenge hebt die Bildnisse fort aus der »Wirklichkeit«. Das Reifste: die Bronzereliefs der Kreuzigung und Grablegung Christi. Alles ganz ohne Pathos, schlicht und groß. In der zurückgelassenen Traurigkeit liegt die Schönheit der »Frauenbüste«. Sicher ist eines: der Schustersohn aus Bergamo ist neben Marino Marini und Giacometti der größte lebende Bildhauer Italiens.

3. Dezember 1955

Salzburg wartet auf ein Theaterstück

Wir warten. Wir warten noch immer darauf, daß das Salzburger Landestheater endlich einmal ein Theaterstück herausbringt, das in den Kulturspalten diskutabel ist. Seit zwei Jahren warten wir auf das entsprechende Stück und auf die entsprechende Inszenierung, und das Unbehagen wird mit jedem Theatersemester größer. Bald wird auch der letzte Hoffnungsschimmer geschwunden sein und die Bretter rechts der Salzach, die Bretter dieses einzigartigen österreichischen Kammertheaters, werden nur noch ein Rummelplatz des Dilettantismus sein.
Eine Operette jagt die andere, eine Geschmacklosigkeit übertrifft die andere. Ja, bei allem Verständnis, was ist denn Theater? Besteht es denn nur noch aus billigem, ausgeleiertem Amüsement? Wenn ja, dann soll man es morgen schon zusperren! Aber, so fragt man sich deutlich, kann es sich eine Stadt wie Salzburg, die jeden Sommer zu einem europäischen Musik- und Theaterzentrum ersten Ranges wird, leisten, ein landessubventioniertes Haus zu besitzen, das die restlichen zehn Monate auf das Niveau einer Bauernbühne herabsinkt? Hält man denn die Einwohner dieser, wenn auch nicht immer kulturfreundlichen, so doch durchaus nicht kulturfeindlichen Stadt, wirklich für so dumm, daß man sich ihnen Jahr und Tag nichts als sauer gewordene Schlagobersmärchen vorzusetzen getraut? Anscheinend ist man sich in der Schwarzstraße vor allem darüber nicht im klaren, daß es a u c h h e u t e lebendiges Theater gibt, daß seit Hebbel und Ludwig Thoma wiederum eine Anzahl bemerkenswerter Stücke für die Bühne – und auch für d i e s e Bühne, und sogar von österreichischen Autoren! – geschrieben worden sind. Wir erkennen die Nöte der Autoren, wir verstehen die

Rücksichtnahme auf jedes Landabonnement; nicht verstehen können wir, weshalb seit Bernanos' großartiger »Begnadeter Angst« (vor drei Jahren), den zwar mißglückten, aber immerhin mutigen Versuchen mit Felix Braun und Georg Rendl kein Stück mehr auf diese Bühne gebracht werden konnte, das, wenn schon nicht restlos, so doch einigermaßen befriedigen konnte. Ganz zu schweigen von den Klassikern, mit denen man den hiesigen Mittelschülern zum Preise von drei Schilling wirklich gründlich den Magen verdirbt. Dieses Haus krankt an chronischer Phantasielosigkeit und an einem unnachahmlichen Mißmut. Angst oder Bequemlichkeit, ist hier die Frage! (Man vergleiche nur den Spielplan mit dem der anderen Landeshauptstädte!) Es ist, als fehlte – von oben herunter – jede Art von »Bewußtsein«, ganz zu schweigen von der Begeisterung. Und, wir meinen das wohl- und nicht übelwollend, die Bühne, auch wenn sie verländlicht ist, ist nun einmal keine Versicherungsanstalt. Jeder weiß hierzulande: die guten Schauspieler, deren es einige gibt, gehen spazieren, während die schlechten – schlechter als schlecht – Operette singen; und das Theater ist an vielen Abenden leer. Nichts gegen Operetten, aber Dinge, wie sie in der jetzt pausenlos laufenden »Lockeren Odette« (einem Machwerk übelster Sorte) vorgehen, sollten denn doch nicht passieren. Als letzte Medizin sei empfohlen: ein Lexikon der Theaterliteratur, darin Namen stehen wie Williams, Faulkner, Eliot, Miller, Andres und alle die österreichischen Dichter, deren Werke jenseits der Grenzen wesentlich wurden. – Man suche Auseinandersetzung! Es ist nicht wahr, daß sich Salzburg nur aus dem Bräustübl nährt!

Man hat hier vor Jahren der Oper, für welche größtes Interesse besteht, aus unbegreiflichen Gründen das Genick gebrochen; jetzt tat man es auch mit dem Schauspiel. Vor zwei Jahren wurde ein interessantes Stück der neueren Literatur angekündigt. Wir warten noch immer darauf...

Ungehindert davon spielt das Schauspielseminar der Akademie Mozarteum, das Rudolf E. L e i s n e r mit viel Geschick und Verantwortung leitet, seit Jahren schon die interessantesten Avantgardisten. Die betrogenen Salzburger ziehen ins Studio Sankt Peter. Erinnern wir uns der ausgezeichneten Inszenierung von Graham Greenes »Der letzte Raum« und Christopher Frys »Ein Phönix zuviel« sowie der gelungenen Aufführung des Fodor-Stückes »Gericht bei Nacht« aus dem letzten Jahr. Mit Thornton Wilders »Die kleine Stadt« eröffnete das Studio seine heurige Spielzeit.

Ein Wort an junge Schriftsteller

Was ihr jungen Schriftsteller braucht, ist nichts als das Leben selbst, nichts als die Schönheit und Verkommenheit der Erde; das ist der Acker meines Vaters und die unerhörte Ausdauer meiner Mutter, das ist der Kampf eurer Seele, in den euch der eigene Hunger und die eigne Verkommenheit hinein treiben muß, das ist der Durst nach Ruhm, der einen Verlaine und Baudelaire auf den »elysischen Feldern« quälte. Was ihr haben müßt, das sind nicht Krankenversicherungen und Stipendien, Preise und Förderungsprämien; es ist die Heimatlosigkeit eurer Seele und die Heimatlosigkeit eueres Fleisches, die tägliche Trostlosigkeit, die tägliche Verlassenheit, der tägliche Frost, die tägliche Umkehr, *ein nur tägliches Brot*, das einst so herrliche und erbärmliche Kreaturen wie Wolfe, Dylan Thomas und Whitman hervorgebracht hat, Städte, Landschaften, Errungenschaften also gegen den Staub, die Botschaft eines gequälten, unverbesserlichen Daseins, das sich von Stunde zu Stunde auffrißt für die Erschaffung neuer, gewaltiger Poesien. Was ihr braucht, ist überall, wo einer aufsteht und abstirbt, wo der Regen den Stein wäscht und wo die Sonne zur Qual wird.

Wo aber seid ihr, die sich so gern als die Dichter unseres Volkes verhätscheln lassen, die als die künftigen Gesammelten Werke über den platzenden Asphalt gehen? Wo seid ihr? Was treibt ihr mit der Zeit, die nur einmal für euch, nur einmal für uns alle da ist, und die auf der Zunge zergeht, ehe ihr sie geschmeckt habt?

Ich sehe euch nicht dort, wo das heftige streitbare Leben ist, sondern als saubere Kartothek-Aufseher verbitterter Offizials, als Handlanger gut honorierter Räte der Naturschutzbehörde oder eines ländlichen oder städtischen Kulturreferats. Ihr hockt im Kaffeehaus, ohne Träne und ohne Humor, euch selbst und die Umwelt hassend, weit weg vom Leben, von den Wäldern, von den Bergen, von der Nachbarschaft, weit weg von aller Poesie ... Ihr habt euren Charakter verkauft und eine unbändige Furcht vor der Not, Furcht vor euren Gedanken, Furcht vor eurer Bösartigkeit, Furcht vor Acker und Tenne, Krampen und Schaufel, Furcht vor der Wahrheit, vor der eigenen Minderwertigkeit und vor der eigenen Größe. Ihr kapituliert vor der Kleinheit, vor dem Doktortitel und vor der Partei, heute auf dem städtischen Magistrat, morgen in der Kulturredaktion eurer Landeszeitung; eure Bücklinge sind unbeschreiblich; vor jedem Haderlumpen, der »Einfluß« hat, macht ihr den Kratzfuß. Und so habt ihr sie geschaffen, die große Zeit der Lyrikkonzerne und Prosatruste, die auch die Zeit der Versicherungen und Pragmatisationen ist. Was aber kann man von pragmatisierten Dichtern erwarten? Von euch pragmatisierten Lyrikern, die mit den Blättern P. und L. in eine Aktiengesellschaft eingegangen sind und die ein Abkommen mit der Industrie in der Tasche haben, das ihnen alle Preise zwischen den Akademien garantiert?

Die Bücher, die ihr schreibt, sind langweilig, sie sind aus Papier, eure Sprache ist erlogen (ihr seid nicht mehr fähig, zu reden, wie es eurer Herkunft entspricht), sie brüskiert die Sprache Hölderlins, Whitmans, Brechts; eure Bücher sind aus Allerheiligenkranzpapier, und eure Verse schmecken nach dem Schreibtischholz. Es ist, als hättet ihr gar nichts erlebt, als lebtet ihr nur aus den Büchern der alten Vetter, als stopftet ihr euch zum Frühstück Mittagessen und Nachtmahl mit den schwindsüchtigen Rilkes und seiner bleichen Verwandtschaft den Magen voll, als wären eure Großväter nicht Bierbrauer, Selcher, Getreidehändler, Krieger, Marktfahrer, Zigeuner – und wahre Dichter gewesen.

Eure Prosa hat weder Frühling noch Sommer, nicht Herbst

und nicht Winter, sie ist weder schwarz noch rot; sie rinnt wie eine ungesalzene Haferschleimsuppe in den Magen. Aber weil ihr nicht lebt wie die Bierbrauer, Selcher, Marktfahrer und Zigeuner, weil ihr Angst habt vor dem Krückstock der Zeit und vor der eigenen Verzweiflung, darum habt ihr nichts mehr zu sagen.

Die Zeit, in der ihr den eigenen Hunger rühmtet, die Zeit, in der die jungen Schriftsteller gegen die Präsidenten aufstanden, die Zeit, in welcher ihr Revolution machtet, ist vorbei! Die Zeit ist vorbei, da Hamsun durch New York streunte, in welcher Sillanpää seinen Nobelpreis nicht abholen konnte, weil er, der lebte, zwar sieben Kinder, jedoch keinen Reisegroschen im Mantelsack hatte. Und vorbei ist die Zeit, da ihr eure Verse zur Laute heruntergesungen habt. Aus dem Volk der Dichter und Denker ist ein Volk der Versicherten, ein Volk der Beamten und Parteiangehörigen geworden, eine Gegend der Schwächlinge, eine Landschaft leidenschaftsloser Aktenträger. Aus dem Volk der Schwärmer wurde ein Volk der Agenten!

Gewiß, es geht keiner mehr zugrunde an den Ecken der Erde! Keiner verkommt mehr zum Ruhme der Dichtung. Aber es kennt auch keiner mehr das Gras und die Flüsse! Und wenn ihr weiterhin seelenruhig eure Versicherungsprämien einzahlt, bis zum sechzigsten Jahr, und den Kratzfuß macht vor den Hanswursten des Hausfrauen- und des lyrischen und philosophischen Blattes, wird aus euch kein Lorca und kein Gottfried Benn und kein Charles Péguy und niemals ein Whitman werden. Die Schilling-Zuschüsse, auf die ihr wartet, werden euch vernichten.

Dichter über Georg Trakl

Der österreichische Dichter Georg Trakl wäre in diesem Monat 70 Jahre alt geworden. Der »Akademiker« wandte sich an eine Reihe junger österreichischer Lyriker mit der Frage: was bedeutet für mich Georg Trakl? Hier die Antworten:

Für die Weltliteratur wird Trakl niemals die Bedeutung der Baudelaire, Rimbaud, Mallarmé haben; man kann ihn auch nicht einem Mann wie Lorca (1889 bis 1936) an die Seite stellen; für Österreich jedoch hat er bis heute als einziger Lyriker von Rang etwas zur modernen Poesie beigetragen, wahrscheinlich, weil er, wie wenige, verachten konnte und verachtet wurde – am penetrantesten von den Bürgern und Eselstreibern seiner Vaterstadt Salzburg, die sich auch heute noch nicht geändert haben.
Der Einfluß Trakls auf meine eigene Arbeit war vernichtend. Hätte ich Trakl niemals kennengelernt, wäre ich heute weiter.

Junge Köpfe
Thomas Bernhard

Thomas B e r n h a r d wurde am 10. Februar 1931 in Heerlen in Holland geboren. Er ist Salzburger. Immer wieder sucht er die Landschaft seiner Vorfahren, den Flachgau, auf. Die Zeit, die er in Wien verbrachte, betrachtet er als verloren, insofern er gezwungen war, in dieser bewunderungswürdigen Architektur mit ihren Bewohnern zusammenzutreffen. Die Wiener sieht er nicht liebenswürdig, sondern von der Unfähigkeit, sich selbst zu kritisieren, berauscht. Diese Beobachtung trifft auch die jungen und zäh älter werdenden Literaten dieser Stadt, die, Epigonen von Natur aus, in den Kaffeehäusern bei lebendigem Leib vermodern. Keiner Hymne und keines Intellekts fähig, beweihräuchern sie sich gegenseitig an den Extratischen und in den Spalten der schmutzigsten, witzlosesten und unbedeutendsten Zeitungsblätter der Welt. Die einzige deutschsprachige Dichterin von Rang, die er kennt, ist Christine Lavant. Einen lebenden deutschen Dichter der Weltliteratur hat er bis jetzt nicht gefunden. Er ist wütend über das Fehlen auch nur einer einzigen Kritikerpersönlichkeit in Österreich. Er findet Doderer langweilig, alle anderen eingebildet und ebenso wenig wert. Er hat sich damit abgefunden, in einem Land zu leben, das das schönste ist, das er kennt, und unter Kunst- und Literaturbetreibenden, die sechzig bis hundert Jahre zurück sind. Er schreibt, um nicht vor Langeweile und Mißmut zu sterben. Er liest immer wieder dieselben Autoren, Péguy, Hamsun, Wolfe, Dostojewskij und Saint-John Perse, von denen er – auch von Góngora und Yeats – viel gelernt hat.
Seine Arbeit aber verrichtet er mit Energie, mit Zähigkeit und mit Gleichgültigkeit gegenüber seinen Feinden. Er hat

bis jetzt vier Bücher veröffentlicht, die ihm ein guter Ausgangspunkt für seine Pläne erscheinen. Im Frühjahr 1960 gibt er NOTIZEN I bei S. Fischer heraus, die er heftweise fortzusetzen gedenkt. DAS MYSTERIUM DER KARWOCHE, ein Gedicht, erscheint zum gleichen Zeitpunkt im Otto-Müller-Verlag. Im Herbst 1960 veröffentlicht er ACHTUNDZWANZIG GEDICHTE.

Theater am Tonhof

Zu Ihrem merkwürdigen Bericht ist zu sagen, daß ich erstens niemals »tachistische Gedichte« (was ist das?) geschrieben, noch solche in einem Frick-Verlag (den ich nicht kenne) veröffentlicht habe. Meine Bücher habe ich im S.-Fischer-Verlag, Frankfurt am Main, bei Kiepenheuer & Witsch in Köln und im Otto-Müller-Verlag, Salzburg, »verlegt«. Seit Jahren bin ich durch Vertrag an den S.-Fischer-Verlag, der Ihnen bekannt sein dürfte, gebunden und folglich gar nicht in der Lage, in einem anderen Verlag eine Arbeit herauszubringen. Zweitens habe ich niemals behauptet, daß »das, was sie machen« (damit bin offensichtlich ich in Gemeinschaft mit dem Komponisten Lampersberg gemeint) »nicht bloß modern, sondern schlechthin Gegenwartskunst sei«, sondern ich habe mich zu der »Darbietung« auf dem Tonhof in weiser Nachsicht überhaupt nicht geäußert, geschweige denn eine Pubertätsbehauptung, wie die mir von Ihrem Rezensenten »in den Munde geworfene«, aufgestellt. Auf ausdrückliches Ersuchen der Veranstalter, im Einvernehmen mit dem Verlag und in Unkenntnis der Sachlage habe ich die drei gespielten Kurzszenen für eine, wie ich angenommen habe, hausinterne Veranstaltung auf dem Tonhof völlig honorar- und kostenlos zur Verfügung gestellt; daß die Darbietung auf der »Bühne« mit dem Text nur mehr sehr wenig zu tun gehabt hat, ist nicht Schuld des erst zur Premiere erschienenen verblüfften Autors. Drittens und zum Abschluß, ist mir aufgefallen, daß Sie in Zeile 3 Ihrer »Fortsetzung« des Berichtes nur mehr noch meinen Vornamen »Thomas« gebrauchen, was eine völlig neue Note in die österreichischen Gazetten hineinbringt. Zu liebenswürdig.
St. Veit im Pongau
Thomas Bernhard

= WARUM NUR ZWEI OHRFEIGEN? HERZLICHEN
GLUECKWUNSCH DANKE THOMAS BERNHARD +

Mit der Klarheit nimmt die Kälte zu

Verehrte Anwesende,
ich kann mich nicht an das Märchen von Ihren Stadtmusikanten halten; ich will nichts erzählen; ich will nicht singen; ich will nicht predigen; aber das ist wahr: die Märchen sind vorbei, die Märchen von den Städten und von den Staaten und die ganzen wissenschaftlichen Märchen; auch die philosophischen; es gibt keine *Geister*welt mehr, das Universum selbst ist kein Märchen mehr; Europa, das schönste, ist tot; das ist die Wahrheit und die Wirklichkeit. Die Wirklichkeit ist, wie die Wahrheit, kein Märchen, und Wahrheit ist niemals ein Märchen gewesen.
Vor fünfzig Jahren noch ist Europa ein einziges Märchen gewesen, die ganze Welt eine Märchenwelt. Heute gibt es viele, die in dieser Märchenwelt leben, aber die leben in einer toten Welt und es handelt sich auch um Tote. Wer nicht tot ist, lebt, und *nicht in den Märchen; der ist kein Märchen.*
Ich selber bin auch kein Märchen, aus keiner Märchenwelt; ich habe in einem langen Krieg leben müssen und ich habe Hunderttausende sterben gesehen und andere, die über sie weggegangen sind, weiter; alles ist weitergegangen, in der Wirklichkeit; alles hat sich verändert, in Wahrheit; in fünf Jahrzehnten, in welchen alles revoltiert und in welchen sich alles verändert hat, in welchen aus einem jahrtausendealten Märchen *die* Wirklichkeit und *die* Wahrheit geworden sind, fühle ich, wie mir immer noch kälter wird, während aus einer alten eine neue Welt, aus einer alten Natur eine neue Natur geworden ist.
Ohne Märchen zu leben, ist schwieriger, darum ist es so schwierig im zwanzigsten Jahrhundert zu leben; wir *existieren* auch nurmehr noch; wir leben nicht, keiner lebt mehr;

aber es ist schön, im zwanzigsten Jahrhundert zu *existieren*; sich fortzubringen; *wohin* fort? Ich bin, das weiß ich, aus keinem Märchen hervorgegangen und ich werde in kein Märchen hineingehen, das ist schon ein Fortschritt und das ist schon ein Unterschied zwischen vorher und heute.
Wir stehn auf dem fürchterlichsten Territorium der ganzen Geschichte. Wir sind erschrocken, und zwar *erschrocken als ein so ungeheueres Material der neuen Menschen* – und der neuen Naturerkenntnis und der Natur*erneuerung*; alle zusammen sind wir in dem letzten halben Jahrhundert nichts als ein einziger Schmerz gewesen; dieser Schmerz heute, das sind *wir*; dieser Schmerz ist jetzt unser Geisteszustand.
Wir haben ganz neue Systeme, wir haben eine ganz neue Anschauung von der Welt und eine ganz neue, tatsächlich die hervorragendste Anschauung von der Umwelt der Welt und wir haben eine ganz neue Moral und wir haben ganz neue Wissenschaften und Künste. Es ist uns schwindelig und es ist uns kalt. Wir haben geglaubt, daß wir, weil wir ja Menschen sind, unser Gleichgewicht verlieren werden, aber wir haben unser Gleichgewicht nicht verloren; wir haben auch alles getan, um nicht erfrieren zu müssen.
Alles hat sich verändert, weil *wir* es verändert haben, die äußere Geographie hat sich genauso verändert wie die innere.
Wir stellen jetzt hohe Ansprüche, wir können gar nicht genug hohe Ansprüche stellen; keine Zeit hat so hohe Ansprüche gestellt wie die unsrige; wir existieren schon größenwahnsinnig; weil wir aber wissen, daß wir nicht abstürzen und auch nicht erfrieren *können*, getrauen wir uns zu tun, was wir tun.
Das Leben ist nur noch Wissenschaft, Wissenschaft aus den Wissenschaften. Jetzt sind wir plötzlich in der Natur aufgegangen. Wir sind mit den Elementen vertraut geworden. *Wir* haben die Realität auf die Probe gestellt. Die Realität

hat *uns* auf die Probe gestellt. Wir kennen jetzt die Naturgesetze, die unendlichen Hohen Naturgesetze, und wir können sie in der Wirklichkeit und in Wahrheit studieren. Wir sind jetzt nicht mehr auf Vermutungen angewiesen. Wir sehen, wenn wir in die Natur hineinschauen, keine Gespenster mehr. Wir haben das kühnste Kapitel des Weltgeschichtsbuchs geschrieben; und zwar jeder von uns *für sich* unter Schrecken und in der Todesfurcht und keiner nach seinem Willen, noch nach seinem Geschmack, sondern nach dem Gesetz der Natur und wir haben dieses Kapitel hinter den Rücken unserer blinden Väter und blöden Lehrer geschrieben; hinter unseren eigenen Rücken; nach so vielen unendlich langen und faden, das kürzeste, wichtigste.
Wir sind von der Klarheit, *aus welcher uns unsere Welt plötzlich ist*, unsere Wissenschaftswelt, erschrocken; wir frieren in dieser Klarheit; aber wir haben diese Klarheit haben wollen, heraufbeschworen, wir dürfen uns also über die Kälte, die jetzt herrscht, nicht beklagen. Mit der Klarheit nimmt die Kälte zu. Diese Klarheit und diese Kälte werden von jetzt an herrschen. Die Wissenschaft von der Natur wird uns eine höhere Klarheit und eine viel grimmigere Kälte sein, als wir uns vorstellen können.
Alles wird klar sein, von einer immer höheren und immer tieferen Klarheit, und alles wird kalt sein, von einer immer entsetzlicheren Kälte. Wir werden in Zukunft den Eindruck von einem immer klaren und immer kalten Tag haben.
Ich danke Ihnen für Ihre Aufmerksamkeit. Ich danke Ihnen für die Ehre, die Sie mir heute erwiesen haben.

Politische Morgenandacht

> Andacht: die Richtung der Gedanken
> auf einen Gegenstand...
> *Meyers Konversationslexikon*

Wenn ich mich jetzt aus dem Denken, das *ich* denke, von dem dünnen Seil, an dem ich geschult bin, herablasse in die Alltagsarena, um meine Meinung über eine von mehreren nationalen Visionen des österreichischen Vaterlandes (*mein Vaterland ist die Weltgeschichte*) zu sagen, wenn ich mich aus der menschenunwürdigen Höhe der spekulativen Ideen und der Ideenspekulationen in die Kartographie meiner Landsleute und in ihre Körper- und Geistesunbeholfenheit (um die Wahrheit und nichts als die Wahrheit zu sagen) *vertiefe*, mich ihnen auf einmal aus einer Höhe, wohlgemerkt, die sie verabscheuen, als hätte ich plötzlich meine Widerstandsfähigkeit verloren, zum Fraß vorwerfe, so werde ich im Hinblick auf das jetzt in aller Kürze und Entschiedenheit folgende (dies ist auch ein Akt von persönlicher Selbstbeherrschung!) wahrscheinlich des verbrecherischen Hochmuts, des Landes- und Volksverrats sowie der Verblendung und Lächerlichkeit bezichtigt werden; einige werden beim Lesen das Gefühl haben, ich sei ein Verbrecher und ich gehöre in einen (in welchen?) Kerker, einige das Gefühl, ich sei verrückt und gehöre in eine (in welche?) Irrenanstalt. Aber diese Aussichten stören mich nicht. Sie bewirken im Gegenteil, daß ich der Aufrichtigkeit, und das heißt meinem Selbstbewußtsein, die höchste Ehre erweise.
Ich bin gefragt worden, was ich über die (österreichische) Kultur denke, indirekt aufgefordert, mich über ihr augenblickliches Niveau zu erklären, und grundsätzlich um Aus-

kunft (meines Kopfes!) darüber arretiert, welchen Einfluß die (österreichische) Politik auf die Kultur (Österreichs) hat. Das Wissen, vorausgesetzt, daß die Kultur von jeher der Spiegel der Politik, die Politik der Spiegel der Kultur von Erscheinungen innerhalb und außerhalb einzelner Köpfe, Gruppen von Völkern und halben und ganzen Welten ist, daß Politik Kultur, Kultur Politik ist, ermächtigt mich, in dem, was ich jetzt veranlasse, weniger das Wort Kultur, mehr das Wort Politik für den Zweck, für welchen ich diese Erklärung verrichte, heranzuziehn. Denn die Geschichte unserer österreichischen Politik ist, wie ich weiß, den Österreichern, zum Unterschied von den Österreichern von früher, den Österreichern der Monarchie, des Reiches, präsenter als die Geschichte der österreichischen Kultur und weniger das Wort Politik ist zum Unterschied von dem Wort Kultur dem Österreicher von heute zum Fremdwort geworden – aber es ist dem Österreicher von heute selbst das Wort Politik, und also die Politik überhaupt, und insbesondere die österreichische Politik, nicht in der einzigen duldsamen und verantwortlichen Weise so präsent, daß jeder einzelne von uns (und wie das zu wünschen und zu erfordern wäre in jedem Augenblick) wüßte, von was für glänzenden, den ganzen Erdball überstrahlenden und erwärmenden Höhen sie im Laufe von nur einem einzigen halben Jahrhundert in ihr endgültiges Nichts gestürzt ist; bedauerlichstes Opfer einer, was ihren poetischen Höhenflug betrifft, aber doch wohl verheerenden und vernichtenden Menschheitsentwicklung, der proletarischen Weltrevolution. Heute, ein halbes Jahrhundert nach der Zertrümmerung des Reiches, ist das Erbe verbraucht, die Erben selbst sind bankrott. (Diese Tatsache trifft heute auf alle von der proletarischen Weltrevolution erfaßten [und noch zu erfassenden] Länder und Völker der Welt zu.) Auf der Öde der Republik herrschen abwechselnd unter den entsetzlichsten und perfidesten Geistzuständen

die Niedertracht und der Stumpfsinn. Die Saat der Revolution ist uns als unser eigener Ruin aufgegangen, wir werden (Leichenfledderer) als die Generation ohne Genie in die Geschichte eingehen. Eine gespenstische Symmetrie der Minderwertigkeit und der Ausweglosigkeit aus der Minderwertigkeit ist unsere Verfassung geworden. Unser Volk ist ein Volk ohne Vision, ohne Inspiration, ohne Charakter. Intelligenz, Phantasie sind ihm keine Begriffe. Ein Volk von Schleichhändlern und Dilettanten, zeugt es sich in jedem Augenblick in seinem alpenländischen Exklusivschwachsinn fort. Es exaltiert sich auf dem ihm verbliebenen Miniaturterritorium (einer Mischung aus Freilichtmuseum für ordinäre Weltenbummler und Irrenanstalten) in der fürchterlichsten Verkrampfung der ihm zum Selbstzweck gewordenen Mimikry. Das allgemeine Niveau überschreitet sich selbst nicht und die Politiker (von den *Politikern* ist die Rede) und die Künstler (von den *Künstlern* ist die Rede) – die Wissenschaft ist ein einziger Exodus! – sind, wie ich mit allen nur denkbaren Schrecken in meinen Augen tagtäglich beobachten kann, die pragmatisierten Erfinder einer immer noch tiefer ins Fatale und Lächerliche zu drückenden Welt. Während der Fortschritt ins absolute geistige (und also künstlerische) und also fundamentale (und also staatspolitische) Nichts hinunter dem aus Liebe an sein Herkunftsland Gefesselten zu der grauenhaftesten aller Visionen wird, verlängert sich die Skala der perversen Gefühlshypophyse des Volkes und seiner Gesellschaft ins Grotesk-Unendliche. Wohin man schaut, ein integrales Gebilde aus Bergen und Strömen von theatralischen Oberflächenkontemplationen in Agonie. Eine Harmonie von zerbrochenen Dimensionen im Koma.
In diesen Stunden hört man auf den Straßen der Hauptstadt, die der Welt eine rührende Selbsterniedrigung ohne deutlich erkennbaren Sinn glaubt demonstrieren zu müssen, viel von Vaterland und Regierung, von Demokratie und von Kommu-

nismus und Sozialismus ... Aber die Demokraten wissen nicht, oder wollen nicht wissen, was die Demokratie ist, und die Kommunisten nicht, was der Kommunismus, und die Sozialisten nicht, was der Sozialismus ist, usf. ... Auch das gehört daher: vor hundert Jahren ist der eingesperrt und geköpft worden, der gesagt hat, die Monarchie ist nichts, heute wird eingesperrt (oder »geköpft«), wer da sagt, der Kommunismus ist nichts, der Sozialismus ist nichts usf., usf. ... Es ist immer dasselbe, aber *Dasselbe mit Kultur* ist mir (weil ich *allein daraus* meinen lebenslänglichen Nutzen ziehe) lieber als *Dasselbe ohne Kultur* usf., usf. Und wenn ich daran keine, für den, der (ich hasse alle Parteien usf.!) zu denken und also zu schauen und also zu beobachten versteht, völlig überflüssige Begründung anschließe, so aus dem Grund, weil ich weder Lust noch Zeit dazu habe ... Und daß die Proleten (das muß sein!) keine Kultur haben, und daß das Proletariat keine Kultur hat, und daß Proleten wie Proletariat die Kultur gar nicht wollen, weil die Kultur mit dem Begriff des Proletariats überhaupt nicht vereinbar ist usf., usf., ist eine unwiderlegbare Tatsache. Ebenso unwiderlegbar ist die Tatsache, daß sich mir meine Existenz, und sie mag eine noch so verabscheuenswürdige Existenz sein, ohne den Begriff der Kultur nicht auszahlt, und daß ich, wenn ich den Begriff der Kultur gebrauche, die höchsten, die allerhöchsten Maßstäbe anzusetzen gedenke, anzusetzen habe immerfort, bis an mein Lebensende ... »Der böse Monarch und der arme Prolet«, das sind schon immer (auch in den schlimmsten Zeiten) Märchen gewesen, und »Der arme Prolet« (heute schämen sich die Proleten, Proleten zu sein!) ist jetzt eine glatte Lüge ... Ich kann, meine teuflische Ironie nicht unterdrückend, die Tatsache, daß zum Beispiel »die Hälfte der Regierung in Opposition gegangen« ist, man denke doch über den Satz einmal gründlich nach!, als nichts weiter als einen propagandistischen Hoffnungsschimmer bezeichnen, unter welchem alles, weil eine Änderung gar nicht mehr möglich ist, bei dem entsetzlichen Alten bleibt. Aus einer weltpolitischen Katastrophe, aus einer grandiosen weltpolitischen Verlegenheit der einzelnen sowie der Masse heraus, hat sich, auf die absurdesten Rechte pochend, in Österreich eine Gesellschaft der in allen Farben schillernden Dummköpfe etabliert, die im Schutze von tausendfältigen sogenannten demokratischen Blasphemien über Recht und Gesetz entscheidet und sich immer noch weiter ausbreitet und schließlich und endlich alles, was Anspruch auf den entschieden klaren Begriff von Ruhm haben dürfte, restlos vernichten wird. Die Wahrheit ist eine schmerzhafte Operation, der unter Umständen der ganze Körper zum Opfer fällt. Österreich mit seiner Vorstellung, die wir davon haben, muß der Wahrheit zum Opfer fallen. Die Vernichtung der Monarchie vor einem halben Jahrhundert, die Vernichtung Hitlers vor zwanzig Jahren, wir haben sie nicht genützt! Die Wahrheit ist, daß die Republiken mit einer Präzision, die uns noch im nachhinein zu Erfrorenen machen müßte (wenn wir uns der Wahrheit als der einzigen möglichen Konsequenz auch nur einen Augenblick lang auslieferten!), Österreich vor aller Welt lächerlich gemacht und zerstört haben, und daß wir in den letzten beiden Jahrzehnten z. B. vor einer pervers-impotent-nazistischen Zweiparteien*diktatur*, die im Parlament, dem sogenannten *Hohen Hause* der Republik, ihre Schmutzwäscheberge gewaschen hat, in einen noch tieferen Abgrund geführt worden sind. Hierher gehört, daß die republikanische Idee überhaupt (wenn man ihre schwächlichen Beine nicht übersieht!), insbesondere Kommunismus und Sozialismus von jeher vage und völlig unrealisierbare Begriffe, poetische Wunschträume einzelner nicht begreifender Unbegriffener, im 19. Jahrhundert unglücklich in die Welt und in ihre hochkultivierte Struktur verliebter Schizophrenieerkrankter mit Starkstromgehirnen sind, die durch katastrophal-nationale

Kurzschlüsse die ganze Welt unter Strom zu setzen versuchten und schließlich auch unter Strom setzten und in Brand steckten ... usf.

Ich verabscheue es, aus der Kürze eine Länge zu machen, aber ich enthalte mich nicht der Versicherung, daß wir in Österreich von dem »Begriff Österreich« nichts mehr zu hoffen haben. Wir werden aufgehen in einem Europa, das erst in einem andern Jahrhundert entstehen mag, und wir werden *nichts* sein. Wir werden nicht über Nacht nichts sein, aber wir werden eines Tages nichts sein. Überhaupt nichts. Und beinahe nichts sind wir schon. Ein kartographisches Nichts, ein politisches Nichts. Ein Nichts in Kultur und Kunst. Mach' die Augen auf und du siehst, daß die völlige Finsternis nur noch eine Frage von Millionstelsekunden der ganzen Geschichte ist. Was ist in dem Augenblick, in welchem ich die ganze unter dem Volke doch zweifellos in den für immer verschlossenen Labyrinthen vorhandene Verzweiflung anschaue, zu halten von der *Logik der Traditionen*, der furchterregenden Kenntnis der ganzen Materie? Österreich auf der Bühne der Welt, dessen eigene Tragödie (im shakespearischen Sinne), die bei offenem Vorhang den Verstand und ihr Bewußtsein verloren hat! Unsere Existenz müßte nur noch ein *reines* Erschrecken sein, aber sie ist nur erbärmlich.

Unsterblichkeit ist unmöglich

Ein Zusammenhang meiner großen Familie, deren Spuren sich mühelos in die Finsternis der Geschichte verfolgen lassen, diese mit sämtlichen Kategorien der Menschenmöglichkeit ausgestattete und tatsächlich – nomen est omen – ununterbrochen aus allen Richtungen auf einen an die hundert Quadratkilometer großen Landstrich südlich des Wallersees zurückprojizierte Genetik, als deren schreibender Ableger ich mich empfinde, ist die Verachtung. Die auf den Grundstücken verachten die, die kein Grundstück brauchen, die Seßhaften verachten die Rastlosen, die Reichen die Armen, die Armen die Reichen, die Religiösen die Gottlosen, die auf dem Land verachten die in der Stadt und die in der Stadt verachten die auf dem Land usf. Als Charakterspezialität aber verachten sogar die einen auf dem Land, die andern auf dem Land und die einen in der Stadt, die andern in der Stadt; die Bauern verachten die Fleischhauer, die Fleischhauer die Bauern, die Bierbrauer die Gerber, die Gerber die Bierbrauer, die Gastwirte die Frächter, die Frächter die Gastwirte, die Schweinemäster die Schweinemäster, die Pfarrer die Pfarrer, die Professoren die Philosophen, die Philosophen die Professoren, die Professoren die Professoren, die Philosophen die Philosophen... Jeder verachtet jeden. In der Verachtung (zum äußersten in der Selbstverachtung) haben sie ihren unverkennbaren Stil, ihr unverkennbares Reglement entwickelt. Ihr Verstand ist heute (so gescheit sind sie!) nur noch von ihnen selbst gefürchtet. Was ihnen fehlt, ist die Dummheit, die das Leben erträglich macht. Sie führen, bis sie es (wie in der Hälfte der Fälle) selber wegwerfen, abtöten oder durch die Fähigkeit praktizierten Genusses am erbärmlichen Dasein in einen natürlichen Tod hinein mit lei-

denschaftlicher Intelligenz beschleunigen, alles in allem jeder für sich ein mehr oder weniger bewundertes aber unerträgliches Leben. Nach dem Grundsatz:
Unerträglich ist alles durch den Tod,
dem einzigen, dem kein Mensch widersprechen kann, haben sie sich vernichtet, vernichten sie sich.
Meine Familie ist mir immer als eine unendliche Vorratskammer von allen nur denkbaren energischen Entwicklungsmöglichkeiten, jede auf ihre Weise in Anbetracht jeder andern so absurd als nur möglich, erschienen. Ihr Unerschöpfliches, das in alle Richtungen der Menschenzwecklosigkeit führt, ist mir schon früh zu einem mich weit über den horizontalen Gemeinschaftsstumpfsinn hinaus- und in die völlige Freiheit hinaufhebenden Bewußtsein geworden. Ich hatte immer die Wahl, alles aus mir zu machen, woraus schließlich das geworden ist, was ich vorläufig bin. Die Überlegung der Überraschung, daß ich soviele Charaktere bin, als sich denken lassen, die ich mit fortschreitend immer raffinierteren Qualitäten der Zucht (und der Unzucht) zu beherrschen habe, ist auch heute für mich ein bewährtes Mittel zur Faszination, das Geschlecht, zum zweiten, das System der Natur betreffend. Ich hätte den Weg des Fleischhauers oder den Weg des Sägewerkers oder den Weg des Pfarrers oder den Weg des gemeinen Verbrechers gehen können, zum besten (oder gerade noch möglichen) Zeitpunkt heraustreten aus der Unentschlossenheit, aus dem Dickicht der Kindheit und Jugend in einen normalen Beruf oder in eine markantallgemeinverständliche Berufsabwegigkeit (z. B. Grundstückespekulant), aber nichts davon, leider, ich bin alles zusammen, mehr oder weniger theoretisch die Spekulation selbst, daß ich alle und alles *bin*. So verbringe ich meine Zeit damit, alle und alles zu sein und verwende mein immer komplizierteres, weil in erster Linie überall in mir Ordnung machendes Denken auf die Erfahrung, daß auch ich erbärmlich bin. Die

Verwandtschaft, die mich erzeugt hat, erkennt sich, ohne in Wahrheit darüber tödlich *in sich* zu erschrecken, was ihre Zähigkeit unter Beweis stellt, von Zeit zu Zeit als die im Lauf von Jahrhunderten routiniert-gleichgültig gewordene Voralpenstatisterie gesünderen oder kränkeren Körper- oder Gehirnvermögens, heroisch-infam auf ein theatralisches Zentrum hin, das gar nicht mehr existiert. Aber gerade dieses *nicht mehr existierende Zentrum* der Widerstandsfähigkeit, der Schläue, der Brutalität und der Poesie des Besitzes und der Verschwendung (auf einer Bühne, die die gleiche und doch eine ganz andere ist) ist die Ursache für die in ihr nicht zur Ruhe kommende Krankheit, in welcher wachsame Perfidie und erkaltete Melancholie über sich selbst (wie in mir, so in den andern) abwechseln ohne Scham, ohne Ende.

Ab und zu gehe ich, in letzter Zeit nur in Gedanken und nicht in der Wirklichkeit, in eine Verstandesmischung aus naiver Verzweiflung und berechnender Neugierde hinein, woraus ich vor fünfunddreißig Jahren gekommen bin, in die Landschaft meines Geschlechts (und seiner Geschlechter), in das Geschlecht meiner Landschaft und ich rede mir ein, ich wahrte die ganze Zeit, während ich dort, wo das Zentrum meiner Erschütterung sein soll, wo ich suche, was ich nicht finde, nicht finden kann (Das »Niemehr« der Lächerlichkeit wird zum Wahnsinn!), mein Inkognito und ich entstellte mich in die verlorene Jugend, in die verlorene Kindheit hinein nur zu Studienzwecken – und *ich entdecke mich*. Daß ich, darüber besteht kein Zweifel, ein Opfer aller dieser Objekte bin, die ich da als die mir angeborenen wiedererkenne, ist mir klar. Du bist die Ursache, Landstrich, perverse Daseinsgrundlage!, rufe ich aus und bin auch schon augenblicklich mit meinem Echo alleingelassen. Die Natur ist ernst *und* tödlich. Die persönliche Katastrophe jedes einzelnen läßt sich aus der Mystifizierung seiner späteren Jahre, seiner späteren Alterszustände, die Krankheitszustände sind, heraus über den Schwindel der Selbstschuld, durch welchen immer ein Grad der Zerstörung erreicht ist, der weniger unser Mitleid, mehr unsere Abscheu hervorrufen muß, in die Landschaft der Kindheit leicht und ohne besonders gründliche Kenntnis der inzwischen verbrauchten Materie als eine letzten Endes nur in uns selber spektakuläre, unverbindliche rekonstruieren. So treibe ich also Ursachenforschung, was meine Person betrifft (an Bächen und Flüssen, Hügeln und in Tälern) wenn ich die Fatalität berühre, d. h. die Vermutungen über ein Thema von verlorenem Sinn und Zweck überhaupt, insbesondere aber über momentan Erleuchtetes, worunter ich alles, was ich bin (und doch nicht bin) verstehe, mir also mein Vater- und Mutterland *in Präzision* zur ebenso momentanen Gewißheit mache: Ich gehe in Häuser hinein und in Zimmer, in Gaststuben und in Schlachtverliese, ich sinniere an Schweinebarren, in Sakristeien. Ich suche den Ursprung meines Debakels. Ich perlustriere, interveniere. Aber die Heimat erweist sich naturgemäß dem, der sie überführen will, als eine zum Ekel gewordene Arroganz, Ignoranz. Irritiert von einer Substanz, die ich nicht begreife, wechsle ich mir, im Umgang mit Theaterprospekten zu erstaunlicher Geschicklichkeit in die Höhe geschult, die Jahreszeiten aus, die Menschen, die Methoden der Menschen. Ich berausche mich in Handwerk und in Gedankengut (aus dem Handwerk) und in Tradition und Gewissen. Ich sinniere in Überlieferung. Ich gehe umher und multipliziere und dividiere. Ich ziehe aus den ihrigen meine Schlüsse, ich errechne mir aus der ihrigen meine Potenz, Impotenz, Unzurechnungsfähigkeit. Sind es die in Kindheitsunschuld verschlafenen oder die in der frühreifen Perfidie mit Grausamkeit und Größenwahn ausgefüllten Nächte, die mich beschäftigen? Sind es die natürlichen oder die übernatürlichen Empfindungsaugenblicke, die mich fesseln? Protegiert mich jetzt nicht die Rührung vor *dieser* Kindheit in eine Empfindungshöhe, die mir eigentlich schon verloren (unstatthaft) schien? Wer *war* meine Mutter? Wer *war* mein Vater? Ich frage, weil ich das alles nicht weiß. Wie oft habe ich gefragt! Geliebt habe ich nur die Großeltern, die Eltern meiner Mutter. Mit ihnen hatte sich meine Kindheit vollzogen. Ins Unwahrscheinliche, sicher! Da, an dieser Stelle (unter *diesem* Baum!) und in diesem Augenblick entdeckte ich vor über fünfundzwanzig Jahren, daß Denken *die* Torheit ist. Immer liebte ich das Hügelland, hinter welchem das Hochgebirge *gerade noch* ist. Fast alles gilt es noch zu erforschen, wie z. B.: ein See, in den man hineinstürzen und ertrinken kann, ein Bach, in den man hineinstürzen und ertrinken kann, ein Mensch, der einen töten *könnte*, ein Wald, in dem man sich *unweigerlich* verirrt usf. Ich habe, wahrscheinlich habe ich noch nicht sprechen können, einen Philosophen entdeckt, der mich entdeckt hat, der mich aufklärt: meinen Großvater. Wir machen ein Spiel, das zwölf Jahre, bis zu seinem Tod dauert, und in welchem ich (weil ich der Enkel gewesen bin) nie verloren habe. Ich werde eingeführt in die Naturwissenschaft, in die Geisteswissenschaften. Ich lerne Menschen kennen. Auf einmal habe ich ein Programm: ich will mehrere Leben gleichzeitig leben. Die Welt besteht über Nacht aus lauter philosophischen Elementen. Es gibt Gesetze. Naturgesetze. Und auf einmal gibt es *die* Illusion, Begriffe, nichts als Begriffe. Das Wort »Tragödie« ist eines Tages so hohl, daß ich plötzlich, sechsjährig, darüber lachen muß. »Es tut weh, es tut *nicht* weh«, in diesem Bankerottspiel erlerne ich das Seiltanzen auf der menschlichen Ebene. Ich habe Lehrer, die sich an den Stumpfsinn anklammern. »Wer *ist* der Lehrer?« frage ich penetrant. Mich unterrichtet kein Montaigne, kein Pascal, kein Schopenhauer, Namen, die ich oft höre. Ich zeichne (naturgetreu) eine Petroleumlampe und werde (in der Volksschule) öffentlich ausgezeichnet. Ich sehe: das Mißtrauen ist berechtigt. Aber meine Intelligenz ist mir im Weg, wie ich jetzt weiß. Ich bin gut in Geographie und in Geschichte und liebe die Mathematik, was meine Vorliebe für die Musik erklärt. Aber »das Symphonische« wird, wo ich aufgeklärt werden will, verabscheut. Ich habe einen Freund auf dem größten Hof, den ich jemals gesehen habe und ich beschließe, auf diesem Hof (Hipping), weil es ein fremder Hof ist, aufzuwachsen.

Die Großeltern (Mutter und Vater sind mir unbekannt) unterrichten mich, Großvater in den philosophischen Fächern, in den übrigen meine Großmutter, wenn ich nicht auf dem Hof bin. Ich wachse mit Pferden, mit Kühen und Schweinen und mit gespenstischer Philosophie auf. In der Nacht verfüge ich *über alles*. Ich habe mit den Arbeitern (Knechten und Mägden) einen Freundschaftspakt abgeschlossen, jetzt ist mein Verhältnis zu den Gestirnen, zu den »universalen Irrtümern« (Großvater), zu den Geistern und Übergeistern, *vollkommen*. Ich lese nicht, aber ich höre, *wie es ist*. Die Unvoreingenommenheit ist wie das Mißtrauen ein Instrumentarium, mit dem sich der Reichtum an »persönlichem Naturvermögen« am zweckvollsten vergrößern läßt. Wir, mein Großvater, der Philosoph, und ich, wir sind im Wald, wir sind da und dort, wir überbrücken die größten Entfernungen in der kürzesten Zeit, wir sind Meister in der Distanz und in der Distanzlosigkeit, wir sind, wenn er nicht arbeitet, wenn ich nicht auf dem Hof bin, zusammen. Ich gehe in die Schule des Schweigens. In die Schule der Ironie. In die Schule der Unabhängigkeit. Ich werde verhört und ich verhöre. Unser Zusammensein ist ein ununterbrochenes Untersuchungsgericht. Meine Kindheit ist, wie sein Alter, anstrengungsmächtig. Aber, sagen wir uns, nichts ist bedauerlich. Der Tod *ermöglicht* alles. Wir sind in der Unruhe. Wir sind in der Zweifelswelt. Wir genießen es, zu verachten, wie wir es genießen, zu lieben. Wir beobachten die Welt, als wäre sie nichts als durch uns. Wir haben zwei Leben, zwei *wirk-*

liche Welten für unsere Exkursionen, wir erleben zwei Vollzugsgewalten, *wahrscheinlich*: tristes Wort! Wir erleben zwei völlig verschiedene, völlig gleiche Jahrzehnte miteinander, nebeneinander, wir erleben zwei Kriege, ich erlebe meinen Krieg, mein Großvater erlebt seinen Krieg, denselben Krieg. Auf dem Schulweg höre ich plötzlich die ordinäre Nachbarsfrau: »Deinen Großvater bring' ich schon noch nach Dachau!« Was ist Dachau? Ich frage und ich verstehe die Auskunft nicht. Was ist das »Vaterland«? Bomben fallen in meine Mittelschulstadt. Was ist sie für mich? Was, wenn nicht ein Martyrium? Abwechselnd gehe ich aus der Hölle des Internats in die Hölle der Stadt und aus der Hölle der Stadt in die Hölle des Internats. Ich bin für mich, ich bleibe für mich. Jede Nacht bin ich im Schlafsaal wie in einem trüben stinkenden faulen Menschheitswasser ertrunken. Salzburg: dieser Stumpfsinn ist kriminell! Die Philosophen meines Großvaters, die meine Philosophen geworden sind, kommen nicht mehr zu Wort. Die Stadt wird zur Angstpsychose für mich. Sie wird immer häßlicher, während ich widerwillig Englisch, Französisch lerne und wieder vergesse. Ich bin zum Violinspiel gezwungen. Plötzlich vernichtet ein amerikanisches Bombergeschwader alle Voraussetzungen für meine Studien, für meinen Aufenthalt in der gehaßten Stadt. Meine Haare sind verbrannt, mein Geigenkasten ist zertrümmert. Ich bin verstört, aber ich lebe. Zu Hause arbeite ich in den Ställen und auf den Feldern. Der Krieg wird zu einem immer lauteren, rücksichtsloseren Geräusch. Aber ich bin in der Obhut der Montaigne, Pascal, Goethe. Mein Großvater lehrt mich, während die Welt verblutet, die Tätigkeiten begreifen, zu begreifen in den Tätigkeiten. Es herrscht eine Düsternis, die ich nicht sehe. Politische Qual, was ist das? Fürchte dich! Was du nicht verschläfst, ist Schmerz. Beurteile nicht! Aber an der Epilepsie der Urteilslosigkeit krank sein ist am verabscheuungswürdigsten. Die Kindheit ist in das größte politische Dilemma der Geschichte eingeschlossen. Alles, was du hörst, was du siehst, was du einatmest, ist tödlich. Du siehst viele, die dir lieb waren, jetzt als Tote. Du hörst von Erschossenen, du siehst die Erschossenen, du siehst die Erschießenden. Dein Großvater versucht durch Vorlesen von Cervantes – nein, nicht der Brüder Grimm! – von dem herrschenden Allgemeintod abzulenken. Du hörst, daß dein Vater erschossen worden ist. Aber du hast ihn ja nie gesehen. Am Ende, der Krieg ist aus, du bist vierzehn, begegnest du deiner Mutter, einer schönen Frau, das siehst du erst jetzt. Heute sind alle tot, die ich erwähnt habe. Aber auch die meisten, die ich nicht erwähnt habe, sind tot. Beinahe alle sind tot. Beinahe alles ist tot. Auch die Landschaft meiner Kindheit ist tot.

Die Vergangenheit ist unerforscht

VIKTOR SUCHY: Ich freue mich, Sie bei uns begrüßen zu dürfen, und ich danke Ihnen, Herr Bernhard, daß Sie sich zu einem Gespräch für die Dokumentationsstelle zur Verfügung stellen. Zunächst einmal wollen wir etwas über Ihren holländischen Geburtsort Heerlen aufklären. Sie sind ja in Wahrheit Österreicher.
THOMAS BERNHARD: Ja, ich bin nur, nur Österreicher.
VIKTOR SUCHY: Stammen Sie aus dem Salzburgischen?
THOMAS BERNHARD: Aus dem Flachgau, und zwar Kobernaußer Wald, das ist fast im Oberösterreichischen, oder Wallerseegegend, von dort kommen alle Vorfahren.
VIKTOR SUCHY: Um mit Routinefragen zu beginnen. Sie sind zwar erst jetzt vor kurzem 36 Jahre alt geworden, aber haben Sie, da Sie ein sehr starker Selbstbeobachter sind, jemals daran gedacht, autobiographische Aufzeichnungen oder Tagebuchnotizen festzuhalten oder solche Dinge zu publizieren, oder sind Sie kein Mensch mehr, der Tagebücher oder autobiographische Aufzeichnungen führt?
THOMAS BERNHARD: Ich mach' natürlich Notizen, mehr oder weniger jeden Tag, oder nicht, je nachdem, was einem einfällt. Vor allem für einen selber, man will ja nachschauen, was war damals, und man vergißt ja Perioden, da sind dann Monate weißer Flecken, so wie der Nordpol. Die Vergangenheit ist unerforscht, dort.
VIKTOR SUCHY: Wieweit sind eigentlich die spärlichen biographischen Angaben in den Literaturlexika richtig?
THOMAS BERNHARD: Sie sind spärlich, und zum Teil stimmen sie auch gar nicht. Aus eigenem oder fremdem Verschulden.
VIKTOR SUCHY: Vielleicht könnten wir da miteinander ein

bißchen etwas erarbeiten. Also das Geburtsdatum dürfte stimmen, 10. Februar 1931.
THOMAS BERNHARD: Das ist nicht ganz klar, ob der neunte oder der zehnte, das weiß ich selber nicht. Bis fünfundzwanzig Jahr' hab' ich immer gedacht, am zehnten, und dann hab' ich einmal um einen Geburtsschein geschrieben, nach Heerlen, und die schreiben dann plötzlich, am neunten, und haben urgiert, wie das heißt, die beharren auf dem neunten. Also wäre alles hinfällig mit dem Paß und diese G'schichten, aber ich bleib' beim zehnten.
VIKTOR SUCHY: Also Sie sind zufällig in Holland, in Heerlen, geboren...
THOMAS BERNHARD: Das war rein zufällig, ja.
VIKTOR SUCHY: Wo haben Sie Ihre Kindheit dann verbracht?
THOMAS BERNHARD: Die ersten zwei, drei Jahr' war ich in Wien, das war in der Wernhardtstraße im 16. Bezirk, das ist da bei der Maroltingergasse, dort waren meine Großeltern, bei denen bin ich aufgewachsen. Die nächste Station war Henndorf, da haben meine Vorfahren eine Art Haus.
VIKTOR SUCHY: In Henndorf war der Zuckmayer...
THOMAS BERNHARD: Da war der Zuckmayer und der Richard Mayr, der Csokor war dort, und der Horváth...
VIKTOR SUCHY: Da sind Sie in einem literarischen Klima aufgewachsen.
THOMAS BERNHARD: Ja, ich war aber dort, wie gesagt, drei, vier, fünf Jahre alt. Der Stelzhamer ist dort g'storben.
VIKTOR SUCHY: Und dann sind Sie nach Salzburg gekommen?
THOMAS BERNHARD: Nein, dann war ich in Seekirchen, dort hab' ich die Volksschule angefangen. Nach Seekirchen bin ich dann 38 nach Traunstein, das ist am Chiemsee, und bin am Land dort aufgewachsen und in die Schule gegangen, im Bayerischen, ein paar Jahr'. Dann bin ich nach Salzburg ins Internat, das heißt ins »NS-Schülerheim«, hat's da-

mals geheißen. Nach 45 war's dann das »Johanneum«, das gleiche. Ich war einer der wenigen, die wieder automatisch in das gleiche gegangen sind. Statt dem Hitlerbild war halt dann das Kreuz an der Wand, genau auf demselben Nagel.

VIKTOR SUCHY: Bleiben wir da ein bißchen, bei Ihren Konvikterlebnissen. Fühlen Sie sich durch diese Zeit des Nationalsozialismus in der Jugendzeit mitgeprägt, das heißt, hat es einen starken Einfluß auf Sie gehabt, oder ist das an Ihnen abgeronnen?

THOMAS BERNHARD: Nein, ich war damals natürlich sehr aufnahmefähig, in der Zeit ist man das ja grad, und in so einem Heim, das war natürlich streng gehalten, mit Aufstehen und »Heil Hitler«, aber das hat ja jeder in dem Alter erlebt; ich hab' mehr oder weniger Ohrfeigen gekriegt von dem Heimleiter, der mich nicht leiden hat können. Das waren schon sehr starke Eindrücke ... die Bombenangriffe dort und das Stollen-Rennen in Salzburg. Und dann ist die Schranne zerstört worden, das war gegenüber von dem Heim in der Schrannengasse, da ist eine Luftmine hinein. Dann bin ich nach Traunstein zurück und jeden Tag mit der Bahn in die Schule gefahren, monatelang. Aber da war man meistens nur bis neun Uhr, und dann war schon die Vorwarnung, also zur Schule ist es ja monatelang dann überhaupt nicht gekommen. Das war nur romantisch und eigentlich sehr ... Man hat überhaupt nix g'lernt, so halt.

VIKTOR SUCHY: Sind Sie dann nach der Matura noch auf die Universität gegangen?

THOMAS BERNHARD: Ich hab' immer schon das oder jenes gehört ...

VIKTOR SUCHY: Sie haben sich ja zuerst stark musikwissenschaftlich interessiert, soviel ich weiß.

THOMAS BERNHARD: Ja, Musik hab' ich am Mozarteum studiert, theoretische Fächer, Musikästhetik. Da waren ja sehr gute Professoren damals, die aus ausgebombten Städten geflüchtet waren, der Professor Werner, der war eine Kapazität damals in Salzburg. Instrumente hat man halt auch gespielt, aber das war mir eigentlich weniger wichtig. Ich hab' das dann fertiggemacht und ganz aufgehört und nur noch g'sungen, so in Kirchen, Bach und diese Sachen, das tu ich ja heut noch.

Viktor Suchy: Dann kam also Ihre Zeit als Journalist; Sie waren einmal Gerichtsreporter. Da haben Sie sich wahrscheinlich einen sehr scharfen Blick für die menschlichen Schwächen und Untiefen erworben.

Thomas Bernhard: Ich glaube, daß es eine ganz gute Schule ist, dort.

Viktor Suchy: Hat Sie nicht das Grausen gepackt?

Thomas Bernhard: Na ja, wenn man ganz jung ist, packt's einen ja nicht so. Da ist es einmal zuerst interessant.

Viktor Suchy: Ich frage nämlich deshalb, weil ich ein eigenes Erlebnis hatte: Ich war ursprünglich Jurist und bin von der Jurisprudenz aus einem ganz bestimmten Grund davongelaufen. Ich war Werkstudent, wie alle in dieser Zeit, und war bei einem Notar. Und was ich da erlebte, wie die Erben sich bereits um Stuhlbeine zu streiten anfingen, wie der Tote noch nicht kalt war, praktisch, da hab' ich die Flucht ergriffen.

Thomas Bernhard: Ja, da hab' ich auch eigene Erfahrungen.

Viktor Suchy: Die Literaturlexika geben eine Anzahl von Werken von Ihnen schon an. Ich möchte gerne mit Ihnen die Daten nachprüfen, ob sie stimmen. Ich glaube, das erste von Ihnen stammt aus dem Jahre 1955, das war die Hörerzählung »Die heiligen drei Könige von St. Vitus«. Stimmt das?

Thomas Bernhard: Das ist aber nie erschienen.

Viktor Suchy: Nie erschienen? Woher wissen es dann die Literaturlexika?

THOMAS BERNHARD: Es hätte erscheinen sollen, in der Stifterbibliothek, das war so eine Reihe in Salzburg, es ist jedenfalls nicht dazu gekommen.
VIKTOR SUCHY: Besitzen Sie das Manuskript?
THOMAS BERNHARD: Es ist von der Stifterbibliothek einmal an einen Grafen geschickt worden, an den Dombrowski, und dann hab' ich nie mehr etwas gehört.
VIKTOR SUCHY: Da muß man sich also an den Dombrowski wenden, ob er das Manuskript noch hat.
THOMAS BERNHARD: Nein, nein, das ist ja ganz grauenhaft ...
VIKTOR SUCHY: Das ist ja interessant, Ihre erste Arbeit eigentlich. Dann geben die Literaturlexika als weiteres ein Datum 1956 an, und zwar die Erzählung »Der Schweinehüter«. Stimmt das?
THOMAS BERNHARD: Ja, das war in den »Stimmen der Gegenwart« einmal und dann in einem Sonderdruck.
VIKTOR SUCHY: Und dann tritt bereits der Lyriker Thomas Bernhard in Erscheinung, und zwar im Jahre 1957 mit dem Gedichtband »Auf der Erde und in der Hölle«, dem ein weiterer 1958 folgt, »In hora mortis«. Stimmt auch?
THOMAS BERNHARD: Das stimmt.
VIKTOR SUCHY: 1959 kommen dann die Dialoge ...
THOMAS BERNHARD: 58 war noch ein Band, bei Kiepenheuer & Witsch, das hat geheißen »Unter dem Eisen des Mondes«, das war der dritte Gedichtband, der dritte und letzte.
VIKTOR SUCHY: Und dann 59 die Dialoge.
THOMAS BERNHARD: Ja, das ist eigentlich ein Text zu einer Zwölftonoper.
VIKTOR SUCHY: Das sind die »Rosen der Einöde« gewesen?
THOMAS BERNHARD: Ja, das ist fälschlich immer als ein Gedicht bezeichnet worden ...
VIKTOR SUCHY: Und war eigentlich ein Text zu einer Zwölftonoper. Und wer sollte die komponieren?

THOMAS BERNHARD: Die hat der Lampersberg komponiert.
VIKTOR SUCHY: Ist die jemals aufgeführt worden?
THOMAS BERNHARD: Ein Teil daraus war bei den Wiener Festwochen, voriges Jahr, und jetzt im Mai kommt es in der Deutschen Oper Berlin.
VIKTOR SUCHY: Und dann kommt nach vier Jahren der erste Roman, »Frost«, 1963, und 64 ist dann die Novelle »Amras« erschienen. Und zur Zeit ist ebenfalls ein Band im Erscheinen...
THOMAS BERNHARD: Ja, der ist jetzt gerade gekommen. Schön g'macht...
VIKTOR SUCHY: »Verstörung«, auch wieder bei Insel. Gleich dazu eine Frage: Besitzen Sie noch die Handschriften zu Ihren einzelnen Texten und Büchern, das heißt, pflegen Sie überhaupt noch mit der Hand zu schreiben, oder sind das Typoskripte, die Sie dann handschriftlich korrigieren?
THOMAS BERNHARD: Das ist ganz verschieden. Das meiste schreib' ich doch mit der Hand, aber dann wieder...
VIKTOR SUCHY: Bitte die Handschriften aufheben, die braucht einmal die Literaturwissenschaft.
THOMAS BERNHARD: Ich heb' meistens nichts auf.
VIKTOR SUCHY: Das ist aber schade, weil man damit die Entstehungsphasen genau studieren könnte, und bei einem Autor, wie Sie es sind, wäre das manches Mal sehr wichtig. Haben Sie vor dem Jahr 1955, also in Ihrer Jugend, Schreibversuche gemacht?
THOMAS BERNHARD: Ja, gleich nach dem Krieg eigentlich.
VIKTOR SUCHY: Und als Sie zu schreiben begannen, haben Sie da noch bestimmte Leitbilder, Lehrer, Werke gehabt, denen Sie zunächst einmal nachstreben wollten, wie das jeder Junge tut? Waren Sie vielleicht ein wenig in der Vergangenheit, oder waren Sie schon ein unmittelbarer Autor der Gegenwart?
THOMAS BERNHARD: Ich hab' Bücher eigentlich immer ge-

haßt als Kind, wie die Pest, weil sehr viele Bücher da waren. Mein Großvater war ja Schriftsteller, und wenn man als Kind das Gefühl hat, man muß etwas, man sollte, dann tut man's ja nicht, da sträubt man sich dagegen. Ich hab' sehr spät überhaupt zu lesen angefangen.

VIKTOR SUCHY: Wissen Sie da noch bestimmte Leitbilder von früher?

THOMAS BERNHARD: Das ist eigentlich alles verschwommen. Charles Péguy und solche Leute, die haben mich eigentlich sehr früh interessiert, mehr revolutionäre christliche Franzosen.

VIKTOR SUCHY: Also Péguy, Bernanos, vielleicht ein bißchen was von Claudel ...

THOMAS BERNHARD: Auch, und Michaux, das waren großartige Leute.

VIKTOR SUCHY: Sie sind ja noch relativ jung, Herr Bernhard, aber wenn Sie diese doch sehr ereignisreiche Zeit, in der Sie gezwungen waren, aufzuwachsen, Revue passieren lassen, meinen Sie, daß Ihnen schon bedeutende Zeitgenossen begegnet sind, deren Begegnung Sie nicht missen mögen? Oder meinen Sie, ist die Frage hier und heute noch zu früh gestellt?

THOMAS BERNHARD: Das kann ich schwer sagen. Sicher, den einen oder den anderen ...

VIKTOR SUCHY: Aber Sie müssen doch einen bestimmten Namen nennen wollen oder können.

THOMAS BERNHARD: Erstens fallt's mir momentan gar nicht ein ...

VIKTOR SUCHY: Herr Bernhard, Sie zählen ja zur Avantgarde der österreichischen Prosa ...

THOMAS BERNHARD: Ja, aber doch sehr vorsichtig.

VIKTOR SUCHY: »Avantgarde« ist ein gefährliches Wort, ich weiß.

THOMAS BERNHARD: Es gibt eigentlich gar keine Avantgarde bei uns, was viele Leut' da machen, das ist nicht avantgardistisch, das ist kindisch. Man macht Spassettln, das soll man halt bis 25 machen, dann müßte aber der Verstand wirklich einsetzen. Aber wenn's dann auslaßt, dann machen's die Spassettln weiter, mit 30, 40, und dann wird's natürlich immer lächerlicher.

VIKTOR SUCHY: Ist hinter Ihren eigenen Arbeiten so etwas wie ein dichtungstheoretisches Konzept? Oder wachsen sie nur aus der Praxis? Sie sind ja auch sehr stark philosophisch interessiert.

THOMAS BERNHARD: Eine oberflächliche Geschichte oder Beschreibung interessiert mich auch gar nicht.

VIKTOR SUCHY: Nun kommen wir also hier zur Theorie der modernen Prosa. Ich glaube, daß in einigem Wittgenstein ganz stark auf Sie eingewirkt haben müßte.

THOMAS BERNHARD: Ja, das ist immerhin eine faszinierende Erscheinung.

VIKTOR SUCHY: Auf der anderen Seite erinnert mich manches bei Ihnen an Schopenhauer.

THOMAS BERNHARD: Ja, auch.

VIKTOR SUCHY: Gerade die willensmäßige Vorstellung, die Welt als Vorstellung, das wirkt bei Ihnen interessanterweise wieder einmal nach. Schopenhauer ist in Österreich nicht sehr stark rezipiert worden. Wie stehen Sie denn überhaupt zu dem Ganzen? Ein bißchen könnte man manchmal meinen, Sie wären von der Nouvelle Vague des Romans und der Prosa mitbeeinflußt, die Tendenz zum Protokoll.

THOMAS BERNHARD: Das ist wahrscheinlich unbewußt, weil ich diese Art Romane, die ja reine Beschreibungsliteratur sind, überhaupt nicht mag und sie mir dadurch ja ganz konträr gegenüberstehen.

VIKTOR SUCHY: Was bei Ihnen so entscheidend ist, Sie suchen die Grenzsituation des Menschen aus, das ist fast existentialistisch gedacht. In den beiden letzten Büchern, in

»Amras« und in »Frost«, ist es die Grenzsituation einer Todeskrankheit oder einer Geisteskrankheit. Fasziniert Sie die Grenzsituation der Krankheit, daß Sie das Positive auflösen wollen, indem Sie das Negativbild überschärft zeigen?

THOMAS BERNHARD: Einfach das psychische Seiltanzen, wahrscheinlich. Das Seil immer höher zu spannen ist natürlich ein großes Vergnügen.

VIKTOR SUCHY: Man könnte natürlich aus diesen Büchern – und das tun viele Kritiker – leicht zu dem Fehlschluß kommen, Sie wären ein ausgesprochener Pessimist. Die Meinung habe ich, wenn man Sie persönlich kennt, absolut nicht.

THOMAS BERNHARD: Nein, nein, persönlich bin ich eigentlich völlig anders als in meinen Arbeiten; ja und nein, das ist vielleicht das eigentlich Interessante, aber da forsch' ich nicht so nach.

VIKTOR SUCHY: Aber vor allem ist es doch einmal die Grenzsituation, die etwas überschärft zeigt: die Grenzsituationen der Angst, des Todes, der schweren Krankheit, der geistigen Störungen, aus denen holen Sie ja unendlich viel heraus. Worum geht es denn überhaupt in diesem Roman »Verstörung«?

THOMAS BERNHARD: Ja, das Buch fängt an, wie soll man das sagen ... das ist wie ein Höhenzug, in der Ebene fängt das Buch an mit einem physischen Totschlag, und mit einem psychischen hört es auf. Das sind Krankenbesuche von einem Arzt an einem Tag.

VIKTOR SUCHY: Wollen Sie an den Krankheitsbildern gleichzeitig eine Symptomenlehre für die Zeit geben? Es sind also Bücher der Warnung?

THOMAS BERNHARD: Ja, vielleicht.

VIKTOR SUCHY: So wie ich Jean-Paul Sartres Dramen als Dramen der Warnung auffasse: Seht her, so seid ihr, wenn ihr euch nicht ändert, dann wird's noch fürchterlicher. Meinen Sie, daß zwischen Ihren dichterischen Arbeiten und der

Musik oder der Plastik oder der Malerei subkutane Querverbindungen bestehen? Ist das musikalische Element auch für die dichterische Gestaltungs-, für die Kompositionsweise bei Ihnen mitentscheidend?

THOMAS BERNHARD: Ja, das spielt eine Hauptrolle. In dem was ich halt so weiß, in der Musik.

VIKTOR SUCHY: Und welche Arbeitstechniken bevorzugen Sie nun, wenn Sie ein Buch schreiben?

THOMAS BERNHARD: Das ist auch schwierig zu sagen, weil ich lauf' ein Jahr herum und denk' nur nach und mach' nur Notizen und sonst gar nichts und kann auch gar nicht schreiben, solang' ich nicht das Gefühl hab', jetzt ist es soweit, und jetzt geht's halt los, und das dauert wahrscheinlich wieder zwei Jahre. Es geht nicht sehr schnell.

VIKTOR SUCHY: Da Sie ja von der Musikästhetik herkommen, also auch die ästhetischen Probleme kennen, ist das Problem der Form für Sie ein sehr gravierendes?

THOMAS BERNHARD: Ja, der Rhythmus, das muß halt auf die Silbe stimmen, für mein Gefühl, sonst fällt's auseinander, für mein Gehör.

VIKTOR SUCHY: Sind Bücher von Ihnen schon in andere Sprachen übersetzt worden?

THOMAS BERNHARD: Ja, heuer kommt bei Gallimard im Sommer der »Frost« und »Amras«, dann bei Garzanti in Italien, auch im Herbst.

VIKTOR SUCHY: Aber Sie haben noch keine Erfahrungen mit Ihren Übersetzungen machen können?

THOMAS BERNHARD: Der »Frost« ist das zweite Mal übersetzt worden, das erste Mal ist fast mißglückt, der wollte mich dem französischen Geist angleichen, und damit ist halt etwas Schauerliches herausgekommen. Und der zweite macht das sehr gut. In Amerika kommt er auch.

VIKTOR SUCHY: Haben Sie auch die Kritiken über Ihre Arbeiten gesammelt?

THOMAS BERNHARD: Zum Teil ja, außer ich ärgere mich über eine so, dann schmeiß' ich sie gleich weg, daß ich sie nie mehr seh'.

VIKTOR SUCHY: Nun zwei ganz andere Fragen, die gehen jetzt nicht an den schöpferischen Menschen Bernhard, sondern an den Rezipienten: Was war der größte Theatereindruck Thomas Bernhards, auch Musiktheater?

THOMAS BERNHARD: Das war die »Zauberflöte«, sicher, und der »Don Juan«, also die zwei – wahrscheinlich alles von Mozart.

VIKTOR SUCHY: Die Prägung der Mozartstadt, die hier mitentscheidend ist …

THOMAS BERNHARD: Ja, das hab' ich von Kindheit an mitgemacht, und sehr viel Regieassistenz, Shakespeare-Stücke in München und natürlich Kleist, »Der zerbrochene Krug«, oder Büchner. Ich hab' ja auch Seminararbeiten gemacht und Inszenierungen und Vorträge.

VIKTOR SUCHY: Und von den übrigen Künsten, war es da ein ganz bestimmtes Kunstwerk, das Sie zutiefst beeindruckt hat? In der bildenden Kunst?

THOMAS BERNHARD: Ich beschäftige mich mit sehr vielem, auch jetzt durch den Wieland Schmied, da bewegt sich mein Herz oder mein Verstand, so wie die Kinder eine gewisse Urteilsfähigkeit haben, mehr nicht.

VIKTOR SUCHY: Wir sprachen vorhin von der Avantgarde und von Ihren eigenen Arbeiten. Wie sehen Sie überhaupt die Möglichkeiten, wohin, glauben Sie, tendiert die moderne Prosa? Wohin möchten Sie selbst?

THOMAS BERNHARD: Ich möchte geistig immer zunehmen und immer klarer werden, und da ich in der Zeit lebe, entspricht das, wie ich dann denke, wahrscheinlich vollkommen dieser Zeit, in der ich lebe. Das Experimentieren, das ist aus einer Hilflosigkeit und führt meiner Meinung nach zu gar nichts oder nur zu einer Zersplitterung.

VIKTOR SUCHY: Also die ganze Montagetechnik und dergleichen ...

THOMAS BERNHARD: Das ist eine lustige Spielerei, kann auch aufregend sein. Ich glaube, das war vor 50, 60 Jahren, nicht.

VIKTOR SUCHY: Es scheint fast so, daß, wenn einer heute wieder etwas konservativer würde, auch im Formalen, daß er viel aufregender wirken kann, wenn er das kann, als wenn er experimentiert.

THOMAS BERNHARD: Manche Leute können nicht denken, sonst würden sie ja gar kein Vergnügen an dem Spielen finden, wenn einer denken kann, dann nützt der das ja aus. Ich mein', das kann ich auch, diese Sachen, hab' ich ja mit den »Rosen der Einöde« gemacht. Ich hab' sehr viele kurze Theaterstücke geschrieben, mit 20, 21, und das war aufregend und ungeheuer; etliche hat auch der Wochinz inszeniert, mit sehr guten Schauspielern.

VIKTOR SUCHY: Ich hab' mir da gestern so einige Notizen gemacht, wo mir Entsprechungen aufgefallen sind. Es scheint, daß Sie sich eine Zeitlang auch sehr stark mit Kant beschäftigt haben.

THOMAS BERNHARD: Ja schon, freilich.

VIKTOR SUCHY: Wie stehen Sie nun, und das ist ja eines der Hauptprobleme des modernen Romans, der modernen Prosa, zum Problem der Wirklichkeit, zum Problem der Realität? Als Kantianer würden Sie sagen, an die Realität kommen Sie überhaupt nicht heran, weil Ihnen ja nur die Erscheinung gegeben ist. Doderer war ja gerade der gegenteiligen Meinung, er sagte, das, was gegeben ist, das ist auch. Ich glaube, Sie stehen hier eher in einer Zwischenposition zwischen Kant und Wittgenstein.

THOMAS BERNHARD: Ich glaube, festlegen kann man's nicht.

VIKTOR SUCHY: Im Schlußkapitel ist mir ein Satz aufgefal-

len über Ihre Stellung zur Kindheit, wenn Sie sagen: »Die Kindheit ist kein Fundament, also ist sie tödlich.« Das ist die genaue Gegenposition zu Rilke und George, die die Kindheit verklären, vergöttlichen, die sagen, die Kindheit muß überhaupt erst nachgeleistet werden, bei Rilke. Wie kommen Sie zu dieser Meinung?
THOMAS BERNHARD: Das ist eine ganz gegenteilige Kindheit von diesen Leuten, die wir hier haben, das kann man ja nicht mehr vergleichen. Ich hab' ja immerhin als Kind auf einem Podium gespielt, das war greifbar und war da.
VIKTOR SUCHY: Es mag wohl das Erlebnis eurer Generation sein, der man die Kindheit gewaltsam gestohlen hat.
THOMAS BERNHARD: Ja, das kann man ruhig so sagen.
VIKTOR SUCHY: Und diese gestohlene Kindheit, ist es die, von der Sie meinen, daß sie tödlich wirkt?
THOMAS BERNHARD: Das müßte man jetzt im Zusammenhang sehen.
VIKTOR SUCHY: Um wieder vom Begriff der Realität in der Literatur zu sprechen, kommen Sie da eher von Broch oder Musil her, daß Sie meinen, daß wir mit den Methoden der Wissenschaft die Realität einschließen müssen und sie dann in die Kunstform des Romans auflösen, also die Verbindung von Essayistischem und rein Erzählerischem? Das reine Erzählen ist heute nicht mehr möglich, sagt Broch.
THOMAS BERNHARD: Ja, das ist ganz klar, weil es nicht wahr ist, weil der Begriff der Wahrheit ja sehr problematisch ist. Das Leben oder die Momente, die wir leben, sind einfach keine Geschichtenelemente mehr, es sind nur Einschübe da. Wie der Musil eigentlich doch geschrieben hat, so ist es auch, was wir erleben, ein paar Schritte ...
VIKTOR SUCHY: Der Musikkritiker Dr. Kaufmann von der »Neuen Zeit« in Graz hat eine merkwürdige Theorie des Österreichischen im Formalen in der Musik entwickelt: Zum Unterschied zu den großen Klassikern sind Schubert und

Bruckner beispielsweise darauf aus, Additions- und Summierungselemente aufzubauen, nicht die geschlossene, sondern die offene Form, in der also die Einschübe summiert und unendlich klein variiert werden. Erscheint Ihnen das heute auch in der Prosa möglich? Streben Sie etwas Ähnliches an?

THOMAS BERNHARD: Ich strebe es nicht an, aber ich finde es absolut natürlich, nicht als Gewaltakt, sondern einfach natürlich.

VIKTOR SUCHY: Bedrängt Sie noch die uralte Dialektik von Inhalt und Form? Glauben Sie, daß es so etwas wie die innere Form gibt, die eine äußere Form erzwingt, oder lehnen Sie das ab?

THOMAS BERNHARD: Ich lehne es nicht ab, weil das auch wahrscheinlich immer vorhanden ist. Es bleibt immer alles dasselbe und wandelt sich in sich ständig ab, das kann man ja von allem sagen. Es gibt weder etwas Neues, noch geht etwas Altes verloren.

VIKTOR SUCHY: Ja, ich darf Sie sehr herzlich zu Ihrem neuen Roman beglückwünschen, und ich wünsche dem Buch allen nur möglichen Erfolg. Ich danke Ihnen für das heutige Gespräch und hoffe, wir werden das, wenn wieder neue Bücher Thomas Bernhards nahe sind, fortsetzen.

Mein nächstes Buch lassen Sie bitte gleich von einem natürlich auch in Oberösterreich geborenen oder ansässigen Schimpansen oder Maulaffen besprechen.

Ohlsdorf (Österr.)
Thomas Bernhard

4. März 1968

Verehrter Herr Minister, verehrte Anwesende,
es ist nichts zu loben, nichts zu verdammen, nichts anzuklagen, aber es ist vieles *lächerlich*; es ist alles lächerlich, wenn man an den *Tod* denkt.
Man geht durch das Leben, beeindruckt, *un*beeindruckt, durch die Szene, alles ist austauschbar, im Requisitenstaat besser oder schlechter geschult: ein Irrtum! Man begreift: ein ahnungsloses Volk, ein schönes Land – es sind tote oder gewissenhaft gewissen*lose* Väter, Menschen mit der Einfachheit und der Niedertracht, mit der Armut ihrer Bedürfnisse ... Es ist alles eine zuhöchst philosophische und unerträgliche Vorgeschichte. Die Zeitalter sind schwachsinnig, das Dämonische in uns ein immerwährender vaterländischer Kerker, in dem die Elemente der Dummheit und der Rücksichtslosigkeit zur täglichen Notdurft geworden sind. Der Staat ist ein Gebilde, das fortwährend zum Scheitern, das Volk ein solches, das ununterbrochen zur Infamie und Geistesschwäche verurteilt ist. Das Leben Hoffnungslosigkeit, an die sich die Philosophien *an*lehnen, in welcher alles letzten Endes verrückt werden *muß*.
Wir sind Österreicher, wir sind *apathisch*; wir sind das Leben als das gemeine Desinteresse am Leben, wir sind in dem Prozeß der Natur der Größenwahn-Sinn als Zukunft.
Wir haben nichts zu berichten, als daß wir erbärmlich sind, durch Einbildungskraft einer philosophisch-ökonomisch-mechanischen Monotonie verfallen.
Mittel zum Zwecke des Niedergangs, Geschöpfe der Agonie, erklärt sich uns alles, verstehen wir nichts. Wir bevölkern ein Trauma, wir fürchten uns, wir haben ein Recht, uns zu fürchten, wir sehen schon, wenn auch undeutlich, im Hintergrund: die Riesen der Angst.

Was wir denken, ist *nach*gedacht, was wir empfinden, ist chaotisch, was wir sind, ist unklar.

Wir brauchen uns nicht zu schämen, aber wir *sind* auch nichts und wir verdienen nichts als das Chaos.

Ich danke in meinem und im Namen der hier mit mir Ausgezeichneten, dieser Jury, ganz ausdrücklich allen Anwesenden.

Der Wahrheit und dem Tod auf der Spur

Wenn wir der Wahrheit auf der Spur sind, ohne zu wissen, was diese Wahrheit ist, die mit der Wirklichkeit nichts als die Wahrheit, die wir nicht kennen, gemein hat, so ist es das Scheitern, es ist der Tod, dem wir auf der Spur sind... unser eigenes Scheitern, unser eigener Tod, so weit wir zurückdenken oder -fühlen oder zurückphantasieren oder in die Zukunft hinein*schauen*, es ist der Tod, die Ruhelosigkeit oder die Ruhe als die Phänomene der Schwäche, die Phänomene des Scheiterns ... es handelt sich um die Wissenschaften, die Künste, um die Natur selbst, *Merkmale des Todes*... eine Letalanalyse ist uns möglich, wenn wir vom Leben sprechen, auf das Leben aufmerksam machen, uns mit dem Leben als einer fortwährenden Begriffeenttäuschung, die die Natur ist, beschäftigen, wir, die theatralischen Elemente...
Es ist, so hören und sehen und fühlen und denken wir, ein Unendlichkeitsbegriff, in welchem sich die Linien des Absterbens, Abtötens, die Linien des Untergangs kreuzen, in welchem einfach ausgelöscht wird, in welchem *alles zwischen schließlich und endlich* Fatalität, krankhaftes Für und Wider, ursprungslos, ziellos und zwecklos der uns eingeborenen Nachdenklichkeit, Lauterkeit animiert, Methode ist, Todesmethode: was wir fliehen, ist, wie wir wissen, in uns, was wir fürchten, ist in uns, was wir sind, ist in uns ... etc... Wir versprechen uns viel und erlernen alles und widersprechen und lernen wieder und wieder und wir oxydieren, verfaulen von unten herauf und von hoch oben herunter in uns herein und wir gehen weg, fortwährend aus der einen Natur in die andre, *zu Tode*... In unserm Wesen sind wir handlungsunfähig, materialistisch-philosophisch, die Mystifikation selbst *im Tode*... Was wir besitzen, ist

die Erfahrung, ein Metaphysisches, vor welchem wir, wenn wir Zeit haben für die Angst, Angst haben, vor welchem wir, als die Ausschweifung selbst, kapitulieren: wir sterben ab, Einzelgänger unserer Ohnmacht, die wir sind, Vollwaisen der Geschichte, abgestorbene Naturgelenke... Wir sind einer Konsequenz auf der Spur, Umständen, Voraussetzungen des Todes, Körperzuständen, Geisteszuständen des Todes...
Wir werden in eine Anamnese hineingeboren, tangierend das Universum, regenerierend nichts anderes als den Tod. Der Tod erklärt sich mir als Naturgeschichte, als Verstandesermöglichung. Wenn wir ein Ziel haben, so scheint es mir, ist es der Tod, wovon wir sprechen, es ist der Tod...
Also spreche ich heute zu Ihnen vom Tod, aber ich werde zu Ihnen nicht *direkt* vom Tod sprechen, das ist zu anspruchsvoll, nutzlos, *in*direkt werde ich jetzt vom Tod sprechen, in Andeutung von dieser Erfahrung, die wir besitzen, die wir fortwährend machen, die wir, ins Unendliche hinein immer machen *werden*, ich spreche jetzt über den Tod, weil Sie ja eine Rede bei mir bestellt haben, etwas über das Leben zwar, aber ich spreche, worüber ich auch spreche, selbst wenn ich über das Leben spreche, über den Tod... Alles wird immer über den Tod gesprochen... Aber ich werde heute nicht über eine bestimmte Stelle des Todes sprechen, über nichts Detailistisches, das wäre, wie gesagt, zu anspruchsvoll, wir sind ja hier nicht zusammengekommen, um eine Studie zu hören, das wäre ja eine Infamität und zu trübsinnig, ich will diesen Festsaal nicht mit meiner Düsternis ausmalen, mit der allgemeinen Düsternis, Finsternis, obgleich Sie ja eine Rede bestellt haben, und zwar *von mir* bestellt haben, und obgleich mich dieser Saal blendet, dieser Saal blendet mich, alle Festsäle blenden mich, verstehen Sie... und obgleich ich keinerlei Rücksicht zu nehmen habe, werde ich diesen Saal und werde ich *Sie* nicht verfinstern...

aber ich spreche doch über den Tod, weil ich spreche, weil über das Leben, über den Tod, zum Beispiel von den Menschen und ihren Errungenschaften, weil wir von Errungenschaften gern hören, von den Städten und ihren Errungenschaften, von den Staaten und ihren Errungenschaften, vom *Makrokosmos*, vom *Mikrokosmos* ... Von der Fähigkeit, von der Unfähigkeit, von den Todeskrankheiten, von den Resten des Reiches ... Von den Resten!, verstehen Sie ... wie wir alle zusammen den denkbar schlechtesten Eindruck machen, und es wäre notwendig, hier, jetzt, alles, was wir sonst nur unter vier Augen sagen, unter allen, unter aller Augen zu sagen ... aber das würde zu weit führen, das würde tatsächlich zur Katastrophe führen ... aber ich spreche auch nicht von unseren Seen, von Hochgebirgstälern, nicht davon, wie von geschmacklosen und geldgierigen Ingenieuren unsere schöne Landschaft ruiniert wird, wie alles ruiniert wird, nicht von unserer Kleinbürgerliteratur, über unsere feige Intelligenz, nein, wenn, dann vom Tode ... *ich deute das Leben an und spreche vom Tode* ... ich spreche nicht von der Geistesgeschichte, sondern vom Tode, nicht von den physiologischen, psychologischen Approximationen, sondern vom Tode ... nicht von Größenordnungen, erschütternden Wirklichkeiten, von Genie und Martyrium, Idiotie und Sophistik, von Hierarchie und Verbitterung, das deute ich alles nur an und spreche vom Tode ... von Religionen rede ich nicht, von Parteien, Parlamenten, Akademien, nicht über Apathie, Sympathie, Aphasie ... ich müßte hier doch von allem reden, von allem gleichzeitig reden, aber von allem gleichzeitig zu reden, ist unmöglich, es ist unsinnig, also kann ich Ihnen nur sagen, von was allem ich heute und hier reden *könnte*, andeuten, was ich in Wahrheit verschweige, weil ich darüber gar nicht reden *kann*, über das Philosophische zum Beispiel, das Poetische, über Unwissenheit und Schande, ich deute nur an ... es ist sinnlos, mit einem einzigen dieser Themen, die ich mir vorstelle, hier vor Ihnen in die Tiefe zu gehen, hier in diesem Festsaal ein einziges dieser Themen zu entwickeln ... dafür fehlt uns die größte und die höchste Aufmerksamkeit, die zu fordern ist und die wir nicht haben, nicht mehr haben, wir haben die größte und die höchste Aufmerksamkeit nicht mehr ... aber ich könnte, wie Sie sich vorstellen müssen, hier über den Staat sprechen, über Staatenbünde, Staatenverfall, über die Unmöglichkeit des Staates, und ich weiß, daß Sie froh darüber sind, daß ich darüber nicht spreche, Sie fürchten ständig, daß ich etwas ausspreche, das Sie fürchten und Sie sind im Grunde froh, daß ich hier über nichts *wirklich* spreche, tatsächlich spreche ich hier ja auch über nichts, weil ich nur über den Tod spreche ... etwas andeute über Diktatur, verbrecherische Gerichtsbarkeit, Sozialismus und Katholizismus, über unsere heuchelnde Kirche ... Sie brauchen keine Angst haben ... über Sarkasmus, Idealismus, Sadismus etwas *andeute* ... über Norden und Süden ... noch etwas Lächerliches: daß die Stadt Wien die schmutzigste aller Hauptstädte ist, an den Gliedern gelähmt und im Kopfe verfault und in den Nerven zertrümmert ... etwas über meine Fleischhaueronkel, Sägewerkonkel, Landwirtsonkel usf. ... über meinen Hof in Natal, die Menschen dort, ihre Schönheit, über Krüppel, Getreidesorten und Schweinemast, das Wild im Wald, über ein Zirkusgastspiel im Grünen ... über Alexander Blok, Henry James, Ludwig Wittgenstein ... wie man ehrliche Leute über Nacht zu Verbrechern stempelt, wie man in die Gefängnisse hinein- und wie man aus den Gefängnissen wieder herauskommt ... Über Irrenhäuser und wie man dividiert und multipliziert ... über den Begriff der Verwahrlosung und über sozialpolitische Neuralgien ... über den Staat und über den *Un*staat, oder gar über Preisverleiher ... wie man einfache Menschen in die größte Verlegenheit bringt ... Oder soll ich hier gar eine *Dankrede* halten, etwas über Weltschmerz erzählen?... oder etwas über die Industriellen, oder über das verkannte Genie vielleicht... über Bedenkenlosigkeit, Niedrigkeit, etwas über Moral, ich weiß es nicht... über das Alter als abschreckendes Beispiel oder über die Jugend als abschreckendes Beispiel, über Selbstmord, Völkerselbstmord... ich könnte auch eine Geschichte erzählen, denn ich habe ein paar Geschichten im Kopf, oder ein Märchen wie *Das Märchen vom schönen Österreich, als es noch etwas war* oder *Von der schönen Stadt Wien, als sie noch etwas war* oder *Von den Österreichern, als sie noch etwas waren* ... oder *Das Märchen von der Hochseeschiffahrt, die sich nicht mehr auszahlt, Das Märchen von der Schweinemast, die sich nicht mehr auszahlt, Von der Zauberformel EWG* ... oder *Von der Literatur, die sich nicht mehr auszahlt, von der Kunst, die sich nicht mehr auszahlt, vom Leben, das sich nicht mehr auszahlt* ... oder hören Sie gern *Das Märchen von der Zukunft*?... Von der Lüge spreche ich und von der Lächerlichkeit, und ich erzähle *Das Märchen vom Tiefsinn* nicht... ich streife das alles nur und spreche ein paar Wörter in diesen Saal hinein, zum Beispiel die Wörter »Isolation«, »Degeneration«, »vulgär«, das Wort »Sensibility« ... ich bemerke das Älterwerden, das Nutzloserwerden und daß wir schon sehr früh genug haben von der Komödie, von dem Existenzschauspiel, von der ganzen dramatischen Kunst ... wir stürzen uns eines Tages, in einem einzigen, in dem entscheidenden Augenblick, kopfüber in den Tod... Der Tod ist mein Thema, wie auch Ihr Thema der Tod ist... also rede ich über das Leben, deute ihn an, den Gegenwartsstumpfsinn zum Beispiel, zum Beispiel die katastrophale Unfähigkeit dieser Regierung, diesen ganzen großen Regierungsskandal, den wir jetzt mitmachen... diese ganze Absurdität der Demokratien zum Beispiel, dieses fortwährende abstoßende Völkerkaleidoskop ... aber ich halte ja keine Rede über die Massen von Erdreich und

Menschen, über diese riesigen unsinnigen Massen, auch nicht über ein neues Weltbild, denn ich sehe keins, ich sage nichts über Atomares, auch nichts über die Leprastationen und die Negerunruhen, über das hilferufende England nichts, das verlogene Deutschland, das schizophrene Amerika, das dilettantische Rußland, das gefürchtete China, das winzige Österreich ... ich rede über den Tod, was ich sage, ist über den Tod gesprochen, ich rede nicht über die abscheuliche Geistesbedürfnislosigkeit ... auch nicht darüber, daß die Revolutionen uns nicht gebracht haben, was wir von ihnen erwartet haben, von vermoderten Kaiserreichen, Monarchien, stumpfsinnigen Republiken, Diktaturen, weder von Vaterlandsliebe, noch von gemeiner Neutralität spreche ich, ich erbringe keinerlei Staatsbürgerschaftsnachweise ... aber ich erzähle auch nichts über Ferdinand Ebner oder über T. E. Lawrence ... aber ich frage mich, ob ich nicht vielleicht doch etwas vortragen soll, etwas Kabarettistisches, Optimistisches ...?, etwas grotesk Fatalistisches, etwas über Traurigkeit, Phantasie, Melancholie ... wie man Geld macht und Freunde gewinnt oder wie man Freunde und Geld verliert, nein, nein, es ist alles ein Mißverständnis, es ist alles unmißverständlich ein Mißverständnis ... insoferne ja auch der Tod nichts anderes ist als ein Mißverständnis und daß ich da bin, *hier* bin, vor Ihnen stehe und spreche, ist auch ein Mißverständnis, genauso wie der Tod, von dem ich die ganze Zeit spreche ... Der Tod ist mein Thema, weil das Leben mein Thema ist, unverständlich, unmißverständlich ... ob ich auf die Reise gehe oder nicht auf die Reise gehe ... ich suche, wenn ich aufwache, Zuflucht in diesem Thema, in Satzgegenstand und Satzaussage, Hebung und Senkung ... es gäbe so vieles zu sagen, aber hier ist nicht der Ort, einen chirurgischen Eingriff in Zustände zu machen, die katastrophale Zustände sind, hier ist nicht der Ort für philosophische Transplantationen, für philosophische Rechenkunststücke,

dazu fehlen uns hier in dem schönen Festsaal die Instrumente... obgleich ich ja Lust an so vielen Operationen hätte, hineinzuschneiden und zusammenzunähen, abzubinden, zu amputieren... aber ich hasse die Affektation... und ich sage nichts über Shakespeare und nichts über Büchner und ich falle Ihnen nicht mit Flaubert lästig... ich könnte sehr gut und sehr eindringlich, möglicherweise *über*anschaulich mit den komischen, lustigen, ironischen Elementen in mir, und mit den gleichen Elementen in Ihnen umgehen... Mit Verstandesverschwendung, etwas Neues über Homer sagen, über Turgenjew... Oder: man nimmt einfach Gott und rührt um, man nimmt einfach den Teufel und rührt um, man nimmt das Bürgertum und rührt um, man nimmt das Proletariat und rührt um... Man vergesse nicht, andauernd von der ersten Jahrhunderthälfte als von einer verrückten Jahrhunderthälfte zu reden... es ist klug, einen Vers von Baudelaire zu zitieren, einen Satz von Proust, einen Satz von Montaigne, einen Satz des Kardinals Retz, wenn man will, oder irgendeine andere philosophische Obszönität... man vergesse die Pfarrer nicht und die Mediziner, die Physiker und die Kommunisten, die Rotarmisten und die Schweizergardisten, die Leichtmetallindustrie und vor allem die Gastgeber...
Das alles hat, ob Sie es glauben oder nicht, ob Sie es wahrhaben wollen oder nicht, mit dem Tode zu tun, ob ich Sie oder mich meine, in die Irre treibe, es ist der Tod, wir werden vom Tod getrieben... ob ich etwas gegen die Regierenden habe oder gegen die Unterdrückten, gegen Schwarz oder Weiß, gegen diese Regierung zum Beispiel, die, wie jede Regierung, die schlechteste Regierung ist, die man sich vorstellen kann, gegen unsere Parlamentarier, gegen unsere Bundeskanzler, gegen unsere Hochschullehrer und gegen unsere Künstler, gegen Heine und andere, gegen Marx und andere, gegen alle diese Herren etwas habe, es ist der Tod, es ist die

Irreparabilität ... es ist *die* Katastrophe ... es ist alles etwas *Un*mögliches, *Un*erhörtes ...
Aber ich glaube, ich habe jetzt schon genug gesagt oder gesprochen, wie Sie glauben, *angedeutet*, wie Sie glauben, Themen *verschwiegen*, wie Sie selbst sehen, beinahe alles verschwiegen, wie Sie sich überzeugen können, und ich sage jetzt nur mehr noch meinen Dank für die paar tausend Schillinge, die Sie mir schon vor einiger Zeit per Post an meine Adresse in Oberösterreich überwiesen haben, für die herrliche Urlaubszeit, die ich mir für diesen Betrag arrangieren werde, eine Verschwendungszeit will ich mir leisten, ein paar Wochen am Mittelmeer oder ein paar Verrücktheiten in Brüssel oder in Paris oder in London, ich weiß das noch nicht ... jedenfalls weit von hier, weit von Wien, weit von Österreich, dem Vaterland, das ich liebe ... ich danke Ihnen, obwohl ich ja noch gar nicht weiß, *für was* ich Ihnen jetzt danke, möglicherweise danke ich Ihnen tatsächlich für eine Verrücktheit ... für einen guten Zweck möglicherweise, denn das Leben ist durchaus ein guter Zweck, etwas, das, wie Sie jetzt wissen, sehr viel mit dem Tode zu tun hat ... und mit dem Hinweis darauf, daß nämlich alles mit dem Tode zu tun hat, daß alles der Tod ist, das ganze Leben ist ja nichts anderes als der Tod, werde ich Ihnen einen guten, möglicherweise einen merkwürdigen Abend wünschen und aus diesem Saal hinausgehen, fortgehen aus diesem Saal, fortgehen aus Wien, aus Österreich eine Zeit fortgehen an das Vergnügen und an die Arbeit und ich sage noch einmal: ich danke Ihnen für diese Auszeichnung, für dieses Mißverständnis, das diese Auszeichnung zweifellos ist, denn, wie Sie wissen, ist alles ein Mißverständnis und ich erinnere Sie noch einmal nachdrücklich an den Tod, daran, daß alles mit dem Tode zu tun hat, vergessen Sie den Tod nicht ... vergessen Sie ihn nicht, vergessen Sie ihn nicht ...

In Österreich hat sich nichts geändert

Vor zwanzig Jahren, ich bin nichts als achtzehn gewesen, ist mir von dem damaligen Direktor des Salzburger Theaters vor einem Salzburger Gericht der Prozeß gemacht worden, weil ich als guthonorierter Theaterkritiker in der damals besten österreichischen kulturpolitischen Wochenschrift »Die Furche«, die heute allerdings nurmehr noch als eine Quadratur des perversen katholisch-nazistischen Stumpfsinns herauskommt, meine Eindrücke über das Salzburger Theater beschrieben habe. Daß die Schauspieler keine Schauspieler, die Sänger keine Sänger, die Tänzer keine Tänzer, die Regisseure keine Regisseure und der Intendant kein Intendant sei usf. Man nenne sich ein Theater und sei doch nichts als Schwachsinn und Schweinerei, nichts als ein kopfloser Mimenunrat usf. ... Verglichen mit dem Wirtshaustheater auf dem Land, sei das Theater in allen Städten allabendlich die Inszenierung eines vorgeschichtlichen Leichnams ... auf allen Bühnen (auch auf dem Burgtheater, dem Inbegriff von Provinz!) herrsche das Königreich des Dilettantismus. Wo Dummheit und Hochmut zusammen den Vorhang aufmachen, sei das Theater tot und auf der Bühne ein fauler Witz. Aus der Bühnenöffnung käme nichts als der üble Mundgeruch des Bürokratismus ... Für diese und ähnliche Sätze bin ich vor zwanzig Jahren von einem österreichischen Richter (der wohl von abgefahrenen Fußgängerbeinen, aber vom Theater überhaupt keine Ahnung hatte) zu viertausend Schilling Strafe verurteilt worden. Viertausend Schilling waren damals, und für mich besonders, ungeheuer viel Geld. Der Richter hatte während der vierstündigen Verhandlung ununterbrochen, von zwei Schreibern assistiert, in den vor ihm auf dem Richtertisch aufgetürmten Leitzordnern voller Kritiken, die der Intendant Stanchina zusammen mit zwei seiner maßgeschneiderten Dramaturgen mitgebracht hatte, geblättert und immer wieder gesagt: »... und klatschten herzlichen Beifall ... und klatschten herzlichen Beifall ... und klatschten herzlichen Beifall ...« Ununterbrochen blätterte er und sagte: »... und klatschten herzlichen Beifall ...« Und immer wieder sagte er: »also, was wollen Sie? ... und klatschten herzlichen Beifall ...« Und er hatte mich die ganzen vier Stunden stramm stehen lassen und von einem Justizwachebeamten bewachen lassen. Und bevor er das Urteil fällte, sagte er, das Theater sei ein gutes Theater und nachdem er das Urteil gefällt hatte, sagte er noch einmal, daß das Theater ein gutes Theater sei.

Heute, zwanzig Jahre später, inzwischen habe ich selber, das ist auch schon wieder fünfzehn Jahre her, Schauspiel und Dramaturgie auf der Hochschule studiert und absolviert (zum Abschluß habe ich einen Vortrag über den großen Artaud gehalten, aber die siebzehn »Hochschulprüfungsorgane« am langen grünen Tisch hatten bis dahin den Namen Artaud noch niemals gehört gehabt), jedenfalls ein völlig überflüssiges Studium, heute, zwanzig Jahre später, muß ich sagen, daß sich das Theater in Österreich überhaupt nicht geändert hat, ja, ich muß sagen, es ist heute alles noch viel dilettantischer und deprimierender als damals. Da ich aber nicht wieder zu einer hohen Geldstrafe (oder Gefängnis) verurteilt werden will, weil es unsinnig ist, dem nutzlosen Staat Geld in den Rachen zu schieben oder im Gefängnis zu sitzen, werde ich meine Eindrücke über unser Theater nicht schildern.

17. Oktober 1970

Nie und mit nichts fertig werden

Verehrte Anwesende, wovon wir reden, ist unerforscht, wir leben nicht, vermuten und existieren aber als Heuchler, vor den Kopf Gestoßene, in dem fatalen, letzten Endes letalen Mißverständnis der Natur, in welchem wir heute durch Wissenschaft verloren sind; die Erscheinungen sind uns tödliche, und die Wörter, mit welchen wir aus Verlassenheit im Gehirn hantieren, mit Tausenden und Hunderttausenden von ausgeleierten, uns durch infame Wahrheit als infame Lüge, umgekehrt durch infame Lüge als infame Wahrheit erkennbare in allen Sprachen, in allen Verhältnissen, die Wörter, die wir uns zu reden und zu schreiben und die wir uns als Sprechen zu verschweigen getrauen, die Wörter, die aus nichts sind und die für nichts sind, wie wir wissen und was wir verheimlichen, die Wörter, an die wir uns anklammern, weil wir aus Ohnmacht verrückt und aus Verrücktheit verzweifelt sind, die Wörter infizieren und ignorieren, verwischen und verschlimmern, beschämen und verfälschen und verkrüppeln und verdüstern und verfinstern nur; aus dem Mund und auf dem Papier mißbrauchen sie durch ihre Mißbraucher; das Charakterbild der Wörter und ihrer Mißbraucher ist das unverschämte; der Geisteszustand der Wörter und ihrer Mißbraucher ist der hilflose, glückliche, katastrophale...
Wir sagen, wir geben eine Theatervorstellung, prolongiert ohne Zweifel in die Unendlichkeit... aber das Theater, in welchem wir auf alles gefaßt und in nichts kompetent sind, ist, seit wir denken können, immer ein solches der sich vergrößernden Geschwindigkeit und der verpaßten Stichwörter... es ist absolut ein Theater der Körper-, in zweiter Linie der Geistesangst und also der Todesangst... wir wissen

nicht, handelt es sich um die Tragödie um der Komödie, oder um die Komödie um der Tragödie willen ... aber alles handelt von Fürchterlichkeit, von Erbärmlichkeit, von Unzurechnungsfähigkeit ... wir denken, verschweigen aber: wer denkt, löst auf, hebt auf, katastrophiert, demoliert, zersetzt, denn Denken ist folgerichtig die konsequente Auflösung aller Begriffe ... Wir sind (und das ist Geschichte und das ist der Geisteszustand der Geschichte): die Angst, die Körper- und die Geistesangst und die Todesangst als das Schöpferische ... Was wir veröffentlichen, ist nicht identisch mit dem, was ist, die Erschütterung ist eine andere, die Existenz ist eine andere, wir sind anders, das Unerträgliche anders, es ist nicht die Krankheit, es ist nicht der Tod, es sind ganz andere Verhältnisse, es sind ganz andere Zustände ...
Wir haben, sagen wir, ein Recht auf das Recht, aber wir haben nur ein Recht auf das Unrecht ...
Das Problem ist, mit der Arbeit fertig zu werden, und das heißt, mit dem inneren Widerwillen und mit dem äußeren Stumpfsinn ... das heißt, über mich selbst und über Leichen von Philosophien gehn, über die ganze Geschichte, über alles ... es ist eine Frage der Geisteskonstitution und der Geisteskonzentration und der Isolation, der Distanz ... der Monotonie ... der Utopie ... der Idiotie ...
Das Problem ist immer, mit der Arbeit fertig zu werden, in dem Gedanken, nie und mit nichts fertig zu werden ... es ist die Frage: weiter, rücksichtslos weiter, oder aufhören, Schluß machen ... es ist die Frage des Zweifels, des Mißtrauens und der Ungeduld.
Ich danke der Akademie, ich danke für Ihre Aufmerksamkeit.

Grand Hotel Imperial Dubrovnik

2. 3. 1971

Liebe, verehrte Doktor Spiel,
ich habe Ihnen einen Beitrag für Ihr Ver Sacrum versprochen – Sie schreiben, »etwas über Ludwig Wittgenstein«, und ich habe diesen Gedanken seit zwei Wochen, also dem Tag meiner Rückkehr aus Bruxelles, im Kopf –, jetzt bin ich wieder auf Reisen, Ragusa, Beograd, Roma etc., und die Schwierigkeit, über Wittgensteins Philosophie und vor allem Poesie, denn meiner Ansicht nach handelt es sich bei Wittgenstein um ein durch und durch poetisches Gehirn (HIRN), um ein philosophisches HIRN also, nicht um einen Philosophen, zu schreiben, ist die größte. Es ist, als würde ich über mich selbst etwas (Sätze!) schreiben müssen, und das geht nicht. Es ist ein Zustand von Kultur und Gehirn-Geschichte, der sich nicht beschreiben läßt. Die Frage ist nicht: schreibe ich über Wittgenstein. Die Frage ist: *bin* ich Wittgenstein *einen* Augenblick, ohne ihn (W.) oder mich (B.) zu zerstören. Diese Frage kann ich nicht beantworten und also kann ich nicht über Wittgenstein schreiben. – In Österreich sind Philosophie und Poesie (mathematisch-musikalische) ein absolutes Mausoleum, schauen *wir* vertikal die Geschichte an. Es ist erschreckend einerseits, fortschrittlich andererseits, mit einem Wort: Philosophie und Kunst existieren im Unterschied von anderen Völkern in Österreich nicht im Bewußtsein seines Volkes, sondern nur im Bewußtsein seiner Philosophie und Poesie(-Kultur) etc., was für den Philosophen und für den Dichter ein Vorteil ist, ist ihm dieser Vorteil bewußt.
Was Wittgenstein betrifft: er ist die Reinheit Stifters, Klar-

heit Kants in einem und seit (und mit ihm) Stifter der Größte. Was wir durch NOVALIS, den deutschen, nicht gehabt haben, ist uns jetzt Wittgenstein – und ein Satz noch: W. ist eine Frage, die nicht beantwortet werden kann – dadurch ist er eins mit jener Stufe, die Antworten (und Antwort) ausschließt.

Unsere heutige Kultur ist in allen ihren unerträglichen Erscheinungen eine solche, die leicht beantwortet wäre, ließe man sich darauf ein – allein mit Wittgenstein ist es anders.

Und die Welt ist immer die zu dumme, die nicht begreift, darum ist *sie* immer absolut ohne Begriffe – die Begriffe stehen für sich selbst als Begriffe. Das ist tödlich für die MASSE der Köpfe, aber auf die Masse der Köpfe ist keine Rücksicht zu nehmen. So schreibe ich nicht über Wittgenstein, *weil ich nicht kann*, sondern weil ich *ihn nicht beantworten kann*, woraus sich alles von selbst erklärt.

Mit besten Grüßen, allen Wünschen
Ihr Thomas Bernhard

9. August 1972

Bernhard telegraphiert Kaut

Präsident Kaut, Festspiele Salzburg.
Mit kühlem Kopf muß ich die heute von der Festspieldirektion veröffentlichte Argumentation gegen Claus Peymann und sein Ensemble als Infamie und die Tatsachen um alle Grade umkehrend bezeichnen. Sie, die Festspieldirektion, werfen Peymann und seinem Ensemble Vertragsbruch vor und haben selbst die Verträge mit Peymann und seinem Ensemble gebrochen, indem Sie erstens die auf der Generalprobe gegebene Zusage – gleiche Realität in der Premiere wie in der Generalprobe – im letzten Augenblick und tatsächlich hinterhältig gebrochen und damit die ganze Premiere in Gefahr gebracht und den Schluß des Schauspiels durch Ihren skandalösen Eingriff verfälscht haben. Sie selbst haben nach der Premiere in einer Unterredung mit mir zugegeben, Peymann hereingelegt zu haben, um die Premiere zu sichern. Durch Ihren Eingriff aus dem Hinterhalt, einen Vertrauensbruch ohne Beispiel gegen das Ensemble, sind Sie, abgesehen auch davon, daß der Bühnenbildner Karl-Ernst Herrmann hinter der Bühne von Unbekannten zusammengeschlagen worden ist, eine kriminelle Handlung, von der Sie sich bis jetzt noch nicht distanziert haben, absolut vertrauens- und durch Ihre arrogante Absage der künftigen Vorstellungen vertragsbrüchig geworden.
Der Vertragsbruch liegt voll und ganz auf Ihrer Seite und nicht auf der Seite des Ensembles, dem ich empfehle, auf den künftigen Vorstellungen im Landestheater zu bestehen. Hier geht es um die Strenge und um die Unbestechlichkeit einer nervenanspannenden Kunst und um ihr Prinzip und nicht um die Gemeinheit eines unappetitlichen Tagesfeuilletonismus. Sollten Sie die Vorstellungen tatsächlich absagen,

sind Sie, und das heißt die Festspieldirektion, vertragsbrüchig und für alle – auch die bereits eingetretenen Schädigungen – verantwortlich. Nicht das Ensemble, sondern Sie sind für das Narren des Publikums verantwortlich. Unter diesen befürchteten Umständen ist naturgemäß von Seite des Regisseurs und der gefoppten Darsteller Klage gegen die Festspieldirektion einzubringen, denn Peymann und seine Schauspieler, zu welchen ich hundertprozentig stehe, sind absolut im Recht, welches Sie selbst durch falsche und, ich muß noch einmal sagen, infame Angaben listig zu hintergehen trachten.
Thomas Bernhard

12. August 1974

Von Lissabon aus empfinde ich Augsburg noch elementarer scheußlich als in meinem neuen Theaterstück. Mein Mitgefühl mit den Augsburgern und allen in Europa, die sich als Augsburger verstehen, ist ungeheuer grenzenlos und absolut.

Gestern in Augsburg: Bernhard besucht AZ
Der umstrittene Autor der »Lech-Kloake«
stellt sich zum Verhör
Von unserem Redaktionsmitglied Dr. Thea Lethmair

Der Oberbürgermeister hatte ihn offiziell eingeladen. Doch die Stadt blieb ohne Antwort. Dutzende von Augsburgern beschimpften ihn massiv und verlangten eine Erklärung. Sie blieben ohne Reaktion. Doch dann war er plötzlich da. Augsburg-Beschimpfer Thomas Bernhard tauchte gestern überraschend in Augsburg auf. Unangemeldet kam er auf Blitzbesuch in die AZ-Redaktion. Über die lokalpatriotische Empörung auf sein Stück »Die Macht der Gewohnheit« staunt er ungläubig und lächelnd.

Mittagsruhe auf der Kulturredaktion. Telefon. Der Pförtner, Eingang Ludwigstraße: »Ein Herr Bernhard möchte Sie sprechen?« Kurzes Nachdenken. Rückfrage: »Heißt er Georg mit Vornamen?« Telefonstimme aus dem Hintergrund: »Es is' schon der richtige.« Antwort: »Er soll heraufkommen.« Erwartet wird von der diensthabenden Redakteurin der Kunstmaler Georg Bernhard. Zur Türe herein kommt der Dichter Thomas Bernhard, Autor des Stückes »Die Macht der Gewohnheit«, Erfinder der inzwischen zum Slogan gewordenen Dauerredewendung »Morgen in Augsburg« und der wildeste Empörung (aber auch Schmunzeln) auslösenden »Lechkloake«.

Es geht ihm, wie es ihm meist geht. Weil er so selten zu sehen ist, wird er nicht gleich erkannt. Zudem ist er äußerlich das Unauffälligste, was sich denken läßt. Keinerlei modische Allüre, keinerlei Dichterpathos. Eine dunkelgraue Hose, ein dunkelgraues Trikothemd, darauf gestickt als ein-

zige Aufhellung ein kleiner goldener Lorbeerkranz. Witzig. Man käme nicht darauf, den Kranz ernst zu nehmen. Dann verrät ihn ein verschmitztes Lächeln, als er meinen Erkennungsschrei »Jösses, Sie sind ja der Thomas Bernhard« mit der Bemerkung quittiert: »Ja, ja, ich bin's schon. Ich will nur schnell hereinschau'n. Sonst nichts.«
Er will keinen Wirbel, und er will auch niemand sehen und gibt das sogar schriftlich »als Alibi« bei etwaigen Vorwürfen wegen der Geheimhaltung seines Besuchs. Mit Freunden ist er gerade von seinem Domizil am Traunsee nach Straßburg unterwegs. Auf der Autobahn nur am »Tatort« vorbeifahren – das wollte er allerdings doch nicht.
Zuerst, so beschließt Bernhard, fährt er zur Zeitung. Beim Pförtner, so enthüllt Bernhard, war seine erste Frage: »Hat die Redakteurin Humor?« Bei unbefriedigender Antwort wäre er nicht gekommen.
Humor ist aber nicht das große Thema, sondern die Augsburg-Beschimpfung. Bernhard ist zum Verhör bereit.
Waren Sie jemals schon in Augsburg, das Sie in Ihrem Stück so übel beleumunden?
Antwort: »Flüchtig anno 1945. Der Bahnhof und Flüchtlingselend, das ist alles, was ich noch weiß.«
Seither nie mehr dagewesen?
»Nie mehr.«
Vielleicht einmal durchgefahren. Wie kommen Sie gerade auf Augsburg in Ihrem Stück?
Antwort: »Ich hätte auch Nürnberg sagen können, aber Augsburg klingt halt besser. Sie wissen doch, wie das beim Schreiben ist. Der Rhythmus, der Tonfall – es muß passen.«
Also ist Augsburg für Sie eine rein phonetische Angelegenheit gewesen?
Antwort: »Ja, so war es.«
Und die »Lechkloake«?
Antwort: »Der gleiche Fall. Es geht doch nicht um die Dinge direkt. Es sind Bezeichnungen für eine Fiktion.«

Die Frage, wie der Entrüstungssturm, der dieser »Bezeichnung« wegen getobt habe, nun von ihm aufgenommen worden sei, beantwortet Bernhard mit Staunen:
»So? War das? Ich habe nicht viel davon gemerkt.«
Thomas Bernhard ist nicht aus der Ruhe zu bringen. Er bleibt mild, er lächelt, er lacht, er läßt sich geduldig fotografieren. Weder läßt er den rabenschwarzen Pessimisten, der aus seinen Stücken spricht, erkennen, noch zeigt er Ansätze eines verbissenen Zynikers oder Querulanten. Am ehesten möchte man ihm noch den »Ignoranten« glauben, der im Titel einer seiner Stücke vorkommt. Aber den »Wahnsinnigen«, der dort auch vorkommt, schon gar nicht. Am Ende ist er halt doch – »nur« – »fast« – ein Poet mit eigener Seinslage?
»Es war doch nur ein Spaß«, sagt er, »das mit Augsburg.«
Als er wieder fort ist, bleibt das Gefühl, daß er die Umkehrung seiner Maxime im Stück demonstriert hat. In Sachen Augsburg ist für ihn eine »Komödie«, was als »Tragödie« von manchen empfunden wurde. Bernhard denkt an Augsburg vorbei schon an sein nächstes Stück. Es heißt »Der Präsident« und handelt nicht von Augsburg.

Thomas Bernhard: »Ich brauche
die Festspiele nicht«
*Der Absagebrief an den Präsidenten
der Salzburger Festspiele*

Ohlsdorf, 20. August 1975

Lieber Herr Kaut,
nach meinem Gespräch mit Ihnen im Juli im Haus von Herrn Schaffler, das einen sehr zwiespältigen Eindruck in mir hinterlassen hat, wie auch nach der Lektüre verschiedener unsinniger Pressenotizen, wie der in der heutigen Nummer des »Münchner Merkur«, in welcher »man« (also die Festspiele) »darauf verweist, daß eine noch unvollendete Novität nicht im voraus angenommen und auch nicht gut in Salzburg jeden zweiten Sommer Bernhard gespielt werden könne« – so der geschwollene Ton der jüngsten Notizen zum Thema »Die Berühmten«, entlasse ich Sie mit gutem Gewissen aus unserer Abmachung, und ich lege keinerlei Wert mehr auf eine Aufführung einer meiner Arbeiten bei den Salzburger Festspielen.
Eine Zusammenarbeit mit mir auf dem Theater ist nur als eine hundertprozentige und auf einer ganz klaren Vertrauensbasis möglich; das ist in Salzburg nicht mehr gegeben.
Wie Sie wissen, ist es Ihr Wunsch, nicht meiner, gewesen, in Salzburg 1976 ein Stück von mir aufgeführt zu wissen, ja, Sie wollten schon 1975 wieder ein Stück von mir, was ich damals, unmittelbar nach dem doch sensationellen Erfolg von »Die Macht der Gewohnheit«, als »Verrücktheit« bezeichnet hatte. Ich bin aber gern auf Ihren Vorschlag eingegangen, für 1976 ein Stück für das Landestheater zu schreiben, was ich mit Enthusiasmus getan habe, und ich habe, auch das war Ihr Wunsch gewesen, auch mit Dieter Dorn Verbin-

dung aufgenommen, denn Sie wünschten sich Dieter Dorn als Regisseur meines Stückes im Jahr 1976. Ich hoffe, Sie erinnern sich des genauen Vorgangs, wenn nicht, so ist er von mir jederzeit belegbar.
Tatsache ist, daß ich mein Stück fertiggeschrieben habe, entgegen allen dummen Äußerungen der Zeitungen, und ich mich für Sie 1976 tatsächlich wieder von der stumpfsinnigen österreichischen Lokalpresse in den Schmutz ziehen hätte lassen, weil ich mein Wort zu halten gewohnt bin.
Aber Sie haben einer Zusammenarbeit durch Ihre Schwäche und tatsächliche Unkorrektheit, wie ich jetzt weiß, die Grundlage entzogen, und in Salzburg wird von mir nichts mehr aufgeführt. Die Theatergeschichte hat längst entschieden, wer für wen wichtiger gewesen ist, der Bernhard für die Festspiele oder die Festspiele für den Bernhard. Im Grunde ist mir die Verabschiedung von Ihnen tatsächlich eine Erleichterung, wenn der ganze Vorgang auch anders, also erfreulicher hätte sein können.
Ich bin aus Ihrem Zug der Menschenschwäche, ich will nicht direkt sagen Charakterschwäche ausgestiegen, und es ist sicher zu meinem Vorteil.
Sorgen Sie bitte dafür, daß keine Falschmeldungen mehr aus Ihren Festspielmauern über mich in die Pressewelt gehen – Ihnen ist der Vorgang, daß nämlich beide Schauspiele, der »Ignorant« wie die »Macht der Gewohnheit«, ohne daß auch nur irgendein Mensch im Festspielhaus den Text vorher gekannt hat, als fixer Programmpunkt veröffentlicht worden sind, bekannt – sonst wäre ich zu einer Klarstellung gezwungen.
Ich brauche die Festspiele nicht.
Ihr Thomas Bernhard

»Aus Schlagobers entsteht nichts«

RUDOLF BAYR: Herr Bernhard, um mit dem Anfang auch wirklich anzufangen: Das Buch hat den Titel *Die Ursache*. Ursache wofür?
THOMAS BERNHARD: Die Ursache meiner heutigen Empfindungen für oder gegen Salzburg, meine Heimatstadt, die Ursache meiner heutigen Vorlieben oder Verkrampfungen für oder gegen diese Stadt, in die ich ja zeitweise ein paarmal im Jahr hereinfahre.
RUDOLF BAYR: Sie sagen in dem Untertitel *Eine Andeutung*. Worauf bezieht sich diese Andeutung? In welcher Hinsicht ist es eine Andeutung?
THOMAS BERNHARD: Eine Andeutung deshalb, weil es nur ein ganz kleiner, ich möchte fast sagen bescheidener Ausschnitt aus diesem Leben ist. Es kann nur angedeutet sein in diesem Umfang. Ich bin aber kein Mann, der ein Memoirenwerk schreibt oder überhaupt lang ins Erzählen kommt. Es kann nur ein ganz kurzer Ausschnitt sein. Und dieser Ausschnitt ist auch wieder eine ganz bestimmte Andeutung, sehr subjektiv, sehr beschränkt auf Fakten, Erinnerungen, Gefühle, Empfindungen dieses Jünglings, der ich damals gewesen bin. Die Zeitspanne ist zwischen dreizehn und fünfzehn Jahren, die Zeit von ein Jahr vor Kriegsende bis ein Jahr nach dem Kriegsende, eine für mich sehr entscheidende Zeit, *die* entscheidende Zeit glaube, glaube ich, in meiner Jugend. Die Kindheit war abgeschlossen, die Jugend beginnt mit diesem Buch.
RUDOLF BAYR: Es könnte doch mancher Leser vermuten, daß Andeutung etwas sehr Zartes, etwas sehr Beiläufiges sei. Tatsächlich ist aber, wenn man in dem Buch liest, die Andeutung, die einzelnen Passagen betreffend, ja keine An-

deutung mehr, sondern es sind ganz präzise Formulierungen, ganz präzise Aussagen betreffend ein Thema, betreffend diese Einstellung. Wichtig scheint mir auch zu sein, daß Sie in dem Buch geschrieben haben, er, nämlich der Erzähler, schreibe auf, was er damals empfunden habe, und nicht, wie er heute denke.

THOMAS BERNHARD: Das muß ich verbessern: Es steht, wie er damals empfunden *und* wie er heute denkt, ziemlich am Anfang. Nur hat ein junger Mensch Gefühle, und das Denken beginnt relativ spät, ich glaube, vor dreißig denkt man nicht sehr viel. Auch dieser junge Mensch von damals hat Gefühle gehabt und wenig gedacht, er kann also nur aufnehmen, ab dreißig kann er dann verarbeiten. Meine Aufgabe war es, das, was ich damals erlebt, gefühlt, empfunden, gesehen habe, nicht was ich gedacht habe, denn das ist kein Denken, was so ein junger Mensch hat, niederzuschreiben, wie es mir während der Niederschrift einfällt.

RUDOLF BAYR: Worauf präzise bezieht sich dann dieser Unterschied zwischen heutigem Denken und damaligem Empfinden? Sie reproduzieren die damaligen Eindrücke und reflektieren sie. Was ist dann die Beziehung zu dem heutigen Denken, zu der heutigen Einstellung zu der Stadt?

THOMAS BERNHARD: Ich habe während der Niederschrift heute wie damals ganz genau diese Gefühle wieder gehabt, und das war für mich das Entscheidende. Ich habe also nicht geschrieben, was ich heute denke, sondern wie ich damals gefühlt habe, obwohl ich heute so denke, wie ich damals gefühlt habe. Denn sonst würde es ja heißen, der hat damals so gefühlt, heute denkt er ganz anders. Das ist nicht wahr. Die Gefühle werden durch mein Denken jetzt noch untermauert. Es ist nichts anderes.

RUDOLF BAYR: Herr Bernhard, jetzt weniger pro domo gesprochen als überhaupt betreffend die Gedanken, die aufkommen könnten und beim Leser vielleicht auch aufkommen werden –

THOMAS BERNHARD: Hoffentlich kommt irgendeiner auf! Meistens kommen keine Gedanken auf.
RUDOLF BAYR: Ich glaube, dafür sorgen schon Sie und sorgt schon das Buch, daß diese Gedanken aufkommen. Wenn Sie da von Andeutungen schreiben und ich erst gesagt habe, daß da sehr präzise Sätze drinnen sind –
THOMAS BERNHARD: Eine Andeutung ist ja etwas bei mir, was nicht ganz ausgespielt ist. Das ist so ein Antippen, aber man muß nicht gleich eine Ohrfeige geben, man kann sie andeuten. Es ist noch Sensibilität in dem Buch, denn sonst würde man das auch nicht akzeptieren oder verdauen oder überhaupt annehmen, in einer geballten Ladung. Ich glaube ja, daß dieses Buch noch ziemlich zurückhaltend ist.
RUDOLF BAYR: Auf weite Strecken ist es sehr zurückhaltend. Einzelne Behauptungssätze betreffend fällt es mir aber schwer, hier die Zurückhaltung zu sehen, und vor allem dann, wenn diese Andeutungen in Behauptungssätzen im Präsens auftauchen, so daß es einem dann schwerfällt, für sich festzustellen: Wird hier nun das Seinerzeit-so-gefühlt-Haben präsent, oder ist es das jetzige Urteil? Wissen Sie, woran ich denke? Zum Beispiel gleich in der Einleitung!
THOMAS BERNHARD: Das Bestreben – ein schulischer Ausdruck, also eigentlich hinfällig – war, eine Verbindung zwischen dem Gefühl von damals und dem Denken von heute herzustellen – und dadurch eine gewisse Objektivität; es ist ja überall nur eine *gewisse* möglich.
RUDOLF BAYR: Aber wenn man beispielsweise die ersten Sätze liest, gleich auf dem ersten Blatt, die Selbstmordthematik betreffend, in Verbindung mit der Stadt Salzburg: Selbstmorddenken, Selbstmorddisposition sei ein Charakteristikum Salzburgs.
THOMAS BERNHARD: Sicherlich nicht Salzburgs und seiner Bewohner, sondern Selbstmordgedanken haben alle jungen Menschen, ob sie in Wuppertal oder in Salzburg, in Paris,

London oder irgendwo in Irkutsk sind, aber hier ist aus der Verbindung zwischen schöner Kunst oder Architektur und grauenhaftem Klima alles prädestiniert, zumindest ständige Selbstmordgedanken mit sich herumzutragen. Und wie ich vorn in dem Motto hingesetzt habe, ist ja Salzburg in der Selbstmordauslösung ziemlich an der Spitze – in der Welt!
RUDOLF BAYR: Damals war ja das Buch schon geschrieben, als Sie dieses Zitat –
THOMAS BERNHARD: Das war geschrieben, aber es ist mir während des Schreibens so wunderbar gerade über den Weg gelaufen.
RUDOLF BAYR: Die Zeitungsnotiz vom 6. Mai 1975 heißt: »Rund 2000 Menschen pro Jahr versuchen im Bundesland Salzburg ihrem Leben selbst ein Ende zu machen, rund ein Zehntel dieser Selbstmordversuche endet tödlich. Damit hält Salzburg in Österreich, das mit Ungarn und Schweden die höchste Selbstmordrate aufweist, österreichischen ›Rekord‹.« Finden Sie, Herr Bernhard, durch diese simple Notiz – ich nehme den Ausdruck »simpel« zurück, weil es ja eine Realität trifft, die erschütternd ist – das Einleitungskapitel oder die Einleitungszeilen nicht geradezu von der Wirklichkeit eingeholt?
THOMAS BERNHARD: Das Motto ist das Fundament meines Buches. Das ist mir plötzlich hingestellt worden während des Schreibens. Mehr konnte ich nicht erwarten, denn sonst sagt man, das hängt in der Luft, der erfindet das alles, und das ist alles nicht wahr. Da läuten die Glocken, da sind alle Leute lustig, das ist wunderbar, da gibt es nur Feste, Musik. Das steht alles da drinnen. Mehr an Untermauerung kann einem nicht passieren. Ich möchte nicht sagen, daß es mir angenehm war. Aber es ist immer sehr gut, wenn man eine fundierte Sache noch einmal durch ein zweites Fundament hingestellt bekommt.
RUDOLF BAYR: Ein kleiner Einschub, wenn Sie erlauben:

Der Lyriker Georg Trakl hat ja doch ein Intimverhältnis zu Trauer, Verfall, Raffen, Verwesung, Abort usw. –

THOMAS BERNHARD: Ich glaube – Verzeihung, daß ich Sie unterbreche –, das haben sicher alle schöpferischen Menschen in der Stadt immer so gehabt. Das war ja schon bei dem berühmten Quasi-Enkel von Salzburg, bei Mozart, der Fall. Da war das viel ärger fast als bei Trakl, nur hat er das durch seine Kunst oder mit seiner Musik zudecken können. Für den war Salzburg eine ganz schwarze Angelegenheit. Außerdem hat er Salzburg gehaßt, gleichzeitig geliebt, und aus dem entsteht ja dann das, was er hat machen können. Bei Trakl ist es genauso. Eine Stadt, die man nur so sieht, wie die Leute sie sehen oder wie die Welt sie sieht, als so ein tanzendes kokettes Mädchen, als Stadt in Europa – da kann man nicht schöpferisch werden, das geht gar nicht. Das geht nur auf diesem Fundament. Und das ist ja wieder das Ideale, muß man sagen. Wenn man einen Fußtritt bekommt in der Stadt, dann wird man vielleicht eine gute Sache machen, eine Symphonie schreiben oder, wenn man eine auf den Kopf kriegt, ein gutes Buch – vielleicht, unter Umständen. Anders nicht. Aus Schlagobers entsteht nichts.

RUDOLF BAYR: Halten Sie den Fußtritt für eine unabdingbare Voraussetzung?

THOMAS BERNHARD: Ich glaube, irgendeinen Fußtritt, und zwar einen ganz entscheidenden, muß jeder im Leben bekommen. Oder eine Ohrfeige, die einen gleich aus dem Haus und über die Straße hinaushaut. Sonst geht das nicht. Das ist notwendig, da bin ich ganz überzeugt.

RUDOLF BAYR: Ich werde doch noch einmal Trakl erwähnen. Trakl ist, Salzburg betreffend, zu einem Namen gekommen, der ihr dann mehr oder minder von der Fremdenverkehrswerbung als Spitzname angehängt wurde, nämlich: »Die schöne Stadt«.

THOMAS BERNHARD: Na gut, hier wird alles einverleibt: ob

das die »schöne Stadt« von Trakl oder die Mozartkugel ist, das wird alles einverleibt. Aber das kann man nur mit Toten machen, nicht mit Lebendigen, die lassen sich das noch nicht anhängen. Der Lebendige muß in dem Moment, da er zur Mozartkugel stilisiert wird, oder wie in meinem Fall, wenn man sagt, der gehört jetzt da dazu – da muß er die Tür zuhauen und verschwinden, weil er sonst eben Mozartkugel ist, aber kein Bernhard oder so etwas Ähnliches. Da muß er gehen, und mit Vergnügen.

RUDOLF BAYR: Herr Bernhard, können Sie sich auf keine Weise vorstellen, daß Sie in irgendeinem Zusammenhang dazugehören?

THOMAS BERNHARD: Wo dazugehören?

RUDOLF BAYR: Zur Wirklichkeit Salzburgs ...

THOMAS BERNHARD: Zur Wirklichkeit gehört ja jeder, ob sie jetzt scheußlich oder schön ist. Dem kommt man ja nicht aus.

RUDOLF BAYR: Es sind ja doch heftige Attacken, gegen Salzburg, vor allem dann auch gegen die Salzburger ...

THOMAS BERNHARD: Da würde ich auch wieder sagen: Mozart und Trakl haben die Stadt natürlich wie keine andere geliebt. Denn immer dort, wo man zu Haus ist, alles ganz intim kennt – das liebt man naturgemäß. Gleichzeitig aber haßt man es auch – wie die berühmte Pest, die niemand kennt. Und so ist es bei mir auch. Beziehungsweise einen Ort oder überhaupt eine Sache, die man eben sehr gut kennt und mit der man durch und durch verwandt ist – die zu kritisieren hat man dann auch, weil diese Tatsache so ist, ein Recht. Ich lasse mir nicht von irgend jemandem sagen, wie Salzburg ist. Aber ich habe die Verpflichtung, es zu sagen.

RUDOLF BAYR: Ich wollte nur fragen – und deshalb habe ich Trakl zitiert –, ob irgend etwas in Thomas Bernhard mit Salzburg – ich möchte das nicht »verbunden« nennen, Sie wissen, warum ich das nicht möchte. Aber ob Thomas Bernhard Salzburg doch gern hat, mit Salzburg irgendeinen Kontext hat.

THOMAS BERNHARD: Mit mir und Salzburg ist alles in Beziehung. Aber es kann natürlich nur eine Haßliebe sein – weil ich ein lebendiger Mensch bin, anders ist es gar nicht möglich. Oder ich lasse mich einverleiben und tanze da mit und gebe mich vollkommen auf, baue Salzburg auf, aus Papiermaché und Zuckerguß, und gebe mich auf. Das will ich nicht. Das ist auch gar nicht möglich und liegt gar nicht in meinen Vorstellungen.

RUDOLF BAYR: Sicher nicht; man würde uns wahrscheinlich dann noch weniger danken, für den Zuckerguß und das Papiermaché.

THOMAS BERNHARD: Dank ist ja ein Blödsinn, wie man weiß.

RUDOLF BAYR: Na ja, es können Situationen sein, in denen es doch ...

THOMAS BERNHARD: Wenn einem etwas hinunterfällt und es hebt einem jemand auf, hat man ein Recht, danke zu sagen. Aber ich wüßte nicht, wofür ich hier in dieser Stadt danke sagen soll. Es hat mir hier nie jemand etwas aufgehoben, obwohl mir sehr viel hinuntergefallen ist. Also ich kann mich nie erinnern.

RUDOLF BAYR: Wenn Sie sagen, es ist Ihnen sehr viel hinuntergefallen, dann beziehen Sie das sicher auch auf den Inhalt dieses Buches, das heißt auf diese Jahre, die in diesem Buch beschrieben sind.

THOMAS BERNHARD: Vor allem, weil wir ja über dieses Buch reden, über diesen Ausschnitt. Und das ist die Geschichte eines jungen Menschen, auf dem eigentlich nur herumgetrampelt worden ist, sei es von seiten der Stadt, ihrer Bewohner, der Verwandtschaft, ganz gleich. Aber ich will ja nicht sagen, daß ich allein in so einer Verfassung und Lage war. Sondern so geht es im Grunde ja allen jungen Menschen, die in ähnlichen Städten von dieser Größe und in dieser Konstellation aufwachsen. Wovon aber an und für sich niemand spricht, entweder weil die Leute es nicht wollen, irgendeinen anderen Beruf haben oder es nicht können oder keine Lust haben. Ich habe plötzlich nicht nur Lust, sondern die Verpflichtung gehabt, das einmal aufzuschreiben, wovon niemand spricht. Und die einzige Triebfeder in mir ist ja eigentlich sowieso nur die, zu sagen, was niemand sagt, oder zu schreiben, was niemand schreibt. Was alle schreiben, daß die Stadt schön ist, das weiß ja eh jeder. Aber hinter der Schönheit ist eben etwas anderes, und das klarzumachen war meine Aufgabe und auch meine Lust, das zu schreiben, muß ich sagen, und es war eine große Lust, das Buch wegzuschreiben von mir. Es mußte ja einmal geschehen. Außerdem ist es ja so, daß bei meinen Sachen oder Büchern, das sind jetzt 17, 20 Bücher, ich mache ja sonst nichts als schreiben – die hängen in der Luft. Ich habe seit 20 Jahren nie eine biographische Andeutung gegeben, irgend etwas von mir verlauten lassen. Da lese ich die unmöglichsten Sachen – wo der her ist oder was das sei. Das stimmt alles nicht. Jetzt muß man irgendeinen kleinen Anhaltspunkt einmal geben – biographisch, wo man das ganze Werk sozusagen, wie die Leute das nennen, aufhängt, einen Beziehungspunkt setzen. Das, glaube ich, ist mit diesem kleinen Buch geschehen – für mich vor allem. Und wer aufmerksam ist, der sieht das ja auch, nicht nur ich.

RUDOLF BAYR: Trotzdem suche ich etwas zugunsten Salzburgs.

THOMAS BERNHARD: Aber das ist alles zugunsten Salzburgs, das ist ja eine Rettung für Salzburg, diese Scheußlichkeiten! Denn wer lebt schon gern in einer Spanischen-Wind-Festung.

RUDOLF BAYR: Ich halte mich an die Bemerkungen, die beiläufig jetzt in dem, was Sie gesagt haben, vorkommen, nämlich: Über die Schönheit braucht man nicht zu reden, die ist so selbstverständlich.

THOMAS BERNHARD: Das steht ja auch drinnen: Die Stadt ist ein Kunstwerk, die Natur ist ein Wunder. Aber es muß Leute geben, die immer ein Aber sagen. Es gibt immer nur Leute, die alle Sachen bestimmen. Aber es bleibt alles ohne Aber. Die Wahrheit ist im Grunde immer nur, daß man ein Aber dranhängt und den Satz vollendet.

RUDOLF BAYR: Also man darf das Schöne mitdenken?

THOMAS BERNHARD: Man muß es, weil es sonst inobjektiv wäre. Aber eine Schönheit ohne das Aber ist ein reiner Unsinn, eine Verfälschung.

RUDOLF BAYR: Das wäre ja dann Kitsch.

THOMAS BERNHARD: Die Stadt ohne das Aber oder ohne dieses Buch ist einfach eine kitschige Stadt mit kitschigen Menschen, mit oberflächlichen Scheußlichkeiten.

RUDOLF BAYR: Herr Bernhard, es gibt in dem Buch eine bestimmte Stelle, in der die Rede davon ist, daß man an einer gewissen Wand im Johanneum, in dem Sie damals zum Studium untergebracht waren, eine Fläche als hell erkennt, an der jetzt das Kruzifix hängt.

THOMAS BERNHARD: Ja, da war vor Kriegsende das Hitlerbild, und nachher, als ich zurückgekommen bin, war dann das Kreuz da. Aber das Geld zum Ausmalen hat man sich wahrscheinlich erspart. Da waren damals vielleicht wichtigere Sachen zu machen, als Hitler in Christus umzuwandeln – was allerdings in der Stadt sehr schnell gegangen ist, unmittelbar nach dem Krieg. Jetzt macht das schon wieder Schwierigkeiten, würde ich sagen. Das ist ja eine sehr wandlungsfähige Stadt. Sie gleicht sich sofort an. Die Kirchen, die Dome, die bleiben bestehen, weil sie so aus Stein sind. Aber wenn morgen der Herr Meier kommt, dann läuft alles und schreit »Meier«. Das könnte morgen sein, da bin ich ganz überzeugt.

RUDOLF BAYR: Die Kirche ist ja auf Fels gegründet.
THOMAS BERNHARD: Auf Fels – im deutschen Rom. Das ist ja eine herrliche Bezeichnung, da ist ja alles drinnen: Rom, Kirche, deutsch, Nazi – alles. Eine wunderbare Mischung.
RUDOLF BAYR: Aber glauben Sie nicht, daß das etwas zu pointiert ist? Wenn ich nämlich die Teile Ihres Buches lese, die sich mit der Umwandlung bzw. mit dem Umschlag von Nationalsozialismus in katholische Dominanz beschäftigen – es scheint da, als hätte Salzburg nur zwei Seiten, je nach historischer Phase: entweder eine nationalsozialistische oder eine katholische.
THOMAS BERNHARD: Für mich hat es ja zwei. Nur ist die katholische ein halbes Jahrtausend alt oder noch älter: der Nationalsozialismus ist ja noch nicht so alt. Und seit er aufgetreten ist, ist diese Zweieinigkeit in der Stadt, würde ich sagen, ein wirklicher Anker für jeden einzelnen, der da herumläuft. Man braucht sich mit den Leuten nur zu unterhalten, im Geschäft oder irgendwo. Ist es ein Katholik von der Kanzel, so hört man eigentlich, ein Nazi spricht, und hört man einen Nazi, so steht er eigentlich auf dem katholischen Fundament. Das ist in der Stadt so, das läßt sich nicht austreiben. Man soll auch niemand austreiben.
RUDOLF BAYR: Glauben Sie, daß dieses Verhalten, das Sie als immer noch nationalsozialistisch –
THOMAS BERNHARD: Ich würde nicht sagen, immer noch. Es ist immer noch und schon wieder, weil es schon wieder sehr stark ist!
RUDOLF BAYR: Waren diese Verhaltensweisen und diese Verhaltensmuster nicht schon längst vorher, bevor ein solches Verhalten und solche Muster dem Begriff »nationalsozialistisch« einverleibt wurden, gegeben?
THOMAS BERNHARD: Der Drang zum Deutschtum war ja da immer sehr stark.

RUDOLF BAYR: Eben, der Drang zum Deutschtum, das ist nicht nur etwas spezifisch Nationalsozialistisches!
THOMAS BERNHARD: Aber es gibt immer auslösende Elemente oder bestimmte Liedertexte, die bringen dann alles doch zum Marschieren. Ich könnte mir vorstellen, wenn wieder irgend so ein Anklang ist, rennt auf einmal wieder alles in der Stadt. Das glaube ich schon. Ich glaube es nicht nur, ich weiß es, es wird wahrscheinlich wieder einmal so sein.
RUDOLF BAYR: Sie befürchten es?
THOMAS BERNHARD: Ich befürchte es nicht, da müßte man ständig Angst haben. Aber es wird schon so etwas sein. Sie werden sich formieren, in den Höfen, dazu sind die ja sehr geeignet, diese erzbischöflichen Höfe, und dann geht das halt so dahin.
RUDOLF BAYR: Gottlob ist diese Szene –
THOMAS BERNHARD: Gottlob ist sehr gut!
RUDOLF BAYR: – Vorstellung und nicht Wirklichkeit; auch darum Gottlob. Apropos Szene: Wie steht es mit der Szene der Salzburger Festspiele und Thomas Bernhard?
THOMAS BERNHARD: Die Festspiele sind für mich eine erledigte Sache. Ich wollte dem Herrn Kaut, der als väterlicher Freund apostrophiert ist in den Zeitungen, mit dem ich mich immer sehr gut verstanden habe, eine Freude machen, ein Stück schreiben. Ich habe das auch gemacht. Aber das ist jetzt nicht mehr möglich. Der steht nicht mehr hinter mir, das geht nur hundertprozentig oder gar nicht. Man kann nicht etwas wollen, Auftrag geben, besprechen, der eine sitzt ein ganzes Jahr und schreibt die Sache, dann kommt irgendwer von irgendeiner Zeitung und sagt: »Oje, schon wieder Bernhard«, und das hört er dann fünf-, sechsmal. Und leider ist der gute väterliche alte Freund umgefallen und hat plötzlich eine künstliche Reserve gezeigt. Der Titel *Die Berühmten* – da hat er sich gedacht, aha, das sind jetzt die Berühmten, die

in Salzburg jedes Jahr auftreten, Karajan oder wie sie alle heißen, es kennt sie ja jeder. Da ist er mißtrauisch geworden. Ich habe ihm ja erzählt, was es ist. Er tut so, als ob er nichts gewußt hätte. Ich habe gesagt, ich schreibe das Stück, das ist das und das, da treten die und die Figuren auf. Da hat er gesagt, wunderbar, wir machen das wieder so, wie es immer war. Und plötzlich sagt er, er will das Stück sehen – zum erstenmal, denn in Salzburg hat nie jemand auch nur ein Wort von mir vorher gesehen, bevor das publik war; mit den Proben haben die das Stück erst überhaupt gesehen. Und das kann man natürlich nicht zweimal machen und das dritte Mal sagen, aber jetzt wollen wir es sehen. Und wenn sie das sagen, jetzt wollen sie es sehen, und sich von mir nicht überzeugen lassen, daß man es das dritte Mal nicht machen kann, dann bin ich weg. Und ich bin jetzt weg und endgültig verschwunden – von hier.

RUDOLF BAYR: Aber – vielleicht eine dumme Zwischenfrage: Ist es so ungebräuchlich –

THOMAS BERNHARD: Ich weiß, was Sie sagen wollen. Die Leute haben gesagt, das ist das gute Recht, daß jemand, der etwas aufführt, zuerst sieht, was das sein soll. Das ist normal. In meinem Fall ist es eben nicht normal. Und warum? Mein erstes Stück *Ein Fest für Boris* ist für Salzburg geschrieben worden, eine Art Anti-Jedermann, eine Tafel mit Leuten, ein Fest, aber Verkrüppelte, auf meine Art. Ich habe dieses Stück dem Kaut, der es von mir wollte, damals vorgelegt, vor sechs, sieben Jahren. Kaut hat es mir zurückgegeben und hat gesagt, das ist kein Stück, das ist gar nichts. Zwei Jahre später, inzwischen ist dieses *Fest für Boris* ein berühmtes Stück geworden, es wird in England, in Frankreich, überall gespielt, läuft mir auf der Straße ein Adlatus der Festspiele nach und sagt, die Festspiele würden sich glücklich schätzen, wenn ich ihnen ein Stück schreiben würde. Der läuft mir durch die halbe Stadt nach, und ich sage, na gut, das Stück heißt *Der Ignorant und der Wahnsinnige*. So war es auch. Damit ist die Geschichte bis Probenbeginn erledigt: Niemand hat irgend etwas gesehen, die Proben haben begonnen, das Stück ist aufgeführt worden; wie das war, weiß jeder. Zwei Jahre später war dann *Die Macht der Gewohnheit*. Derselbe Vorgang – sie haben nichts gesehen, kein Wort. Ein Jahr später: Herr Kaut will plötzlich, von Zeitungen, Einflüsterungen mißtrauisch geworden, den Text sehen. Ich sage: Der Vorgang muß der gleiche sein wie vorher, es muß eine hundertprozentige Geschichte sein. Ich merke, der fällt um, fängt zu wackeln an. Und ich bin schon weg. Schluß. Ein ganz einfacher Vorgang.

RUDOLF BAYR: Der Vorgang ist sehr einfach, zugegeben, und er ist sehr bedauerlich. Daher meine Frage: Ist nicht doch noch irgendeine Möglichkeit, daß Thomas Bernhard im Sommer –

THOMAS BERNHARD: Nein, ich will gar nicht. Es soll ja keine Macht der Gewohnheit werden. Ich habe auch eingesehen: Dreimal ist es ein Blödsinn. Zweimal war wunderbar. Sie sollen selbst Stücke schreiben. Ich könnte mir vorstellen, daß der Herr Kaut selbst ein Stück schreibt, es aufführt, der Häusserman inszeniert es mit berühmten Schauspielern, das sollen sie *Die Berühmten* nennen. Sie hätten einen ungeheuren Erfolg. Den wünsche ich ihnen – wie die Pest!

RUDOLF BAYR: Das ist aber jetzt ein Beitrag zu »Thomas Bernhard als lustige Person«.

THOMAS BERNHARD: Ich bin eine lustige Person. Da kann man leider nichts ändern, so tragisch alles andere ist.

Bernhard Minetti

Lieber Henning Rischbieter, es wäre Wahnsinn und also ein Schlag auf den Kopf gegen mich, Ihnen ein Stück aus dem Stück, das ich allein für Minetti schreibe und das *Minetti* betitelt ist, und das ganz einfach noch nicht so weit ist, und das wir am Silvesterabend in Stuttgart spielen wollen, wenn wir noch leben, Minetti, Peymann und ich, zu schicken. Diesen großen, wahrscheinlich größten spielenden und also lebenden und seinen Beruf und also seinen und also unseren bühnendramatischen Wahnsinn verhexenden Schauspieler muß ich noch ausnützen, bevor er nicht mehr ausgenützt werden kann, diesen durch und durch elementaren *Geistes*theaterkopf. Wir haben in einem Jahrhundert nicht viele uns *tatsächlich* auf die Nerven gehenden Künstler! Und wie Sie wissen oder nicht wissen, was ich hier also mitteile, schreibe ich niemals auch nur ein Wort (und also eine *Körper-* und *Geistesbewegung*!) für ein Publikum, das mich überhaupt nicht interessiert, denn das Publikum hat mich überhaupt nicht zu interessieren, sondern immer nur für die Schauspieler, ich habe *immer nur für Schauspieler, niemals für ein Publikum geschrieben*, denn ich habe ja niemals für den Schwachsinn geschrieben, immer nur für Schauspieler also und naturgemäß für solche wie Minetti, die *Geisterköpfe* sind, wenn auch oft Schwachsinnige meine Stücke gespielt haben. Das Publikum ist der Feind des Geistes, deshalb habe ich für das Publikum nichts übrig, es haßt den Geist und es haßt die Kunst und es will nur das Dümmste zur Unterhaltung, alles andere ist nichts als Lüge, mir aber ist das Dümmste zur Unterhaltung immer verhaßt gewesen, also muß mir das Publikum verhaßt sein, es ist und muß Feind bleiben, bin ich anderer Ansicht, gehöre ich auf den Misthaufen des

Publikums, das ich heute verabscheue, denn es tritt mit Füßen, was mir das Wichtigste ist. Es hat mich als ehemaliger und wahrscheinlich lebenslänglicher sogenannter Schauspielschüler immer nur interessiert, für Schauspieler zu schreiben *gegen* das Publikum, wie ich ja immer alles gegen das Publikum getan habe, alles gegen meine *Leser* oder meine *Zuschauer*, um mich retten, mich bis zu dem äußersten höchsten Grade meiner Fähigkeiten disziplinieren zu können.

Ich danke Ihnen sehr herzlich für die Aufforderung.

Ihr Thomas Bernhard

Thomas Bernhard spricht

FRAGE: Herr Bernhard, Sie schreiben, daß das Publikum Sie nicht interessiert. Es habe Sie nicht zu interessieren. Ich meine aber, daß es Sie doch interessieren muß, weil Sie für Ihre Arbeit ein Publikum brauchen?

THOMAS BERNHARD: Nicht interessiert kann man nicht sagen. Interessieren muß und müßte einen alles in der Welt naturgemäß. Aber ich schreibe für Schauspieler in erster Linie und eigentlich nur für Schauspieler. Die geben das an das Publikum weiter. Das Publikum ist für mich hinter den Schauspielern. Ich seh nur die Schauspieler.

FRAGE: Sie haben aber auch gesagt, daß Sie gegen das Publikum schreiben?

THOMAS BERNHARD: Gegen das Publikum naturgemäß, weil das Publikum für mich wie eine Mauer ist, gegen die ich ankämpfen muß. Ich muß gegen das Publikum sein, um meine Arbeit machen zu können.

FRAGE: Sie hassen das Publikum?

THOMAS BERNHARD: In gewisser Hinsicht ja. Nur aus dem Haß gegen das Publikum kann ich etwas schreiben, was vielleicht irgendwann einmal in 10-20 Jahren das Publikum interessiert. Denn heute interessiert's das Publikum nicht, was ich mache. Die Masse, die Leute, die ins Theater gehen, die wollen, was ich mache, gar nicht, die wollen ihre Schauspieler sehen. Die wollen auch nicht hören, was ich schreibe. Nicht meine Sätze, meine Worte, das wollen die gar nicht. Sie wollen ihre Schauspieler sehen. Aber der Dichter, oder der, der das schreibt, der interessiert sie gar nicht. Aber das spürt man. Wenn ich hineingehe ins Theater, dann merke ich, wie alle eigentlich gegen das, was sie hören, eingestellt sind.

FRAGE: Wie könnte man das ändern: dieses »Gegen-etwas-eingestellt-Sein«?

THOMAS BERNHARD: Nein, ich bin ja froh, daß ich gegen etwas eingestellt bin. Denn die Gegnerschaft ist das einzige, was mich befähigt, das zu machen, was ich mache.

FRAGE: Aber Sie provozieren das Publikum ja nicht nur mit Ihren Stücken?

THOMAS BERNHARD: Ja, eine Provokation ist es ganz natürlich. Eine Provokation deshalb, weil ich gegen das Publikum, gegen diese Mauer ankämpfe, und es weicht ja nicht zurück. Keinen Schritt. Es nimmt es gar nicht auf, nicht an.

FRAGE: Würden Sie eine Möglichkeit sehen, das Publikum zu erziehen?

THOMAS BERNHARD: Nein, ich nicht. Aber genauso, wie man Schauspieler erziehen muß, damit sie endlich auf die Bühne gehen können, sprechen können, gehen können, ein Stück verstehen können, das ist ja ein jahrelanger Prozeß – genauso müßte man ja das Publikum in die Schule schicken. Und zwar jahrelang, bevor es dann in Stücke hineingeht, die heute entstehen. Aber nicht in abgestandene Stücke, die jeder kapiert oder wie das halt immer war.

FRAGE: Heiner Müller sagte, man solle einen Weg finden, das zu machen, was das Publikum braucht.

THOMAS BERNHARD: Das ist ein reiner Unsinn. Denn das Publikum braucht im Grund nur zu essen und etwas zum Anziehen und will im Grunde gar nichts anderes als darüber hinaus nach Essen und Anziehen eine möglichst billige anstrengungslose Unterhaltung. Und diese Koketterie mit dem Publikum ist ja die größte Heuchelei, die ich überhaupt kenne. Man muß das Publikum erziehen, oder man gibt die ganze Kunst oder dieses Palaver von Kunst, Kultur überhaupt auf. Das Publikum hat kein Interesse daran.

FRAGE: Aber Sie sagten doch, daß in 20 Jahren vielleicht Ihre Stücke verstanden werden.

THOMAS BERNHARD: Dann ist der, der es geschrieben hat, tot. Er ist zu einer Nichtigkeit gemacht, zu einem Findelkind, das im Grab liegt. Und da kann man das ruhig anschauen, es ist ungefährlich, der ist nicht mehr da, er kann sich nicht mehr wehren.

Schriftstellerberuf heute
Die Komödie der Eitelkeit

Der neue Ehrendoktor Canetti, der Aphorismusagent der Jetztzeit, der also zum Ehrendoktor geboren ist, der vor rund vierzig Jahren eine begabte Talentprobe als phantastische »Blendung« abgelegt hat, ruft sich, sozusagen als selbstinszenierte »Komödie der Eitelkeit«, in einem Anfall von akuter, sicher aber doch galoppierender Senilität auch noch zum (einzigen) Dichter aus! Senilität ist rührend, die Arroganz eines Greises, Spätlingsvaters und skurrilen Torschlußphilosophen, der, wie gesagt, vor vierzig Jahren eine begabte Talentprobe abgelegt und in der Zwischenzeit als eine Art Schmalkant und Kleinschopenhauer durch Inkonsequenz konsequent sein Niveau verloren und in der Universität München in tatsächlich dummen Sätzen schamlos auch seinen Kopf auf nichts gestutzt hat, ist peinlich. Oder auch nur grotesk. Der jetzt schon seit Jahren emsig in alle deutschsprechenden Winkel in Dichtertum reisende Aushilfsprophet machte halt sozusagen auf akademischem Boden seinem schlechten Gewissen Luft.
Thomas Bernhard, Ohlsdorf

»Ein destruktiver, schrecklicher Kerl«

Aus Portugal zurückgekommen, wo ich über Vermittlung des deutschen Goethe-Instituts an den Universitäten Lissabon und Coimbra meine Arbeit betreffende Vorlesungen gehalten und mit den Studenten diskutiert habe, ist es meiner Person und, genauer gesagt, meinem die Zurechnungsfähigkeit der Österreicher im Ausland betreffenden empfindlichen Kopf unmöglich, dem Bundeskanzler und der Öffentlichkeit mein die österreichische Botschaft und insbesondere den österreichischen Botschafter in Lissabon, Weinberger, betreffendes Reiseerlebnis vorzuenthalten, und ich habe ganz einfach die Pflicht, folgenden Sachverhalt mitzuteilen:
Der Direktor des deutschen Goethe-Instituts in Lissabon, der hervorragende und ganz zu Recht weltberühmte Übersetzer lateinamerikanischer und also portugiesischer und spanischer Literatur Curt Meyer-Clason, war nach dem Ende meiner ersten Lissaboner Vorlesung mit mir gemeinsam bei einer in Lissabon ansässigen österreichischen Familie zum Abendessen eingeladen, an welchem auch der österreichische Botschafter teilnehmen sollte. Kurz vor meiner Lissaboner Vorlesung war mir plötzlich von Meyer-Clason mitgeteilt worden, daß der österreichische Botschafter Weinberger dieser Einladung nicht Folge leisten werde, wenn *ich*, und in diesem Zusammenhang hatte der Botschafter ganz deutlich sagen lassen, wenn »*dieser destruktive, schreckliche Kerl*« anwesend sei, und man hatte, weil es sich bei der einladenden um eine österreichische, in Lissabon ansässige Familie handelte, wahrscheinlich in Befürchtung einer Pression des Botschafters, mir in aller Höflichkeit nahegelegt, zu diesem Abendessen nicht zu erscheinen, und ich bin zu diesem Abendessen naturgemäß auch nicht erschienen.

Bei dieser Gelegenheit habe ich auf dem Gelände der Universität in Erfahrung gebracht, daß die Aufmerksamkeit des deutschen Goethe-Instituts und der deutschen Botschaft in Lissabon, nämlich die österreichische Botschaft von meinem Aufenthalt in Lissabon und von meinen Vorlesungen in Lissabon und Coimbra durch höfliche gedruckte und ungedruckte Einladungen und Prospekte zu unterrichten, mit einer schroffen Abweisung meiner Person quittiert worden und ganz entschieden von der österreichischen Botschaft und unmißverständlich von dem österreichischen Botschafter dazu benutzt worden ist, mich bei der österreichischen Kolonie in Lissabon und in Portugal überhaupt verächtlich zu machen und zu brüskieren, indem der österreichische Botschafter öffentlich hatte verlauten lassen, ich sei »*ein destruktiver, schrecklicher Kerl*«, obwohl ich den österreichischen Botschafter in Lissabon überhaupt nicht kenne und obwohl dieser Botschafter auch, wie ich weiß, von mir bis jetzt keine Zeile gelesen hat. Der Botschafter Weinberger hat auch den Vertretern des deutschen Goethe-Instituts und der deutschen Botschaft gegenüber, also meinen Gastgebern gegenüber, die in dem Glauben gewesen waren, die österreichische Botschaft in Lissabon sei an Thomas Bernhard in irgendeiner Weise interessiert, von mir als von »*diesem destruktiven, schrecklichen Kerl*« gesprochen, was mindestens als eine Taktlosigkeit bezeichnet werden muß.
Am Tage nach meiner Ausladung von oben angeführtem Abendessen und nachdem der österreichische Botschafter noch mehrere Male ausgiebig von der Möglichkeit Gebrauch gemacht hatte, mich unter den Österreichern und Deutschen in Lissabon verächtlich zu machen, war ich, eingeladen von dem deutschen Botschafter Caspari in dessen Privatwohnsitz außerhalb Lissabons, in einer Gesprächsrunde mit Cunhal, Soares und dem Exkönig Umberto und also zu diesem Zeitpunkt in dem merkwürdigsten Zusammenhang,

den man sich denken kann, plötzlich und nicht ohne Witz in den Augen von Meyer-Clason von diesem darauf aufmerksam gemacht worden, daß der österreichische Botschafter Weinberger im Zuge der Verächtlichmachung meiner Person fortwährend und unnachgiebig meinen tatsächlichen Namen *Bernhard* für seine Zwecke in den zugegeben nicht reizlosen Namen *Bernfeld* vertauscht hat. Die Rechnung war in das Gelächter der Deutschen umgeschlagen wie so oft. Meine Erfahrungen mit den österreichischen Vertretungen im Ausland sind ja seit vielen Jahren die groteskesten, also nicht die besten, aber ich frage mich heute, am Ende dieser ansonsten so sehr und ungemein nützlichen Reise, warum es tatsächlich immer wieder die schlechtesten sein müssen. Die Brüskierung meiner Person in diesem Fall ist ja, indem ich, ganz abgesehen von anderen deutschen Einladungen, von dem deutschen Botschafter in aller Herzlichkeit, wenn auch nicht als »*destruktiver, schrecklicher Kerl*«, sondern ganz einfach als *Thomas Bernhard* eingeladen worden war, naturgemäß auch eine Brüskierung der Leute des deutschen Goethe-Instituts und der deutschen Botschaft in Lissabon.
In aller Bescheidenheit und naturgemäß auch Betroffenheit frage ich, ob es die Aufgabe eines österreichischen Botschafters im Ausland, und sei es in Lissabon, sein kann, Österreicher im Ausland, anstatt ihnen selbstverständlich nützlich zu sein oder sie ganz einfach in Ruhe zu lassen, verächtlich, was noch schlimmer ist, *öffentlich* verächtlich und Österreich im Ausland lächerlich und zu einer unerschöpflichen, auf die Dauer aber doch deprimierenden Quelle des Spotts zu machen.
Thomas Bernhard
Ohlsdorf

Thomas Bernhards Lissaboner Erlebnisse

In der heutigen Nummer (2. Juni) der »Presse« ist eine vollkommen verstümmelte und tatsächlich unzulässige Fassung meines »offenen Briefes an den Herrn Bundeskanzler« in einer Art und Weise erschienen, gegen die ich mich schärfstens verwahren muß. Ich habe keinen »Leserbrief« geschrieben, als welcher die Verstümmelung meines »offenen Briefes an den Herrn Bundeskanzler« heute abgedruckt ist, sondern einen »offenen Brief«, und der Begriff des »Offenen Briefes« ist klar. Außerdem hat Ihre Redaktion Eingriffe in meine Schreibweise vorgenommen (ich weiß, warum ich »zurecht« schreibe und nicht »zu Recht« beispielsweise!), die mich erschrecken. Mit keinem Wort habe ich gesagt, daß ich diesen »offenen Brief an den Herrn Bundeskanzler« auch an den Bundeskanzler persönlich abgeschickt habe, wie Ihre Redaktion der Wahrheit widersprechend entstellt.

In aller Höflichkeit und in aller Wahrheitsliebe und mit dem höchstmöglichen Fanatismus zur Klarheit muß ich Sie auffordern, umgehend meinen ersten Brief an Sie vom 30. Mai sowie den mit gleicher Post an Sie abgeschickten »Offenen Brief an den Herrn Bundeskanzler« in vollem Wortlaut und ohne jeden Eingriff von seiten Ihrer Redaktion sowie diesen heutigen Brief an Sie, zu veröffentlichen, und zwar in der Chronologie, die den Tatbestand wieder deutlich macht.

Wenn es Ihnen, aus was für einem Grunde immer, unmöglich gewesen ist, die Form der Veröffentlichung meines »offenen Briefes an den Herrn Bundeskanzler« so vorzunehmen, wie sie ganz klar in meinem Ersuchen zum Ausdruck gekommen ist, so hätten Sie mir das mitteilen müssen. Mit einer derartig die Tatsachen auf den Kopf stellenden und die Wahrheit verwischenden und entstellenden Lösung, die

mich leider allzu deutlich an meine gerade gemachte »portugiesische« Erfahrung erinnert, kann und darf ich mich nicht zufriedengeben. Ich hoffe, daß es möglich ist, in einer (in welcher?) österreichischen Zeitung den Tatbestand, um den es hier geht und der nicht ohne Pikanterie ist, so abzudrukken, wie er der Wahrheit entspricht.
Mit vorzüglicher Hochachtung
Thomas Bernhard
Ohlsdorf

Morgen Salzburg

ARMIN EICHHOLZ: Leiden Sie jetzt mehr als sonst unter Salzburg, weil nicht nur am Sonntag die Festspiele anfangen, sondern ...
THOMAS BERNHARD: Ich habe nie unter Salzburg gelitten. Worauf wollen Sie hinaus?
ARMIN EICHHOLZ: ... weil sie mit den Olympischen Spielen von Montreal kombiniert sind – und Sport bekanntlich »unterhält und benebelt und verdummt die Massen«, wie bei Bernhard nachzulesen ist.
THOMAS BERNHARD: Alles Massenhafte ist schwer zu ertragen. Ich habe den Sport immer gehaßt. Wo hundert hinmarschieren, muß der Hundertste halt in die Gegenrichtung. Ohne sich zu fragen, warum.
ARMIN EICHHOLZ: Also: Morgen Salzburg! Zwar heißt es in Ihrem Stück »Die Macht der Gewohnheit« unentwegt »Morgen Augsburg« – aber wie Salzburgs Festspielpräsident Dr. Josef Kaut argwöhnt, meinen Sie mit dem »muffigen, verabscheuungswürdigen Nest« ja doch Salzburg.
THOMAS BERNHARD: Der Kaut meint immer was Falsches. Aber mir is ja gleich, was der Kaut meint. Er war immer sehr lieb. Aber manchmal hört das Liebsein irgendwie auf. Jemand, mit dem man befreundet ist, über den sollte man nicht lügen, finde ich. Die Welt besteht sowieso nur aus Lügen und aus falschen Tatsachen und aus Verdrehungen ...
ARMIN EICHHOLZ: Ist nun Ihr Augsburg das Salzburg oder nicht?
THOMAS BERNHARD: Ach, das ist schon so lang her.
ARMIN EICHHOLZ: Haben Sie übrigens gewußt, daß im 16. Jahrhundert, nach dem Augsburger Religionsfrieden, »nach Augsburg gehen« soviel heißen konnte wie »ich muß mal«?

Golo Mann zitiert einen Brief, den 1599 die deutsche Gemahlin König Philipps III., Margareta, aus Madrid an ihren Bruder, den Erzherzog Ferdinand von Steiermark, schickte; sie beschwert sich über ihre strenge Hofmeisterin und schreibt: »... den ganzen Tag weicht sie nicht von meiner Seite, und ich kann nicht nach Augsburg gehen, so ist sie hinter mir ...« Das heißt: Sie konnte nicht einmal unbeaufsichtigt auf den Lokus.

THOMAS BERNHARD: Die Geschichte ist mir sehr sympathisch. Aber Lokus ist eine bayerische Form. Lokus sagt man hier nicht.

ARMIN EICHHOLZ: Höchstens hier in Ohlsdorf, im Zusammenhang mit dem genius loci ...

THOMAS BERNHARD: ... aber ich verstehe es natürlich, ich bin in Traunstein aufgewachsen. Habe also eine gewisse Beziehung zum Lokus.

ARMIN EICHHOLZ: Herr Bernhard, ist es möglich, vor Ihnen das alte Salzburger Festspiel-Stichwort von Max Reinhardt auszusprechen, ohne daß Sie gleich ...

THOMAS BERNHARD: Von mir aus können Sie jedes Wort aussprechen, zu dem Sie Lust haben.

ARMIN EICHHOLZ: Dann muß ich Ihnen sagen, wie sehr mir trotz der vielen Autos und trotz des Autors Thomas Bernhard immer noch der erste Festspieleinfall von Max Reinhardt gefällt: »die Stadt als Szene« zu sehen.

THOMAS BERNHARD: Salzburg ist jetzt gemeint? Nicht der Lokus? Also der Locus Salzburg.

ARMIN EICHHOLZ: Und im Grunde machen Sie als Stückeschreiber und zuletzt in Ihrem Buch »Die Ursache« dasselbe: Sie sehen die Stadt als Szene. Nur kommen Sie als eine Art Unreinhardt zu einem Horrorbild. Sie sehen Salzburg als »tödliche Stadt«, als »Todesmuseum«, als »perfide Fassade«, und Sie meinen, die Bewohner gehen hier »langsam und elendig auf diesem im Grunde durch und durch menschen-

feindlichen architektonisch-erzbischöflich-stumpfsinnig-nationalsozialistisch-katholischen Todesboden zugrunde«. So etwas trauen Sie sich zu sagen, vor Mozarts Geburtshaus?
THOMAS BERNHARD: Nun, ich bin ja Salzburger! Nicht? Mein Verhältnis zu dieser Stadt ist eine Vor-Liebe.
ARMIN EICHHOLZ: Dann haben also Ihrer Meinung nach die Zugroasten für den schöneren Ruf von Salzburg gesorgt?
THOMAS BERNHARD: Ja, und die Salzburger selber haben den anderen Ruf gemacht. Zum Beispiel der Trakl. Der war auch kein Zugroaster. Oder schauen Sie nach bei Mozart, was der über Salzburg gesagt hat. Und tausend andere – nur: Die haben's halt nicht schriftlich gesagt.
ARMIN EICHHOLZ: Sie sehen sich da also auf dem Todesboden einer gewissen Tradition...?
THOMAS BERNHARD: Der man nicht auskann, wenn man hier ist. Da kann man vorspiegeln und tun, was man will. Die Leute mit ihrer Betriebsamkeit, die können ja ihr Schaukel-Spiel nicht plötzlich abstellen... Wo immer so das Gold herunterfällt, wer greift da schon gern in die Speichen – dann ist ja nichts mehr im Sack, nicht?
ARMIN EICHHOLZ: Die Betriebsamkeit könnte einem auch wurscht sein: die Stadt als Szene ist nicht kaputtzureden. Man will ja Mozart hier nicht lesen, sondern hören. Einige wollen sogar Thomas Bernhard sehen, heißt es...
THOMAS BERNHARD: Ja, wenn ich nicht von Kindheit an in Salzburg und wo ich geh lauter Verwandte seh, die vor Scheußlichkeit strotzen, würde ich sehr gerne hin. Einen Besuch führe ich sehr gern drei viertel Stunden durch Salzburg, aber mir reicht's dann. Ich weiß zuviel von den Geistesinnereien des ganzen salzburgischen Stadtkörpers. Auch ein schöner Mensch – wenn man den auseinandernimmt – ist ja innen nicht angenehm... Wer kramt schon gern im Darm herum, wenn man mit einem schönen Menschen zusammensein will, net...

ARMIN EICHHOLZ: Dabei haben Sie auf dem Theater im Darm-Kramen die besten Ergebnisse erzielt ...
THOMAS BERNHARD: Ich bin vom Darm ja auch ausgegangen, letztlich ...
ARMIN EICHHOLZ: ... und haben dafür eine ganz tüchtige Medizinalsprache entwickelt. Siehe den Doktor in »Der Ignorant und der Wahnsinnige«, wenn er die Leichenöffnung beschreibt: »Man besichtigt das Omentum majus / dieses zieht von der Taemia omentalis / des Colon transversum / schürzenförmig wohlgemerkt / hinunter ins kleine Becken / man schlägt einfach das Netz nach oben / und betrachtet den Situs der Bauchorgane / sehen Sie / an dieser Stelle / ob die Darmschlingen stark gebläht sind ...« – Da hat sich Hofmannsthal dem Salzburger Stadtkörper aber anders genähert: Er sah hier »das Herz vom Herzen Europas«, und er wollte für die Festspiele ausdrücklich ausschließen »das Düstere, innerlich Gewöhnliche, das völlig Weihelose« ... – aber genau das wollen Sie ja nun mit Ihrem in Salzburg verhinderten Anti-Festspiel »Die Berühmten« einbringen.
THOMAS BERNHARD: Salzburg hat eben beim »Ignoranten« und bei der »Macht der Gewohnheit« den Vorteil gehabt, daß man da machen konnte, was man will ...
ARMIN EICHHOLZ: Worauf ich hinauswill, ist ...
THOMAS BERNHARD: Sie wollen wo hinaus?
ARMIN EICHHOLZ: ... so etwas wie eine salzburgische Dramaturgie der Bernhard-Stücke. Zum Beispiel spielt zur Zeit in München Maria Becker Ihre »Präsidentin« vollkommen durchpsychologisiert – im Gegensatz etwa zu Bruno Ganz, der damals Ihren Doktor (im »Ignoranten«) vollkommen entnaturalisierte und zur Sprach-Marionette machte. Die eine macht also aus Ihrem Text das Gegenteil vom anderen. Wie sieht denn Bernhard selber seine Bernhard-Figuren?
THOMAS BERNHARD: Es gibt doch hunderttausend Mög-

lichkeiten, bei jeder Sache. Wie man eine Landschaft auf zwanzigtausend Arten malen kann, bis es einem zu blöd wird, und immer was anderes rauskommt. Mein Stück ist ja eine Vorlage. Mittelmäßige Schauspieler interessiert's schon gar nicht, weil sie zu blöd sind. Und ganz Große, da gibt's ja nur fünf oder sechs vielleicht, die reizt das. Aber jeder macht's halt anders. Das ist ja der Sinn. Mein Text ist nicht, wie normale Leut Stücke schreiben: daß sie jeden Gang einzeichnen, dort mußt du hingehen, und einatmen und aus... Das ist bei mir alles Sache des Schauspielers. Und ich liefere nur das Skelett. Was er daraus macht, ist mir im Grunde gleich, wenn es nur großartig ist und seinen Fähigkeiten entspricht. Bin ja net festgelegt. Will keinen überzeugen. Will nicht unter irgendeiner Fahne marschieren... Ich will ein Reizmittel schaffen. In erster Linie mal für mich. Das interessiert mich am allermeisten. Wann's dann no wer macht, und es sind hervorragende Leut, na wunderbar. Meistens geht's sowieso schief, auch mit den besten. Weil sie meinen Text nur drei viertel Stunden durchhalten und zuletzt an die Sache nicht mehr richtig glauben. Der Widerstand gegen solche Sachen ist an jedem Theater und bei allen Leuten immer sehr groß. Erst setzen sie sich dafür ein, aber zwei Tag drauf heißt's: was, so ein Dreck... Und dann werden sie unsicher. So etwas geht nur hundertprozentig. Dann interessiert's auch die Zuschauer. Wenn aber dahinter nur Intriganten stehen und sagen, das ist ein Scheißdreck – dann geht's schief. Man kann auch nicht bloß eine Figur großartig besetzen, und die anderen sind dann mundtot. Mit Leib und Seele – das gibt's ja auch nicht mehr. Wenn ich schreib, mach ich das hundertprozentig. Das müßten aber die anderen auch tun. Shakespeare hat etwas Ähnliches gemacht: Der schreibt Texte hin, das muß man ausführen, und da zeigt sich aber erst, ob der Schauspieler wirklich einer ist.

ARMIN EICHHOLZ: Gehe ich recht in der Annahme, daß Sie

im Grunde viel lustigere Stücke schreiben, als sie dann aufgeführt werden?
THOMAS BERNHARD: Es ist alles komisch. Genau wie bei meiner Prosa darf man nie genau wissen: Soll man jetzt hellauf lachen oder doch nicht. Diese Seiltanzerei ist erst das Vergnügen. Aber die Zwischentöne – wer versteht denn das heut? Brauchen's bloß die Kritiken lesen – wenn ich mir das anschau, ist das vollkommen humorlos und blöd. Wer weiß, was sie alle von mir erwarten ... Daß i a schwarz Kreuz trag, daß i umfall ...
ARMIN EICHHOLZ: Wenn Sie auch noch Theaterkritiken lesen, sind Sie selber schuld.
THOMAS BERNHARD: Ich lese sie. Is ja blöd zu sagen, das interessiert mich nicht. Ich lese alles, was mir irgendwie erreichbar ist, mach mir ein Bild. Bin ja net aus Granit oder gehörlos. Ich bin sehr vital, Gott sei Dank, aber auch ein empfindsamer Mensch ...
ARMIN EICHHOLZ: Empfindsam waren Sie besonders bei der Salzburger Absage für Ihre »Berühmten«. Sie selber gehen ja mit den Festspiel-Vorbildern nicht gerade zimperlich um: Da zertöppert die Sopranistin den Puppenkopf von Lotte Lehmann mit einer Champagnerflasche. Die Schauspielerin erschlägt mit einem Kerzenleuchter die Helene Thimig. Max Reinhardt verendet mit einem Messer im Rücken. Ein Tenor erwürgt den Richard Tauber. Und ein Verleger verpaßt dem Samuel Fischer einen Genickschuß ... – »a Gschpaß«, wie Sie selber dazu sagen. Aber als es der Salzburger Festspielpräsident nicht gleich wollte, schrieben Sie: »Ich brauche die Festspiele nicht.«
THOMAS BERNHARD: Ich hätte das im Theater an der Wien selbst mit alten Besen aufführen lassen. Gegen jeden Widerstand und alle meine Freunderl. Ich wollte das hinter mich bringen. Die Geschicht muß erledigt sein, das blockiert mich nur.

ARMIN EICHHOLZ: Herr Bernhard – Sie riechen Menschenfleisch in Salzburg, in der Fanny-von-Lehner-Straße. Vor der Bürgerspitalkirche sehen Sie immer noch die abgerissene Kinderhand vom ersten Bombenangriff. In der Nähe des Bahnhofs sehen Sie die mit Leintüchern zugedeckten Toten... Wird das alles in Ihren Salzburger Internatserinnerungen »Die Ursache«, die Sie im Untertitel »Eine Andeutung« nennen, nicht doch recht überdimensional angedeutet?
THOMAS BERNHARD: Die Leut sehen es überhaupt nicht mehr. Sie ärgern sich nur, wenn sie daran erinnert werden.
ARMIN EICHHOLZ: Bei Ihnen klingt es aber so vorwurfsvoll, als müßten auch alle anderen noch heute das Salzburger Menschenfleisch riechen. Das lasse ich mir als Leser nicht gefallen.
THOMAS BERNHARD: Jemand, der bloß daran erinnert, ist lästig. Überhaupt: Ein denkender Mensch ist ein lästiger. Es ist eine ganz arge Zeit – nichts anderes hat Trakl in Gedichten abgewandelt und verstärkt.
ARMIN EICHHOLZ: Ihr Trick dabei: daß Sie Ihre Empfindungen als Internatsschüler darstellen mit Ihrem heutigen Erwachsenen-Intellekt. Sie geben Ihrer Jugend eine ziemlich starke Formulierhilfe.
THOMAS BERNHARD: Was ich mir alles gefallen lassen muß...
ARMIN EICHHOLZ: Ich denke, Sie sind nach so vielen Bernhard-Kommentaren abgehärtet genug. Sie haben ja schon Ihre ersten Geigenübungen in der Salzburger Schuhkammer samt einem Selbstmordversuch am Hosenträger gut überstanden. Was haben Sie eigentlich damals gespielt?
THOMAS BERNHARD: Ich konnte effektiv nicht die einfachste Notenfolge. I hab mi hingestellt hinter der Tür und gefiedelt. Es hat geklungen wie von Paganini oder so. War natürlich selbsterfundenes Zeug, nicht. Es klingt halt oft was nach was.

ARMIN EICHHOLZ: Sie sind gegen Ihren Willen mit Hunderten von Salzburger Bürgern verwandt. Heutige Ärzte, Mühlenbesitzer, Richter sind mit Ihnen aufs Gymnasium gegangen – was glauben Sie: Warum tun die sich leichter, in Salzburg zu leben? Haben die sich vielleicht mehr Mühe gegeben als Sie?
THOMAS BERNHARD: Richter? Was will man mit dem reden? Da kann man nur dastehen. Möglichst sich beherrschen. Möglichst nix sagn. Wann ma net gfragt wird, schon überhaupt nicht. Leute wie Richter kann man nicht überzeugen von irgendeiner Wahrheit und nicht von der einfachsten Sache der Welt ...
ARMIN EICHHOLZ: Und da soll einer nicht heraushören, daß Sie einmal Gerichtsreporter am sozialistischen »Demokratischen Volksblatt« gewesen sind ... Nur klingt alles so, als ob Sie den anderen Salzburgern den Vorwurf machen, daß sie nicht auch so kritisch leben wie Sie, daß sie nicht auch leiden, sondern sich angepaßt haben.
THOMAS BERNHARD: Aber das Richteramt, und daß man über andere schreibt, ist doch eine tolle Sache, im Grunde ...
ARMIN EICHHOLZ: Im Grunde beziehen Sie doch alles, was Sie schreiben, aus dieser Gegend: In und um Ohlsdorf begegnet man Bernhard-Menschen, Bernhard-Fabriken, Bernhard-Landschaften – aber Sie selber, so scheint es, schließen sich da völlig aus. Sie schreiben sozusagen als Kunstfigur Bernhard, nicht als Sie selber. Ich glaube, man identifiziert Sie zu Unrecht mit Ihrer Kunstfigur.
THOMAS BERNHARD: Des is ja gar nicht möglich! Ich hab a Bergwirtschaft, die ich zu bewirtschaften hab, und i hab da viel zu tun, i muß mit'm Traktor raus ... Was interessiert mich diese Kunstfigur. Soll ich öffentlich in allen Zeitungen Inserate aufgeben: Ich bin nicht ich? Da glaubn die Leut, da sitzt jetzt einer, verkümmert, am letzten Gedanken na-

gend, als armer Geisteshund da, den Revolver neben sich ...
Davon ist keine Rede. Mir tun die Leut alle leid.
ARMIN EICHHOLZ: Aber nach Ihrem jüngsten Buch sieht Sie doch jeder noch mit einem Hosenträger um den Hals in der Salzburger Schuhkammer sitzen.
THOMAS BERNHARD: Jeder junge Mensch macht das im Grund mit. Es gibt anders Gelagerte, mehr oder weniger Sensiblere.
ARMIN EICHHOLZ: Kommen Sie eigentlich noch freiwillig nach Salzburg? Versuchen Sie manchmal, da zu parken?
THOMAS BERNHARD: I hab da an festen Platz.
ARMIN EICHHOLZ: Ah, so ist das. Aber eine Mozartkugel, die haben Sie noch nicht gekauft, oder?
THOMAS BERNHARD: Ich hab, glaub ich, schon mal eine gekauft und verschenkt – und einmal eine gegessen. Marzipan ist ja sehr ungesund, net! Ganz schlecht! Hat mir mei Bruder gsagt, der ist Internist. Der sagt: Marzipan ist das Letzte. Aber das werden Sie wissen ...
ARMIN EICHHOLZ: Also von der Mozartkugel sind Sie jedenfalls nicht geprägt – wenn ich recht gelesen habe, wurden Sie von Ihrem Großvater nicht mit Marzipan versorgt, sondern mit Montaigne ...
THOMAS BERNHARD: Mein Großvater hat mir den beigebracht. Wahrscheinlich mühselig. Aber ich war empfangsbereit. Damals habe ich nur zugehört und fast nichts gelesen, weil mir Bücher im Grunde eigentlich verhaßt waren.
ARMIN EICHHOLZ: Dann ist Ihnen vielleicht gar nicht aufgefallen, daß Montaigne Sätze geschrieben hat, die sich lesen wie Aphorismen zu Bernhard? Oder als hätten Sie sich danach stilisiert.
THOMAS BERNHARD: Ja wie das?
ARMIN EICHHOLZ: Zum Beispiel: »Von Natur aus habe ich einen wunderlichen und kargen Stil.« Oder: »Mir mißfällt es, mehr zu sagen, als ich meine.« Oder: »Über den Tod nach-

denken heißt über die Freiheit nachdenken.« Oder: »Alle Dinge nehme ich von der schlimmsten Seite.« Und natürlich: »Ich enthülle sogar Gedanken, die man eigentlich nicht veröffentlichen kann...«
THOMAS BERNHARD: Ganz meine Welt. Das könnte aus meinem Zustand sein.
ARMIN EICHHOLZ: Woher kommt eigentlich Ihr gespanntes Verhältnis zum Sport? Wo Sie doch früher die 1000 und die 100 Meter so schnell gelaufen sind? Was war Ihre Hundert-Meter-Zeit?
THOMAS BERNHARD: Ich hab nur immer gewußt: Wann i lauf, kommt mir keiner nach!
ARMIN EICHHOLZ: Viele können Ihnen auch heute nicht folgen, in Salzburg. Ob Ihre skandalösen »Berühmten« aber nicht doch eines Tages zugelassen werden?
THOMAS BERNHARD: Ich habe keine Beziehung dorthin. Aber die Leut werden weggehen oder sterben – aber bis die nicht gestorben sind, ist Salzburg gestorben, wahrscheinlich... Außer ich sterb früher...
ARMIN EICHHOLZ: Einmal werden Sie ja doch als Teil des barocken Salzburg kanonisiert. Es wird zu den Festspielen Bernhard-Tage geben...
THOMAS BERNHARD: Dem kommt man nicht aus. Man schmeißt einen in den Topf, rührt um und verkocht einen mit, ob man will oder nicht. Man muß halt ein harter Knochen sein.
ARMIN EICHHOLZ: Angenommen, man würde Sie trotz allem ersuchen oder gar bitten, zur Eröffnung der Salzburger Festspiele die obligate Ansprache zu halten – würden Sie es tun?
THOMAS BERNHARD: Nein! Das hat sogar der Canetti nicht gemacht.
ARMIN EICHHOLZ: Schade. Sie haben mit Ihren Festansprachen immer ganz schön Furore gemacht. Zum Beispiel beim

Österreichischen Staatspreis in Wien, als der Kultusminister aufstand und wegging mit den Worten: »Wir sind dennoch stolze Österreicher.«

THOMAS BERNHARD: Lauter unqualifizierte Leute in fast allen Regierungen ... Das ist immer so gewesen.

ARMIN EICHHOLZ: Und Sie selber als qualifizierter, Sie würden nie das tun, wofür Sie andere madig machen? Sie sitzen hier, machen sich praktisch über alles lustig, Sie haben diese Privilegiertenstellung ...

THOMAS BERNHARD: Gar so privilegiert war's nicht. Wie ich vor elf Jahren das Haus ausgebaut hab, hab ich ein Darlehen vom Ministerium gekriegt von 30 000 Schilling. Dann hab ich elf Jahre nichts gehört, bis vor einem Monat. Da war ich in Lissabon, und der Botschafter hat mich dort lächerlich gemacht, hat in der österreichischen Kolonie herumgeredet, sie soll nicht hingehen, wo der destruktive scheußliche Kerl auftritt ... Darüber macht sich natürlich ein Goethe-Institut, machen sich die Deutschen wieder lustig, nicht ... Und wie ich zurückgekommen bin, haben sie jetzt das Darlehen von mir verlangt. Und zwar sofort einzahlen. Drohung nach elf Jahren. Ohne alles, ohne Anrede der Person, ohne Unterschrift. Können Sie sich vorstellen, daß dies die privilegierte Person ist? Ich hab mich sofort losgekauft von diesem Ministerium.

ARMIN EICHHOLZ: Aber angenommen, Sie würden völlig anonym in einer großen Stadt leben. Sie hätten keine Probleme mehr – Sie könnten womöglich überhaupt nicht mehr schreiben. Sie brauchen Salzburg, Sie brauchen Ohlsdorf.

THOMAS BERNHARD: Jaja, Probleme. Am besten, man lebt in einer nicht zu schönen Gegend. Weil einem sonst bestimmt nichts einfällt. Vielleicht würde mich London interessieren. Man braucht eine Beschäftigung, die einen jeden Tag beansprucht, als Gegengewicht. Ich könnte nicht sitzen und warten, bis mir was beikommt. Ich kann mir nur mit meiner

Hausarbeit den Grausen holen und aus dem Grausen dann schreiben und dann wieder beim Schreiben den Grausen holen und zurück. Eine Wechselwirkung, die sich immer wiederholt. Und im Winter ... da kommt der Schnee, na ja. Und dann wird alles weiß, und dann komm ich zum Papier auch zurück mit dem weißen Schnee ...

ARMIN EICHHOLZ: ... auch der Dichter duldet kein Weißes. Und was schreiben Sie jetzt?

THOMAS BERNHARD: Ein Theaterstück wird's wohl werden. Über einen Richter und über einen Kritiker. Das sind ja ähnliche Ämter, nicht?

ARMIN EICHHOLZ: Ich ahne Schlimmes. Jetzt wird's Zeit, Ihnen für das Gespräch zu danken ...

THOMAS BERNHARD: Gespräch nennen Sie das?

Ist das Theater nicht mehr, was es war?
Ein Beitrag zur Dürre

Die Theaterkritiker und die sogenannten Theaterkritiker haben immer und lebenslänglich von der sogenannten Theaterdürre gelebt wie die Bauern und die sogenannten Landwirte von der Getreidedürre, und die Bauern und die sogenannten Landwirte werden auch in Zukunft und wahrscheinlich, wenn nicht alles täuscht, nicht nur *wie seit*, sondern *tief* in alles künftige vernünftige oder unvernünftige Menschengedenken hinein von der einträglichen Behauptung, es herrsche eine Getreidedürre, existieren wie die Theaterkritiker und die sogenannten Theaterkritiker von der Behauptung, es herrsche eine Theater-, genauer, eine Theaterstückdürre. Im Zeitalter der Menschenrechte mit Recht! Denn die Theaterkritiker wie die sogenannten Theaterkritiker sind, wie die Bauern und die sogenannten Landwirte, *auch* Menschen. Da wir, die Theaterstückschreiber, die wir, im Zeitalter der Menschenrechte, *auch* Menschen sind, weder auf die Bauern und auf die sogenannten Landwirte, die uns lebenswichtig erscheinen in unserer Gutgläubigkeit, noch auf die Theaterkritiker und auf die sogenannten Theaterkritiker, die uns im Augenblick genauso lebensnotwendig vorkommen, verzichten wollen, weil wir wissen, daß wir darauf nicht verzichten können, sollen alle diese Menschen oder *Un*menschen, ganz einfach immerhin Menschen, unseren Segen haben. Sie alle bringen ihre Lebensmittel auf den Frühstückstisch, auch wenn es uns ab und zu bei und nach dem Genuß der Produkte der Bauern und der sogenannten Landwirte und bei und nach dem Genuß der Produkte der Theaterkritiker und der sogenannten Theaterkritiker schon beim Frühstück den Magen umdreht. Aber wessen Produkte sind schon einwandfrei frisch oder gar beglückend, und wer unter uns ist auch schon immer ein ehrlicher und tatsächlich appetitlicher Lieferant. Der Ruf nach der Gesundheitspolizei dröhnt uns ja tatsächlich fortwährend in den Ohren, und mit den Vergifteten der Bauern und der sogenannten Landwirte und der Theaterkritiker und der sogenannten Theaterkritiker sind die Spitäler überfüllt. Es ist ganz einfach und überall zwischen Flensburg und Bozen zum Kotzen! Kerr hat, und zwar wortwörtlich, seinerzeit von der Theater- und von der Dramendürre geschrieben, in der Sprache unserer gerade erdäpfelklaubenden Nachbarn, heißt das, daß also schon damals, also zu Kerrs Zeiten, das Theater, insbesondere das (deutsche) Drama, auch nicht mehr war, was es einmal gewesen war, und Robert Musil (aus Prag) genauso wörtlich, daß »die Dürre des Dramas heute« (also zu Musils Zeiten) »noch nie so groß« und also schon zu Musils Zeiten sehr groß gewesen sein muß, und also hatte auch Robert Musil das Gefühl (oder den Verstand?), daß es zu seiner Zeit das Drama, nehmen wir an, das deutsche, nicht mehr war, was es einmal gewesen war, und wahrscheinlich empfanden alle anderen, weniger berühmten, weniger guten, möglicherweise von dem ganzen rührenden deutschen Drama überhaupt weniger angeekelten und weniger als diese beiden eitlen heroischen Theaterberserker darüber verzweifelten Theaterkritiker und sogenannten Theaterkritiker genauso wie Kerr und Musil. (In ihrer verunglückten Art selbstverständlich!) Sie wußten alle um die Einträglichkeit dieser Behauptung, und wären sie auch da noch oder wenigstens da einmal wirklich und tatsächlich im Vollbesitz ihres Witzes gewesen, sie hätten ihre Behauptung von der Dramen-, sagen wir ruhig, von der dramatischen Dürre, auch noch auf dem Totenbett aufgestellt. Aber das Theater und insbesondere das Drama war ja, behaupte ich, schon zu Lebzeiten der griechischen Tragiker nicht mehr das, was es einmal war, auch zu ihren (der griechischen Tragiker) Zeiten herrschte absolut eine Dürre, und es herrschte schon die Dürre des Dramas, bevor überhaupt ein einziger Mensch, ein einziges Gehirn, ein einziger Kopf (welch ein Wahnsinn!) auf die Idee gekommen war, ein Drama zu schreiben und ein Theater zu machen. Die Bauern und die Theaterkritiker! – Sie, die Bauern und die sogenannten Landwirte und die Theaterkritiker und die sogenannten Theaterkritiker zwischen Flensburg und Bozen haben viel mehr gemeinsam, als sich ein einfacher feuilletonistisch verdorbener und feuilletonistisch verunstalteter Kopf ausmalen kann oder denken läßt. Mir persönlich sind, soweit ich zurückdenken kann, sozusagen von Kindheitsbeinen an diese beiden von dem treudeutschen Aberglauben an das Wahre und an das Schöne und an das Gute und an das Höhere und Höchste durch die ganzen Jahrhunderte immer ganz anständig gehätschelten und wohlgenährten und hochsubventionierten Kategorien der Getreide- wie der Feuilletonsilobelieferer vertraut, sie entwickelten sich, wie man sieht und weiß, ganz kontinuierlich in der Geschichte, in der Geschichte der Landwirtschaft wie in der Theatergeschichte, und ihre Existenz ist, ein paar arme ehrliche Narren ausgenommen, immer ein gutes, sehr oft ein sehr gutes, sehr oft ein phantastisches, ein unglaublich phantastisches Geschäft gewesen. Die Bauern und die sogenannten Landwirte und die Theaterkritiker und die sogenannten Theaterkritiker haben ihre Dürre immer recht gut verkauft. Aber hier geht es nicht darum (als gelernter Kaufmann!), meine Bewunderung für diejenigen als Hymnus ans Feuilleton der F. A. Z. festzunageln, die aus der Dürre ihr großes Geschäft und ihren legendären Lebenszweck ziehen, ich bin kein Theaterluther, und dazu fehlt mir auch der dazu unbedingt notwendige Ernst, aber es ist schon erschreckend und es macht einen schon frösteln, wenn ein Kopf in der F. A. Z. lesen muß, wie sich ein paar andere Köpfe in der F. A. Z. mit von

Dürreangst furchtbar verzerrter Kompetenzmiene (mit wieviel Menschenrecht weiß ich nicht, kann ich nicht wissen!) die Köpfe darüber zerbrechen, ob und in was für einem katastrophalen Ausmaß eine Dramendürre in Deutschland herrsche. Und in Österreich und in der Schweiz selbstverständlich. Erschreckend, ja existenzbedrohend. Mich (als gelernten Kaufmann und Landwirt) begeistert ganz einfach mit der ganzen Naivität dieser Leute der Gedanke, daß es Menschen gibt, die, wie man sagt, aus dem Nichts oder, sagen wir, aus der Dürre, die schon die ganze Geschichte lang anhält, ihren Lebensunterhalt ziehen, die Bauern und die sogenannten Landwirte aus dem ausgedörrten, jahrhundertelang ausgedörrten *Acker*boden und die Theaterkritiker und die sogenannten Theaterkritiker aus dem jahrhundertelang ausgedörrten *Dramen*boden, in welchem die Dürrerisse schon so lang und so breit sind, daß wir, wenn wir noch lange hineinschauen, bald alle kopfüber hineinfallen. Aber die Landwirtschaftskammern und die Zeitungsherausgeber sind geduldig, und der Stumpfsinn herrscht, unbestritten, überall.

Ja, früher, höre ich unsere Bauern und unsere sogenannten Landwirte, war unsere schöne, uralte, deutsche blühende und fruchtbare Muttererde ein fetter Boden! Aber heute! Diese Dürre! (Und dazu das urwüchsig-linkische Bauern*jomei*!) Ja, früher, höre ich unsere Theaterkritiker und unsere sogenannten Theaterkritiker, war unsere schöne, uralte, deutsche blühende und fruchtbare Dramenmuttererde ein fetter Dramenboden! Aber heute! Diese Dürre! (Und dazu das urwüchsig-linkische Theaterkritiker*jomei*!)

Dieses tatsächlich rührende, zu Herzen gehende deutsche, deutsch-österreichische, deutsch-schweizerische, deutsch-luxemburgische *Jomei* der Bauern und der sogenannten Landwirte ist das gleiche rührende, zu Herzen gehende *Impetusjomei* der Theaterkritiker und sogenannten Theaterkritiker zwischen Flensburg und Bozen. Überall dort zu hören, wo es halt Getreidesilos und wo es halt Theater, und seien es auch nur Stadttheater, gibt. Die Bauern und die sogenannten Landwirte und die Theaterkritiker und die sogenannten Theaterkritiker ziehen (siehe Kerr und Musil!) am gleichen Strang: an der Dürre. Und wenn sie nicht gestorben sind, ziehen sie noch heute daran! Laßt sie ziehen!

Bremer Literaturpreisträger antworteten auf drei Fragen

Die drei Fragen:
1. Welches seit der Buchmesse 1975 erschienene Buch würden Sie der besonderen Aufmerksamkeit unserer Leser empfehlen – und warum würden Sie es empfehlen?
2. Woran arbeiten Sie selbst zur Zeit?
3. Mit welchem Ihrer erschienenen Bücher hatten Sie am meisten Erfolg?

Thomas Bernhard lebt in Ohlsdorf (Österreich)

Ganz einfach die Tatsache, daß ich mit der Hansestadt Bremen, in die ich 1965 um den Bremer Literaturpreis gefahren bin, einen für mich wichtigen Tag und die mir damals zueigen gemachte Melancholie und Charakterstärke einer ungemein schönen nordischen Metropole verbinde, machen es mir unmöglich, auf Ihre drei Fragen n i c h t zu antworten, und ich antworte in dem Bewußtsein, daß ich auf derartige Fragen niemals geantwortet habe.
1. Ich habe kein einziges seit 1975 erschienenes Buch gelesen, und ich kann also kein solches Buch empfehlen, aber wenn die Pensées des Pascal erst nach 1975 erschienen wären, was nicht der Fall ist, würde ich die Pensées empfehlen.
2. An mir selbst natürlich.
3. Keine meiner Veröffentlichungen hatte »am meisten Erfolg«.
Ich denke, jetzt sind Sie naturgemäß nicht zufrieden. Und ich bin auch nicht zufrieden.
Sehr herzlich Sie und Ihre Stadt grüßend
Ihr
Thomas Bernhard

Verehrte Anwesende,
ich spreche über einen Freund u. *glücklichen Menschen*, der mein eigenes Leben von der frühesten Kindheit an begleitet und auf die *natürlichste* Weise erkannt und behutsam akzeptiert und respektiert hat. Die *Gegen*sätze, die *Un*heimlichkeit meinerseits wie auch seinerseits, waren die jahrzehntelangen Zeugen unserer Zuneigung.
Er ist am Ziel, weil der Tod unser Ziel ist.
Der Tod ist das Ziel – in diesem Gedanken intensivieren und motivieren wir unser Leben. Der Tod ist uns die Existenzbestätigung durch die lebenslängliche Unnachgebigkeit, Unermüdlichkeit, Unbestechlichkeit. Worin wir selbst, auf unser einziges Ziel, auf den Tod bezogen, in Wahrheit und in Wirklichkeit existieren ist (zuerst) nichts als die Todes*angst*, dann die Todes*bereitschaft*, schließlich das Todes*bewußtsein*. Wir kennen den Weg, wir gehen ihn *naturgemäß*, gegen *alles*. Am Ende allen Denkens ist der Tod unser Bewußtsein, Klarheit *die* Fragestellung.
– Diesen Freund, Charakter, Künstler, Dichter, habe ich, denke ich, immer *verstehen* dürfen, lieben müssen!
Er ist am Ziel! *Wir* existieren unnachgebig, unerbittlich auf *unser* Ziel zu *naturgemäß*. Er wird, auf seine wohlgemerkt *zu allen Zeiten seltene folgerichtige naturgemäße* Weise in meinem Leben und also Denken sein.
Er hatte, was meine Arbeit betrifft, die Empfindsamkeit wie kein zweiter. Das sage ich hier ganz ausdrücklich und voll Dankbarkeit. Er war *in sich selbst* – ohne *Vor*urteil!! In den »Langen Wegen«, in dem schmalen Buch, in welchem ich sehr oft und sehr gern gelesen habe, schreibt er: »In der Begegnung *selbst* steht keine Bleibe. Sie trägt den Zug des Vor-

übergehens in ihrem Wesen. Aber ihr *Kern* ist das Ereignis des Einander-Gewahrwerdens. Ihr Ziel ist der Schritt *vom Gewahren zum Erkennen.*«

zu hexenjagd schwäbisch logisch gedacht perfekt geschrieben
Thomas Bernhard

Zum österreichischen Nationalfeiertag 1977
Was Österreich nicht lesen soll
Die Kleinbürger auf der Heuchelleiter

Folgerichtig intensiviert sich der Zweifel an der Aufmerksamkeit, auch was das geliebte, genauso gehaßte Österreich, das Land meiner Eltern, betrifft. Was *diesen* noch Heimat gewesen war, eine lebenslängliche Glücks- und Schreckensbindung, ist mir ein mehr oder weniger zur Gewohnheit gewordener *Geschichtsaufenthalt*, geliebte, gehaßte *Nähe*, von Heimat kann keine Rede sein, dazu fehlen ihr, was mich betrifft, alle Voraussetzungen. Tatsache ist, daß ich hier, wo Österreich ist, öfter bin als woanders und daß ich an diese *österreichische Landschaft* gebunden bin, das wird immer dann klar, wenn ich sehr lang sehr weit weg bin. Dann, gleich wo, möglicherweise am intensivsten am anderen Ende der Welt, muß ich zurück, aber die Enttäuschung ist immer die größte. Das ist nicht das Land und vor allem nicht der Staat, vor dem Kopf und Verstand und Herz und Gefühl sich bis zur Verzweiflung erniedrigt haben, das heute ist eine schamlose Kunst- und Naturverunstaltung, eine grobe Geschichtsschändung. Die Zeit ist immer eine schreckliche Zeit, und das Leben oder die Existenz ist immer ein schreckliches Leben oder eine schreckliche Existenz, die durchgegangen und durchgelebt und durchexerziert werden müssen, aber die heutige Zeit ist für mich die abstoßendste, erbarmungsloseste, die jemals auf dieser Welt *experimentiert* hat, und für diese Behauptung ist mir Österreich in jedem Augenblick eklatanter Beweis. Aufwachen in Österreich heißt in eine stickige Atmosphäre der Geistfeindlichkeit und der Gefühlsroheit hinein aufwachen, in Stumpfsinn und Niedertracht. Zuschauen müssen, wie das primitive Geschäft seine (Österreichs) Oberfläche zerstört und wie an dem gleichen primitiven Geschäft (seiner Machthaber) seine Tiefe verfault ist, kann nur Entsetzen sein. Die Regierungen, die wir in den letzten Jahrzehnten gehabt haben, waren zu jedem Verbrechen an diesem Österreich bereit, und sie haben an diesem Österreich jedes nur denkbare Verbrechen begangen, unter Ausnützung dieses von Natur aus verschlafenen Volkes die Gemeinheit und die Brutalität schließlich zu der einzigen Kunst gemacht, die sie beherrschen und die sie bewundern und in die sie tatsächlich vernarrt sind. Der Österreicher findet sich mit jeder Tatsache ab, oder er geht zugrunde, wenn er nicht dadurch längst zugrunde gegangen ist, daß er sich abgefunden hat. Ein Volk von Träumern, Lebensdilettanten, ist leicht in die Irre zu führen und auszunützen. Die brutalen, skrupellosen Kleinbürger, die in den letzten Jahrzehnten mit Leichtigkeit auf der Heuchelleiter in diesem Land in die Höhe und bis in das Parlament und auf den Ballhausplatz und in die Hofburg gekommen sind, haben es mit dem von Natur aus gleich*mütigen* und in sich gleich*gültigen* Volke leicht. Das Parlament des heutigen Österreich ist, auf dem politischen Unrat in diesem Lande, ein luxuriöser und kostspieliger, lebensgefährlicher Wurstelprater, und die Regierung ist eine ebenso teure Dummköpfelotterie. Wenn der Vorhang des Staates aufgeht, sehen wir an jedem österreichischen Tag (und also auch am Nationalfeiertag) ein Lustspiel für Marionetten. Wenn wir genauer hinschauen, sehen wir, was wir immer gesehen haben: Die Marionetten sind das schwachsinnig unbelehrbare Volk, und die daran ziehen (die Drahtzieher), die das Volk für dumm verkaufende Regierung.

Meine Gedanken »Zum österreichischen Nationalfeiertag 1977« habe ich für die im Frühjahr im Residenzverlag erscheinende Anthologie »Glückliches Österreich« geschrieben; sie sind mir gestern zurückgegeben worden, weil der Verleger eine Klage fürchtet, und sind also nicht in dieser Anthologie enthalten.

Das Ganze ist im Grunde ein Spaß

THOMAS BERNHARD: Ja, aus dem »Atem« kann man nicht lesen, man kann nicht seine eigene Krankheit vor den Leuten vorlesen, das geht gar nicht. Das heißt, die »Billigesser«, das ist ein Manuskript, das ich in letzter Zeit fertiggemacht hab', aus dem werd' ich ein Stück lesen. Das ist eine Auseinandersetzung zwischen den W[iener] Ö[ffentliche] K[üche]-Menschen, den Auge-Gottes-Menschen und den Zögernitz-Menschen, das ist im 19. Bezirk angesiedelt, und die beargwöhnen sich halt gegenseitig, nicht. Jeder hält sich für das Beste. Die WÖK-Menschen triumphieren, glaub' ich.
BRIGITTE HOFER: Ein Essay, der in Kürze erscheinen soll?
THOMAS BERNHARD: Das kann vielleicht im Herbst kommen, das weiß ich noch nicht.
BRIGITTE HOFER: Werden Sie aus »Immanuel Kant« vorlesen?
THOMAS BERNHARD: Nein, auch nicht, das Stück hab' ich noch nie gelesen, das müßt' man so aufschlüsseln, und da müßt' man sich im Moment wirklich zur komischen Figur machen ... das geht nicht, ich mein' das wär' zu grotesk.
BRIGITTE HOFER: Das wird ja sehr bald seine Uraufführung haben – in Deutschland.
THOMAS BERNHARD: Das ist am Samstag, ja, in Stuttgart.
BRIGITTE HOFER: Und warum in Stuttgart und nicht in Wien?
THOMAS BERNHARD: Ja, dort ist der Claus Peymann, mit dem ich das immer am liebsten mach', der versteht mich, da braucht man nicht viel reden, das funktioniert dann.
BRIGITTE HOFER: Hat sich schon irgendein Wiener Theater darum gekümmert, dieses Stück aufzuführen?
THOMAS BERNHARD: Nein, gar nichts. Nein, ich will auch

nicht, ich hab' auch gar nichts unternommen, und jetzt werden wir einmal sehen, wie das dort ist. Man weiß das nie.

BRIGITTE HOFER: Das heißt also, wenn ein Wiener Theater es hätte aufführen wollen, dann hätten Sie ihm das Manuskript geschickt. Es hat sich aber kein Wiener Theater gemeldet bei Ihnen.

THOMAS BERNHARD: Ich schau', welche Schauspieler wo sind, das ist bei meinen Sachen ja sehr wichtig, daß das wirklich erstklassige Schauspieler sind, und in Wien gibt's zwar hervorragende Schauspieler, aber die werden dann wieder schwach, weil im Hintergrund schwache Direktoren stehen; also es nützen die besten Schauspieler nix, wenn hinten keine Mauer da ist, und da bricht dann immer alles zusammen und zerbröselt.

BRIGITTE HOFER: Und der Regisseur?

THOMAS BERNHARD: Na, Regisseur wüßt' ich auch keinen, hier schon gar nicht.

BRIGITTE HOFER: Arbeiten Sie weiter an Ihrer Biographie, nach »Ursache«, »Keller« und »Atem«, in denen Sie Ihre Jugendjahre in Salzburg, in Schule, Internat und Kaufmannslehre sowie eben dann im Spital verarbeitet haben?

THOMAS BERNHARD: Wenn ich's erleb', werd' ich das sicher machen, bevor's andere machen und dann eben ihre Blumen wachsen lassen, die alle nicht stimmen. Und ich will das halt selber machen, bevor andere ihr Gemälde zeichnen.

BRIGITTE HOFER: Sie können's ja auch in einer ganz anderen Form machen.

THOMAS BERNHARD: In meiner halt. Ich mein', das geht sicher weiter, ich will das Ganze so weit treiben, bis es mit 23 halt endet, bevor ich erwachsen bin. Ich bin ja kein Memoirenschreiber, das will ich gar nicht; das ist wirklich nur Kindheit.

BRIGITTE HOFER: Das heißt, Sie müßten jetzt über Ihre Auseinandersetzung mit der Musik arbeiten.

THOMAS BERNHARD: Nein, jetzt käme noch eine Groteske, muß ich fast sagen, über die Ärzte und das Sanatorium und alles das. Dann kommt der Sprung in die Musik wieder, also Musikstudium, Dramaturgie eigentlich, Schauspielerei, was ich ja alles gemacht hab' bis zum Zeugnis. Aber mit dem Zeugnis in der Hand – ich hab' das ja alles abgeschlossen damals am Mozarteum – bin ich bei der Tür heraus und hab' mir geschworen, nie wieder will ich damit irgend etwas zu tun haben. Damit war das abgeschlossen. Das Studium war abgeschlossen, aber auch die ganze Sache. Vielleicht werden das fünf Bücher oder sechs, sieben, ich weiß es nicht.

BRIGITTE HOFER: Worin besteht nun dieser Prozeß, sein Leben literarisch zusammenzufassen? Wie wirkt sich diese Arbeit auf das eigene Leben aus, wie auf die Literatur?

THOMAS BERNHARD: Ich weiß überhaupt nicht, ob's mit Literatur etwas zu tun hat. Das ist nur eine Aufarbeitung, würd' ich sagen, meiner Erinnerung, und die ergibt sich dann ziemlich von selbst. Ich hab' auch stilistisch gar keine Probleme, mir überhaupt nichts vorgenommen, hab' das nie literarisch irgendwie ..., nicht einmal geschätzt, würd' ich sagen, sondern ich setz' mich hin und erinnere mich und schreib' das auf, ohne Formproblem.

BRIGITTE HOFER: Ja, aber wo sind da die Grundlagen für die Annahme, daß es berechtigt ist, vielen Menschen die eigenen Erlebnisse mitzuteilen?

THOMAS BERNHARD: Ich muß das selbst machen, bevor das andere machen. Ich mein', wenn ich die Zeitungen aufmach', stehn da über mich die unmöglichsten Sachen, und »mein Weg geht dorthin und dahin« und alles, was Tod betrifft und Leben und Philosophie und einfaches Leben und hin und her, das ist alles falsch bis jetzt. Und dann kommt der Moment, wo einem vor dieser Sache graust, und dann setzt man sich selber hin und versucht, das mehr oder weniger ins Authentische zu bringen. Das gelingt natürlich auch nur annähernd, wie alles, das meiste vergißt man dann wieder.

BRIGITTE HOFER: Das heißt, die Deutung der Werke kann nur aus den Werken entstehen?

THOMAS BERNHARD: Nein, ich glaube, meine Literatur, die ich geschrieben hab', hängt ja mehr oder weniger in der Luft, wenn man nicht eindeutig irgendwann einmal sagt, woher kommt das alles, nicht? Also ich muß dem einen Halt geben. Und jetzt nach 20 Jahren hab' ich das Gefühl gehabt, wie ich das mach'. Und wahrscheinlich ist das auch gut, das so zu praktizieren.

BRIGITTE HOFER: Ja, und damit erklären Sie auch Ihren Pessimismus in Ihren Arbeiten. Könnte man den als Mittel der Aufklärung, wenn auch ein sehr hartes Mittel, interpretieren?

THOMAS BERNHARD: Ich versuch' aufzuhellen und aufzuklären durch diese biographischen Notizen.

BRIGITTE HOFER: Im »Atem« schreiben Sie ja, daß Sie Bruchstücke Ihrer Kindheit und Jugend festhalten, nicht mehr, die aber die logische Entwicklung zu einer weiteren Existenz zeigen. Kann man sagen, daß Sie jetzt Ihren Existenzrhythmus gefunden haben? Finden Sie das selbst?

THOMAS BERNHARD: Ich glaub', ich bin von Anfang an in meinem Rhythmus drinnen, der sich intensiviert, mit dem Alter folgerichtig fortschreitet, und ich hab' bewußt nie eingegriffen.

BRIGITTE HOFER: Werden Sie Ihre biographischen Arbeiten fortsetzen, wird also dieser Auseinandersetzung mit der Musik der nächste Abschnitt gewidmet sein?

THOMAS BERNHARD: Ich hab' die Lust, das zu tun; vielleicht in einem Jahr wieder. Momentan ist das einmal wieder erledigt; dann schreib' ich an einer Prosa, also an einem Roman, einem längeren, und an einem Stück.

BRIGITTE HOFER: Was ist das für ein Roman, an dem Sie schreiben?
THOMAS BERNHARD: »Unruhe« heißt das, das wird wieder eine längere Sache, die mich seit vier, fünf Jahren beschäftigt.
BRIGITTE HOFER: Also auch über das eigene Leben?
THOMAS BERNHARD: Das ist ein stilistisches Problem, und da ist Sprache im Vordergrund, also nicht Leben, hat mit mir an und für sich nichts zu tun ... insofern alles mit einem nix und eigentlich alles zu tun hat, nicht, dem kommt man ja nicht aus.
BRIGITTE HOFER: Und das Stück, das Sie schreiben?
THOMAS BERNHARD: Das heißt »Die Milchkanne«, ganz einfach. Das ist ein Stück für den Minetti und die Therese Affolter, und das wollen wir noch aufführen in Stuttgart, bevor der Peymann dort weggeht. Also wahrscheinlich im kommenden Winter noch.
BRIGITTE HOFER: Und welche Struktur hat dieses Stück, ist es vergleichbar mit den früheren?
THOMAS BERNHARD: Es ist meine Art zu schreiben, nicht.
BRIGITTE HOFER: Eine Komödie, ein Drama, eine Satire?
THOMAS BERNHARD: Nein, es ist die Beziehung eines alten, ganz alten philosophischen Mannes und Charakters, der sich im Wald zurückgezogen hat, sein Leben rekapituliert, und der von der Milch lebt, die ihm das junge Mädchen durch den Wald jeden Tag um sechs am Abend bringt. Und was sich da für eine Spannung daraus ergibt, also zwischen einem Greis und einem Fast-noch-Kind, das immer, wenn es zu ihm geht, mehr oder weniger die Finsternis durchqueren muß, und das ergibt dann diese Spannungselemente und das Spannungsfeld, auf dem das Stück eigentlich basiert und aufgebaut ist. Und ein Formproblem – für den Minetti wollt' ich eben noch einmal was machen, und für dieses junge Mädchen.

BRIGITTE HOFER: Nun zu dem Stück »Immanuel Kant«, das jetzt in Stuttgart uraufgeführt wird. Es erzählt davon, wie Herr Kant mit Anhang – mit Frau, Papagei und Diener – auf einer Seereise nach Amerika verschiedene Personen trifft, unter anderem eine Millionärin, einen Admiral, einen Kunstsammler, einen Kardinal und einen Kapitän. Bezeichnend für diese Leute ist die Borniertheit ihrer inneren Haltung – sie können sich nur in konventionellen Floskeln unterhalten, hinter denen sich Unmenschlichkeit verbirgt. Diese Unmenschlichkeit kommt besonders zum Ausdruck, wenn von wirklichen Lebensproblemen die Rede ist, etwa von der Not und Krankheit der Armen. Ist das ungefähr das, was Sie sagen wollen?

THOMAS BERNHARD: Ja, das ist eine Gesellschaft auf hoher See, wo der Untergang in jeder Minute drinnen ist, also alles kann immer untergehen. Diese Gesellschaft ist eben auf der Oberfläche und bringt dann diesen Nörgler Kant, der ein Verrückter ist, wie alle großen Philosophen, ob sie sich einbilden, daß sie es sind oder nicht, um, sie erwürgen ihn. Letzten Endes kommt er dann ins Irrenhaus, wie das der normale Weg ist, nicht, eines denkenden Menschen, nicht, der endet im Irrenhaus.

BRIGITTE HOFER: Er endet bezeichnenderweise in Amerika im Irrenhaus.

THOMAS BERNHARD: Er endet in der Welt oder in der Geschichte, das ist ja auch ein Irrenhaus. Und der Stellenwert, den ein Philosoph dann in der Geschichte hat, das ist eigentlich der Stellenwert, den eine Zelle in einem Irrenhaus hat, wenn man die Welt als Irrenhaus bezeichnet.

BRIGITTE HOFER: Der Unterschied zwischen Alter Welt und Neuer Welt ist nicht so relevant dabei, meinen Sie?

THOMAS BERNHARD: Glaub' ich nicht, nein.

BRIGITTE HOFER: Man könnte also »Immanuel Kant« auch ersetzen durch etwaige beliebige Personen?

THOMAS BERNHARD: Ich hätte auch sagen können »Schopenhauer«.
BRIGITTE HOFER: Oder Fichte oder Hegel oder Schelling...
THOMAS BERNHARD: Das vielleicht wieder weniger, denn Kant ist ja doch ..., der überragt die alle, nicht, drum hab' ich ihn genommen.
BRIGITTE HOFER: Nun ist aber dieses Stück eine Komödie. Worin besteht der Unterhaltungseffekt?
THOMAS BERNHARD: Das Ganze ist im Grunde ein Spaß, es wird auch so herauskommen, hoffe ich. Vielleicht wird's sogar ein Schwank, was ich wollte.
BRIGITTE HOFER: Könnte man jetzt mit Kant selbst sagen »Das Komische ist das verfehlte Erhabene«? Das würde doch eigentlich auf diese Interpretation passen.
THOMAS BERNHARD: Ja, eigentlich vollkommen klar, das könnte als Motto vor dem Stück stehen. Leider ist mir der Satz nicht untergekommen, während dem Schreiben.
BRIGITTE HOFER: Das Thema Virtuosität kehrt in Ihren Arbeiten immer wieder, auch Immanuel Kant ist Virtuose. Als Dekadenzerscheinung, könnten Sie sich an Stelle dieser Virtuosität anderes vorstellen, oder ist es Ihnen selbst möglich, gegen die Virtuosität irgendwie anzurennen?
THOMAS BERNHARD: Das würde ich nie wollen, weil mir der ganze Spaß an Literatur und Kunst eigentlich immer nur die Virtuosität war. Mir war immer weniger wert, um was es geht, sondern wie's gemacht ist.
BRIGITTE HOFER: Ja, aber in Ihren Stücken kommt's eigentlich mehr als Dekadenzerscheinung heraus, das heißt, Sie sehen das gar nicht so.
THOMAS BERNHARD: Das wird's sein, wahrscheinlich bin ich auch dekadent, sicher. Und drum kommt das so heraus, wie ich bin letzten Endes.
BRIGITTE HOFER: Wenn Sie schreiben, haben Sie da einen Dialogpartner, oder konzentrieren Sie sich ganz auf sich selbst?

THOMAS BERNHARD: Nein, ich seh' Schauspieler, ich seh' Figuren, für die ich das mach'. Und die bekommen Namen und Funktionen und treffen aufeinander, gehen wieder auseinander. Ich will ja keine Stücke, ich will ja eigentlich keine Menschen beschreiben, auch keine Charaktere, Schicksale, wie das im Drama normalerweise immer gewesen ist und auch gefordert wird und die Leute das gern haben. Ich mach' eine Notenschrift für Schauspieler. Und was ich schreib', meine Wörter, sind eigentlich nur Notenköpfe, und die müssen dann drauf spielen, da kommt ja erst die Musik heraus, also ich weiß nicht, wie das ist, wenn man's liest, da müßte man eigentlich Partituren lesen; es lebt noch nicht als Musik, das ist es noch nicht, und eigentlich auch nicht als Stück.

BRIGITTE HOFER: Bestehen irgendwelche Identifikationspunkte für Sie selbst, könnte man zum Beispiel den »Kant« als irgendeine Form der Selbstkritik sehen?

THOMAS BERNHARD: Ich bin ja auch irgend so eine Figur, die in der Gesellschaft auftritt, manchmal, und so was weismacht, von sich gibt, von sich spricht natürlich, auch Leute überzeugen will, sie irgendwohin führen will, möglichst in den Abgrund, wie die Philosophen oder alle philosophierenden Menschen, und auch auf einem Schiff, nicht, vielleicht ist Österreich so ein Dampfer, das kann schon sein.

BRIGITTE HOFER: Sagen Sie das jetzt wirklich im Ernst, daß Sie die Menschen in den Abgrund führen wollen?

THOMAS BERNHARD: Das ist ja ein großer Reiz, nicht, den die Leute schon als Kind haben, daß sie entweder sich selbst bis zum Übergewicht vortreten lassen an den Abgrund oder das Verlangen, einen anderen hineinzustoßen oder ganze Massen.

BRIGITTE HOFER: Das heißt, Sie sehen sich als Rattenfänger.

THOMAS BERNHARD: Ich kann mir darunter nichts vorstellen jetzt, das ist mir zu märchenhaft, glaub' ich.

BRIGITTE HOFER: In einer Österreich-Anthologie sollte ein Beitrag von Ihnen über Österreich erscheinen. Diesen Beitrag hat der Verlag, übrigens Ihr eigener, der Residenz-Verlag, abgelehnt. Sie haben diesen Artikel in einer Zeitung in der Bundesrepublik Deutschland veröffentlicht. Sie stehen also eigentlich im permanenten Kampf in Ihrer Haltung zu Österreich. Können Sie einige Punkte Ihrer Kritik nennen?
THOMAS BERNHARD: Ich kann nur den Vorgang aufzeigen, wie der war, mit diesem Stück. Der Verlag hat gesagt, er macht diese Anthologie, und ich soll über Österreich was schreiben. Und ich hab' gesagt, das will ich nicht, über Österreich was schreiben, denn ungefähr wird man ja wissen, was ich schreiben würde. Aber nachdem der Verlag keine Ruh' gegeben hat, hab' ich gesagt, gut, ich mach' das. Ich hab' das dann gemacht, der Lektor ist gekommen und hat gesagt, das ist der beste Beitrag in dem ganzen Buch, das ist eigentlich die Würze, und war begeistert und wunderbar. Drei Wochen darauf kommt der Verleger und sagt, das kann er nicht machen. Er hat den Beitrag einem Anwalt vorgelegt, und der Anwalt hat gesagt, nein, das ist klagbar, die Republik wird klagen oder irgendein verrückter Pfarrer wird wieder kommen und wird das klagen, und er hat wieder Prozesse, nicht. Und ich soll das ein bissel ändern, da hab' ich gesagt, ändern tu ich's nicht, also entweder so, wie es ist, oder gar nicht, und dann sind wir auseinandergegangen. Wenn ich es schon auf Auftrag geschrieben hab', soll es auch erscheinen. Da hab' ich's der »Zeit« geschickt, in einem Kuvert, und dort ist es erschienen.
BRIGITTE HOFER: Welches sind nun die wesentlichen Angriffspunkte Ihrer Kritik? Viele Menschen haben ja diesen Artikel in der »Zeit« nicht gelesen.
THOMAS BERNHARD: Ich glaube, es kommt in diesen paar Sätzen zum Ausdruck, daß es ganz gut wäre, wenn in diesem Land sich wieder irgend etwas grundlegend ändern würde,

und zwar wirklich politisch und dadurch auch wirtschaftlich, kulturell; das ist alles eingeschlafen, und zwar seit ungefähr acht, neun Jahren ..., das ist einfach zu lang. Ich glaub', so alle fünf, sechs Jahre sollte tatsächlich ein politischer Umsturz stattfinden, die Türen gehören wieder aufgemacht, die Fenster, es gehören neue Leute hinein. Die haben sich alle festgesetzt und bringen das Ganze eigentlich immer näher an den Abgrund, von dem ich zuerst gesprochen hab'.

BRIGITTE HOFER: Liegen da nicht schon in dieser Situation die Ansatzpunkte für Ihre Kritik, daß also ein Artikel, der sich scharf gegen Österreich wendet, in Österreich nicht erscheint?

THOMAS BERNHARD: Das ist an und für sich so typisch wie kein zweites Beispiel, das ich in letzter Zeit kenne.

BRIGITTE HOFER: Jetzt noch einmal zum »Atem«. Sowohl in der »Ursache« wie im »Keller« wie auch jetzt im »Atem« beschreiben Sie Bruchstücke Ihrer Kindheit und Jugend; die sollen eine logische Entwicklung zu Ihrer weiteren Existenz aufzeigen. Im »Atem« ist es die Zeit, in der Sie im Spital liegen, eine Periode, in der Sie sehr auf sich gestellt sind, dadurch aber auf besondere Weise einen Weg zu Ihrer weiteren Existenz finden.

THOMAS BERNHARD: Mein Problem war erstens, das so bald zu schreiben, dann die Frage, ob ich's schreiben kann, und die dritte, ob man so was veröffentlicht, über sich, in dieser Weise. Ich hab' mir dann diese Fragen überhaupt nicht mehr gestellt und hab's einfach geschrieben und veröffentlicht und mich mit keiner dieser Fragen mehr beschäftigt.

BRIGITTE HOFER: Das ist eigentlich ein sehr konkretes Buch von Ihnen geworden, ein Buch, das in der Form etwas von den anderen absticht.

THOMAS BERNHARD: Das ist für mich kein literarisches Buch, weil es ja keine erfundene Geschichte ist, es ist gar kein Sprachproblem drinnen, für mich. Das ist ein Buch, das einfach aus der Persönlichkeit, aus der Erinnerung sich mehr oder weniger selbst ergeben hat.

BRIGITTE HOFER: Und das eigentlich eine Lebensentscheidung von Ihnen zum Leben enthält. Könnte man das so sagen?

THOMAS BERNHARD: Das ist die logische Folge, warum ich heute lebe, nicht, erklärt eigentlich ... erklärt alles. Sonst wär' ich ja nicht mehr da.

BRIGITTE HOFER: Es zeigt aber auch in sehr kritischer Weise z. B. die Situation in einem Spital, das Sie einmal eine »Todesproduktionsstätte« nennen.

THOMAS BERNHARD: Ich glaube, daß das alles jeder erlebt, der ähnliches mitgemacht hat, der in einer solchen Lage in so einem Spital war, ich mein', das wird sich in jedem ähnlichen Fall wiederholt haben, das ist an und für sich keine ausgefallene Sache.

BRIGITTE HOFER: Ja, Sie zeigen da den Unterschied zwischen den Zimmern, wo die schon dem Tod geweihten Menschen liegen, und auch die Zimmer, wo es viel »freundlicher« zugeht, wie sich ein Primarius einmal ausdrückt. Ich glaub', der sagt nicht »freundlich« dazu, wie sagt der?

THOMAS BERNHARD: Doch, er sagt »freundlich«; er will mich in ein »freundlicheres Zimmer« legen, weil er gar nicht mehr weiß, was es ist, und auch mit Begriffen gar nicht jonglieren kann.

BRIGITTE HOFER: Also die fürchterliche Einsamkeit des Menschen, und die Unmöglichkeit ...

THOMAS BERNHARD: Nein, das sind Menschen, die aus der Welt schon hinausgeschoben sind, unter denen befindet man sich halt dann. Mit wenig Aussicht, wieder zurückgeschoben zu werden, nicht, weil das will man gar nicht mehr.

BRIGITTE HOFER: Und auch da die Fast-Unmöglichkeit der Kommunikation zwischen den Menschen; auch zwischen den Menschen, die man doch liebt oder die einem am nächsten stehen, also zwischen den Verwandten.

THOMAS BERNHARD: Ja, die haben einen schon verabschiedet, nicht, oder man hat sich selbst auch innerlich von ihnen verabschiedet, also ist gar keine Verständigungsmöglichkeit mehr da, abgesehen davon, daß man physisch auch nicht mehr die Möglichkeit hat, nicht. Aber natürlich, ein Rest von Willenskraft wahrscheinlich, der bringt einen wieder zum Leben zurück, indem man das dann doch in die Hand nimmt und halt alle Kräfte zusammennimmt.

BRIGITTE HOFER: Die Beziehung zum Theater kommt immer wieder durch, zum Beispiel bei der Metapher von dem Marionettenspiel, wenn die Menschen im Spitalsbett an den Schläuchen hängen, wo sie mit letzter Kraft genährt werden, oder auch bei dieser – wie Sie es nennen – »perversen Schmierendarstellung« der Letzten Ölung.

THOMAS BERNHARD: Na, um mir diese furchtbaren Dinge überhaupt erträglich zu machen, hab' ich schon als Kind immer den Umweg über das Theatralische gesehen, nicht. Die fürchterliche Wirklichkeit letzten Endes niemals als Tragödie, sondern als Komödie. Das war mir die einzige Möglichkeit – und ist es heute auch noch.

Ich fülle die Leere mit Sätzen aus

NICOLE CASANOVA: Thomas Bernhard, stimmt es, wenn ich sage, daß Sie um einen leeren Raum herum, den Raum der Metaphysik, leben und arbeiten?
THOMAS BERNHARD: Vielleicht ist es ein leerer Raum, den ich ausfülle. Man selbst füllt die Leere aus. Ich fülle sie mit Sätzen aus. Ich versuche, Gedanken zu haben, und die Gedanken werden zu Sätzen, wenn ich Glück habe. Und so kann ich existieren – vielleicht. Aber die Leere taucht immer wieder auf, naturgemäß. Man könnte sich in sie hinunterstürzen, und das wäre das Ende, aber es wäre schade um unsere Neugier. Im leeren Raum muß etwas geschehen.
NICOLE CASANOVA: Durch die Sprache?
THOMAS BERNHARD: Ja. Das ist meine Leidenschaft. Das ist wie für einen Zirkusmenschen, der muß tanzen, sonst bringt er sich um. Und ich muß schreiben, sonst würde ich mich umbringen. Und seit einiger Zeit habe ich keine Lust mehr, mich umzubringen, obwohl ich dieses Bedürfnis sehr stark gespürt habe. Aber seit einigen Jahren hat es abgenommen. Ich weiß nie, wann es wiederkehren wird, manchmal ist es von neuem da, aber nur kurz. Sich umzubringen, das hat genausowenig Sinn wie weiterzuleben.
NICOLE CASANOVA: Man muß auf die Dinge setzen, die geschehen können.
THOMAS BERNHARD: Ja, erst geschieht nichts, und dann geschieht etwas. Das ist ein Glücksspiel. Man ist wie ein Spieler, der immer hofft zu gewinnen. Er nimmt eine Unmenge von Lotteriescheinen, und wenn er sechzig auf einmal gekauft hat, dann gewinnt er fünfzig Schilling. Dann hat er von neuem das Gefühl, daß er weitermachen muß,

selbst wenn er mit den nächsten hundert Scheinen nichts gewinnt. Er hofft immer, das große Los zu ziehen.

NICOLE CASANOVA: Was würden Sie gerne gewinnen?

THOMAS BERNHARD: Das weiß man nie. Das ist vielleicht nur das Leben, nicht? Aber man weiß es erst hinterher, daß es der Haupttreffer war. Das Spiel ist ein Schwindel.

NICOLE CASANOVA: Benötigen Sie diese Mauern, um schreiben zu können?

THOMAS BERNHARD: Ich habe sie mir zum Schreiben geschaffen, aber es war ein Irrtum. Ich lebe seit dreizehn Jahren hier, aber während der ersten sechs Jahre konnte ich auf diesem Bauernhof nicht schreiben. Ich mußte wegfahren. Derzeit geht es. Ich zwinge mich dazu, und es geht.

NICOLE CASANOVA: Müssen Sie sich oft zu etwas zwingen?

THOMAS BERNHARD: Ja.

NICOLE CASANOVA: Ich versuche mir vorzustellen, was um Sie herum noch vorhanden ist, mit Ausnahme dieser Projektion von Sätzen in einen leeren Raum. Bücher? Haben Sie viele Bücher?

THOMAS BERNHARD: Ich habe immer zu viele. Ich fühle mich nur dann frei, wenn keine Bücher in der Nähe sind. Aber jeden Tag kommen welche an. Ich könnte nie mit einer Bibliothek leben. Das würde mich erdrücken. Oder es müßte mir gleichgültig sein, aber es gibt wenig Dinge, die mir gleichgültig sind.

NICOLE CASANOVA: Menschen gehen Ihnen nicht ab?

THOMAS BERNHARD: Ich bin nie ganz allein, selbst wenn ich es sein will. Oder ich muß wegfahren. Ich halte das Alleinsein gut aus. Immer, wenn ich die Menschen nicht mehr ertragen konnte, dann habe ich am besten gearbeitet.

NICOLE CASANOVA: Lesen Sie die Kritiken? Fühlen Sie sich manchmal verstanden?

THOMAS BERNHARD: Ich habe, glaube ich, noch nie etwas

gelesen, wovon ich denken konnte: Das ist gut so, genau das denke ich. Aber zweifelsohne gibt es dieses Gefühl gar nicht. Wenn jemand ganz genau die Gedanken eines anderen wiedergeben könnte, dann müßte er schweigen, weil er sonst vollständig aufgesaugt und verschlungen würde. Dann geht man weg, man rettet sein Leben, indem man sich in die Lüge und die Oberflächlichkeit flüchtet, wie ein Ertrinkender, der kämpft, um dem Strudel zu entkommen.

NICOLE CASANOVA: Haben Sie einen guten Kontakt zu Gegenständen wie Früchten, Bäumen und Steinen?

THOMAS BERNHARD: Manchmal habe ich einen sehr starken Kontakt, wenn ich nicht arbeite, wenn's nicht weitergeht, dann flüchte ich mich in die Gegenstände. Aber wenn ich spüre, daß ich wieder zur Sache komme, dann entferne ich mich, und sie interessieren mich nicht mehr. Dann interessiert mich überhaupt nichts mehr. Nur wenn der Verstand in den Hintergrund rückt, wenn ich nicht schreibe, bekommen die Dinge plötzlich eine Bedeutung – die man ihnen gibt, weil sie nur über die Bedeutung existieren können, die ihnen zuerkannt wird.

NICOLE CASANOVA: Kann man sagen, daß die Sprache bei Ihnen eine ontologische Rolle spielt?

THOMAS BERNHARD: Ja, ohne Zweifel.

Thomas Bernhard
Ohlsdorf

20. 1. 1979

Sehr geehrte Frau Annelore Lucan-Stood,
in einer der hundertvier freien Assoziationen und Denk-Erfindungen meines Buches D e r S t i m m e n i m i t a t o r habe ich Ihrem Herrn Vater, dem von mir während meiner Gerichtsreportertätigkeit am Salzburger Landesgericht in den fünfziger Jahren hochgeschätzten und von mir bis heute hochverehrten Staatsanwalt Dr. Zamponi, ein, wie ich glaube, auf längere Dauer standfestes, wenn auch nur dichterisches Denkmal gesetzt. Beim Schreiben meines Buches erinnerte ich mich der außerordentlichen Qualitäten Ihres Vaters als Jurist und so ist das Prosastück E x e m p e l entstanden.
Gestern von einer längeren Auslandsreise zurückgekehrt, lese ich in der Zeitung, daß Sie aufgrund dieses Prosastückkes, das nicht ohne Philosophie ist, was gesagt werden muß, gegen mich eine Klage beim Salzburger Landesgericht eingebracht haben wegen V e r u n g l i m p f u n g Ihres Herrn Vaters und also wegen des Tatbestandes der E h r e n b e l e i d i g u n g. Aufgrund d i e s e s Tatbestandes kann ich weder Ihren Gedanken noch Ihren Empfindungen folgen und ich will Sie in aller Höflichkeit und naturgemäß auch mit dem größten Respekt bitten, das Prosastück E x e m p e l, in welchem ganz deutlich und wörtlich zu lesen steht, daß Ihr Herr Vater » d i e g a n z e n J a h r e ü b e r d i e b e h e r r s c h e n d e F i g u r d e s L a n d e s g e r i c h t e s S a l z b u r g « gewesen ist, also ein hohes, kaum noch zu steigerndes Lob, noch einmal genau zu lesen und aufmerksam zu studieren. Ich

kann mir nicht vorstellen, daß Ihnen danach das Exempel nicht als das erscheint, was es ist, eine philosophische Dichtung als Huldigung Ihres Herrn Vaters. Da ich die hohen Qualitäten Ihres Herrn Vaters auch heute noch sehr gut in meinem Kopf habe, denke ich, daß ihm das Exempel als Parabel, in welcher mit größtem Respekt sein Name genannt ist, sicher eine wenigstens kleine Freude gemacht hätte.
Sollten Sie den Wunsch haben, daß der Name Ihres Herrn Vaters aus dem Exempel und also auch aus dem Buch Der Stimmenimitator getilgt und durch einen andern ersetzt wird, werde ich Ihren Wunsch selbstverständlich bei der erstbesten Gelegenheit erfüllen und den Namen Zamponi durch den Namen Ferrari oder Macchiavelli ersetzen, was ich aber bedauern würde.
Der Stimmenimitator wird jetzt gerade für die großen Verlage Gallimard in Paris und Knopf in Amerika, welche jeweils in ihren Ländern die bedeutendsten sind, übersetzt, auch noch in sechs oder sieben andere Sprachen. Sie sehen, wie groß die Wirkung eines Buches aus dem oberösterreichischen Ohlsdorf sein kann.
Ich nehme an, mit dem Exempel in Ihren Augen handelt es sich um ein Mißverständnis.
Ihr sehr ergebener
Thomas Bernhard.

Der Wald ist groß, die Finsternis auch

ANDRÉ MÜLLER: Haben Sie schon einmal versucht, sich das Leben zu nehmen?

THOMAS BERNHARD: Als Kind wollte ich mich aufhängen, aber der Strick ist gerissen.

ANDRÉ MÜLLER: Wie alt waren Sie da?

THOMAS BERNHARD: Da war ich sieben, acht Jahre alt. Und dann bin ich einmal mit dem Großvater spazierengegangen, wir wohnten damals in Traunstein, und hab' während des Gehens ununterbrochen Schlaftabletten geschluckt, und auf einmal ist mir übel geworden, hab' ich gesagt, ich muß heim, das war von der Stadt ungefähr dreißig Kilometer entfernt, und ich bin weggelaufen und tatsächlich heimgekommen, wie, weiß ich nicht mehr, und bin dann vier Tage im Bett gelegen, in einem fort speiend, weil mir nichts im Magen geblieben ist. Da muß ich so zehn Jahre alt g'wesen sein.

ANDRÉ MÜLLER: Und was war danach?

THOMAS BERNHARD: Danach bin ich verflucht worden als exaltiertes Kind, das Theater machen will und Unglück über die Familie bringt.

ANDRÉ MÜLLER: Denken Sie noch immer daran, sich umzubringen?

THOMAS BERNHARD: Der Gedanke ist immer da. Aber ich hab' nicht die Absicht, jedenfalls jetzt nicht.

ANDRÉ MÜLLER: Warum nicht?

THOMAS BERNHARD: Ich glaub', aus Neugier, reiner Neugier. Mich hält, glaub' ich, nur die Neugier am Leben.

ANDRÉ MÜLLER: Wieso »nur«? Andere sind nicht einmal neugierig und leben trotzdem.

THOMAS BERNHARD: Ich bin ja nicht gegen das Leben.

ANDRÉ MÜLLER: Trotzdem gibt es Leute, die Ihre Bücher als Anstiftung zum Selbstmord auffassen.

THOMAS BERNHARD: Ja, aber es befolgt es ja keiner. Erst neulich, vor vierzehn Tagen, ist plötzlich eine Frau vor meinem Fenster gestanden und hat gesagt, sie muß mit mir reden. Hab' ich gesagt: Ja, warum wollen S' denn mit mir reden? Ich bin gerade mit einer Mordsgrippe im Bett gelegen. Hat sie gesagt: Bevor es zu spät ist. Hab' ich gesagt: Wollen Sie sich umbringen? Hat sie gesagt: Nein, aber Sie. Hab' ich gesagt: Ich bestimmt nicht, sind S' vernünftig, gehen S' nach Haus'. Hat sie gesagt, nein, und sie müsse herein. Hab' ich gesagt, das geht nicht, weil ich kann mich kaum aufrecht halten, und würde mich jetzt wieder niederlegen. Hat sie gesagt: Brauchen S' keine Angst haben, ich hab' eh einen Mann, mit Ihnen ins Bett will ich eh nicht ... Das hat sich alles am offenen Fenster abg'spielt, und wie ich das Fenster zumachen wollte, hat sie den Finger dazwischen gehalten. Hab' ich gesagt: Ich zerquetsch' Ihnen den Finger. Da hat sie ihn dann herausgezogen, und ich hab' das Fenster zugemacht und bin wieder ins Bett gegangen. Nach einiger Zeit hab' ich hinausgeschaut, ist sie immer noch im Hof gestanden. Aber irgendwann ist sie dann doch weggewesen, und dann hat sie mir einen Brief geschrieben, sie würde am Soundsovielten, es war ein Montag, um 20 Uhr auf dem Friedhof, beim rechten Tor, das sei ihr Lieblingsplatz, da würde sie auf mich warten. Aber ich bin an dem Tag gar nicht daheim gewesen. Und dann hat sie mir noch einen Brief geschrieben, sechzehn Seiten lang, in dem sie ihre ganze Lebensgeschichte erzählt hat, von ihrem Mann, den sie zu früh geheiratet hätte, und solche Sachen. Wahrscheinlich wollte sie sich mit mir zusammen auf dem Friedhof umbringen. Man weiß ja nie, was man alles bei den Leuten auslöst.

ANDRÉ MÜLLER: Mich wundert, daß Sie so produktiv sind,

obwohl Sie sich der Sinnlosigkeit des Schreibens dauernd bewußt sind. Sie leben davon, über die Sinnlosigkeit des Lebens zu schreiben. Man könnte fast glauben, daß das ein Schmäh ist.

THOMAS BERNHARD: Was kann man wissen? Auch daß es ein Schmäh ist, würde ja an der Sache nichts ändern. Wie man was bezeichnet, ist ja ganz wurscht. Man weiß ja nie, wie etwas wirklich entsteht. Man setzt sich halt hin, und die Anstrengung geht eigentlich fast über die Kräfte, und dann ist es halt wieder vorbei.

ANDRÉ MÜLLER: Ja, aber welche Motivation für die Anstrengung hat man? Auf dem Weg vom Bett zum Schreibtisch überfällt einen doch schon der Gedanke, daß sowieso alles ganz unsinnig ist,

THOMAS BERNHARD: Ich hab' halt eine unbändige Lust, zu schreiben. Vorige Woche war ich in Stuttgart und hab' dort einen Tschechow gesehen, die »Drei Schwestern«, da hab' ich gedacht, das könnte von mir sein, nur ich würde es viel besser machen, viel komprimierter, und da hab' ich sofort Lust gekriegt, wieder zu schreiben. Ich bin ja nicht jemand, den man bemitleiden müßte, weil ich ja stark bin. Einer, der schwach ist, kann solche Sachen ja gar nicht schreiben. Da gehört eine ganz schöne Robustheit dazu, um so einen Ablauf zustande zu bringen. Je schwächere Leute und Situationen man darstellt, desto stärker muß man selbst sein, sonst ist das völlig unmöglich, und je schwächer man selbst ist, desto stärkere und bejahendere und vitalere Dinge schreibt man dann auf. Wenn ich mir den Zuckmayer vorstelle, der immer gezittert hat und eigentlich zum Umblasen war, der hat sein Heil immer in Indianern gesucht und Rothäuten und Räuberhauptmännern, aber selber war er wie Espenlaub ... Obwohl andererseits die Sachen, die ich schreibe, sich schon mit dem eigenen Zustand decken. Das ist halt periodisch. Wenn ich besonders gut beieinander bin und gut aufgelegt und stark und vital, schreib' ich ja nicht, da hab' ich überhaupt keine Lust zu schreiben.

ANDRÉ MÜLLER: Was machen Sie dann?

THOMAS BERNHARD: Wann?

ANDRÉ MÜLLER: Wenn Sie vital sind.

THOMAS BERNHARD: Dann habe ich kein Verlangen, zu schreiben.

ANDRÉ MÜLLER: Ich meine: Wie sieht diese Vitalität bei Ihnen aus? Sind Sie dann verliebt oder so was?

THOMAS BERNHARD: Schon lange nicht mehr. Ich hab' mich völlig verausgabt vor zwanzig Jahren.

ANDRÉ MÜLLER: Meinen Sie, sexuell verausgabt?

THOMAS BERNHARD: Nein, das Sexuelle hat mich nie interessiert. Es war ja auch gar nicht möglich, schon durch die Krankheit, weil ich ja in der Periode, wo das alles ganz natürlich gewesen wäre und hätte anfangen müssen, gar nicht in der Lage war, das zu machen. Wenn man froh ist, daß man überhaupt überlebt, und sich von Sanatorium zu Sanatorium wurschtelt, hat man ja keine Gedanken für so was. Man denkt dann nur an das eine: Ich will nicht sterben. Aber das kann sich auch am nächsten Tag schon wieder ändern.

ANDRÉ MÜLLER: Warum sagen Sie das? Wenn man um etwas so kämpfen mußte wie Sie um Ihr Leben, schmeißt man es doch nicht einfach so weg.

THOMAS BERNHARD: Man kann, das weiß doch jeder, in Zustände kommen, in denen einem das Leben von einer Sekunde auf die andere vollkommen egal wird. Man kann in eine Stimmung hineinfallen. Und im nächsten Moment kann man schon wieder lebendiger sein als jemals zuvor.

ANDRÉ MÜLLER: Können Sie sich vorstellen, in einen Gefühlszustand zu kommen, in dem Sie Ihre Selbstkontrolle verlieren?

THOMAS BERNHARD: Nein, die verliere ich nie. Aber das

hat ja nichts zu bedeuten ... Mein Gott, was soll ich denn sagen? Was wollen Sie hören?
ANDRÉ MÜLLER: Sie sollen sagen, daß Sie sich nicht umbringen werden.
THOMAS BERNHARD: Das kann ich nicht. Das weiß ich nicht, weil ich zu oft erlebt hab', wie sich in einer Stunde Menschen und Dinge und Situationen vollkommen verändern. Davor ist im Grunde nichts und niemand gefeit. Es gibt phantastische Systeme, wo man glaubt, daß man eine endgültige, unheimliche Sache aufgestellt hat, und im nächsten Moment ist sie weg. Es ist auch ein Betonbau nichts anderes als ein Kartenhaus. Es muß nur der entsprechende Windstoß kommen.
ANDRÉ MÜLLER: Gut, vielleicht ist meine These ein Blödsinn, aber ich kann mir einfach nicht vorstellen, daß sich jemand im Zustand der Selbstbeobachtung umbringt, vorausgesetzt natürlich, daß er nicht an ein Weiterleben nach dem Tod glaubt. Hat sich jemals jemand, der wirklich ein Atheist war, vor dem Spiegel das Leben genommen?
THOMAS BERNHARD: Das weiß ich nicht. Aber ich könnte mir schon vorstellen, daß sich jemand ganz bewußt umbringt, daß er sich zum Frühstück hinsetzt und sagt, so, jetzt schneide ich mir die Pulsadern auf. Das hat ja der Bruder meines Großvaters getan, der hat ein Zetterl geschrieben, auf dem er vollkommen vernünftig und klar dargelegt hat, warum er es gemacht hat. Es gibt überhaupt nichts, was man sich nicht vorstellen kann, weil ja jeder Mensch vollkommen anders ist. Es gibt auf der Welt keine zwei gleichen Menschen.
ANDRÉ MÜLLER: Ich merke schon, über Selbstmord können wir nicht mehr reden.
THOMAS BERNHARD: Ist ja auch gar nicht nötig, Wenn Sie sich umgebracht haben, schreiben Sie mir.
ANDRÉ MÜLLER: Ich bringe mich ja nicht um. Das ist es ja, was ich Ihnen die ganze Zeit klarmachen möchte.

THOMAS BERNHARD: Na, das kann man nicht sagen. Ich hab' einen Freund gehabt, mit dem war ich ein Achtel Wein trinken, das war ein völlig kleinbürgerlicher Typus, der ganz liebe Gedichterln geschrieben hat und fürchterliche Prosa und dumm war, wie es Kleinbürger halt sind, und drei Frauen gehabt hat und von jeder zwei Kinder, und sich mit dem dicken Bauch und einem Kaufhausanzug ganz wohl gefühlt hat, der ist nach Hause gegangen, hat das Dirndlgewand seiner Frau angezogen, sich den Busen ausg'stopft und sich an der Tür aufgehängt in diesem Aufzug, ein Mensch, der ungefähr 45 Jahre alt war und nie eine Spur von Lebensüberdruß gezeigt hat.

ANDRÉ MÜLLER: Na, das beweist ja die Richtigkeit meiner These, denn hätte sich der im Spiegel gesehen, mit dem Dirndl und dem Strick um den Hals, hätte er doch bestimmt lachen müssen und sich nicht mehr umbringen können. Ich meine, dieser Moment der Komik hätte das doch verhindert.

THOMAS BERNHARD: Eigentlich ja ... Wenn ich so was schreibe, so Situationen, die zentrifugal auf den Selbstmord zusteuern, sind es sicher Beschreibungen eigener Zustände, in denen ich mich, während ich schreibe, sogar wohl fühle vermutlich, eben weil ich mich n i c h t umgebracht habe, weil ich selbst dem entronnen bin. Da kann man ja dann wunderbar drüber schreiben. Ein anderer könnte das nicht, oder es würde was vollkommen Hölzernes dabei herauskommen ... Was denken Sie jetzt? Ihr Gesicht ist auf einmal vollkommen verändert.

ANDRÉ MÜLLER: Ich überlege gerade, ob Sie sich wirklich schon einmal ernsthaft umbringen wollten. In Ihrer Autobiographie steht ja nur, daß Sie, als Sie todkrank waren und von den Ärzten schon aufgegeben, sich zum Leben entschlossen haben. Das ist ja was völlig anderes, als wenn einer das ganz mit sich alleine ausmacht.

THOMAS BERNHARD: Wer weiß, ob das, was ich da geschrieben hab', überhaupt stimmt. Ich bin immer wieder selbst überrascht, wie viele Leben man als das eigene ansieht, die zwar alle miteinander Ähnlichkeit haben, aber eigentlich doch nur Figuren sind, die mit einem selbst genausoviel und sowenig zu tun haben wie irgendwelche andere Leben. Es stimmt ja immer zugleich alles und nichts, so wie ja auch jede Sache gleichzeitig schön und schiach ist, tot und lebendig, geschmackvoll und geschmacklos. Es kommt nur darauf an, wofür man gerade am empfänglichsten ist. Einen großen Reiz hat praktisch alles. Mein Standpunkt ist die Gleichwertigkeit aller Dinge. Auch der Tod ist für mich nicht außergewöhnlich. Ich red' ja über den Tod wie ein anderer über a Semmel.

ANDRÉ MÜLLER: Wollen Sie ein anderes Thema?

THOMAS BERNHARD: Ja, welches?

ANDRÉ MÜLLER: Sie haben gesagt, Sie wollten schon immer anders sein als die andern.

THOMAS BERNHARD: Das will doch jeder.

ANDRÉ MÜLLER: Ich nicht. Wenn man ohnehin so herausfällt aus dem Normalen, wünscht man doch eher, unterzutauchen.

THOMAS BERNHARD: Na schön, damit kein Mißverständnis entsteht ... Das muß man genau untersuchen. Das hat sicher zwei Seiten. Jemand, der sowieso schon zum Ausgefallenen neigt, wird letzten Endes immer versuchen, sich zu verstecken. Er will so reden und so fressen und so simpel sein wie die andern. Das wollte ich auch, als ich hierherkam. Ich hab' gedacht, ich werd' mir zwei Kühe halten und in den Stall gehen und melken und werd' mir Gummistiefel anziehn und eine Schlosserhose, möglichst verdreckt, möglichst stinkend und speckig, und werd' mich acht Wochen nicht waschen, damit ich möglichst so ausschau' wie die Leut' hier. Aber das geht nicht, das gelingt nicht, weil man das bewußt nicht herstellen kann.

André Müller: Haben Sie es versucht?
Thomas Bernhard: Ich hab' das alles versucht, bis ich gemerkt hab', in der Richtung kann ich nur Zeit verlieren. Man muß den ausgefallenen Weg gehen mit allen exzentrischen, brutalen, scheußlichen, verklemmten, verqueren Dingen, die in einem, in Ihnen, in allen drin sind. Man kann nicht untertauchen unter hundert Hubertusmänteln und mitlachen am Stammtisch und die höchste Befriedigung in einer gelungenen Nudelsuppe am Sonntagvormittag sehen oder in einer Obsttorte zu Ostern, das geht nicht. Man ist anders, man will es nicht sein, abgesehen davon, daß von jenen, die von uns aus betrachtet alle gleich sind, ja auch jeder wieder ein anderer ist, aber es läßt sich trotzdem mit dem Nudelwalker darüberfahren. Es gibt halt außerdem noch ein paar besonders ausgefallene Sumpfpflanzen, die ein bissel zu weit in die Höhe schießen und dadurch sehr gefährdet und ausgesetzt sind. Das ist natürlich blöd, wenn eine Feuerlilie oder Riesenaster versucht, unter den Leberblümchen unterzutauchen, weil es angenehmer wäre da unten, gleichzeitig aber stolz ist, daß sie diese Feuerlilie ist. Einerseits möchte sie großartiger und besser sein als die andern, gleichzeitig aber total geschützt wie die Leberblümchen. Das ist das Grauenhafte und Furchtbare an so einer Situation, weil das gar nicht geht. Man muß sich abfinden mit dem, wie man ist, und muß das Beste draus machen.
André Müller: Gibt es irgendwelche Menschen, mit denen der Umgang angenehm ist?
Thomas Bernhard: Ich kenne niemanden, mit dem ich wirklich länger zusammensein möchte und könnte. Also eine Dauer wäre unmöglich. Ich kann mir zum Beispiel nicht vorstellen, daß jemand zwei Tage und Nächte bei mir im Haus wohnt, ganz wurscht, wer das ist, außer meiner Tante, die ist 85, aber das ist auch nur unter gewissen Umständen möglich, also auch schwierig, aber halt ins Groteske gestei-

gert und dadurch erträglich. Aber länger als eine Woche geht auch das nicht. Aber natürlich hat man dann manchmal doch das Bedürfnis, und dann sind die Leute, mit denen man könnte, in Brüssel oder Wien oder Zürich oder sonstwo, das ist halt schwierig. Ich müßte in eine Stadt ziehen, aber das kann ich mir aus gesundheitlichen Gründen nicht leisten, weil ich in der Stadt einfach eingehen würde. Ich bin ja an sich gar kein Landmensch. Die Natur interessiert mich überhaupt nicht, weder die Pflanzen noch die Vögerl, weil ich die sowieso nicht unterscheiden kann voneinander und noch heute nicht weiß, wie eine Amsel ausschaut. Aber ich weiß halt genau, ich kann mit meinen Bronchien in der Stadt auf die Dauer nicht leben. Ich werd' jetzt im Winter den Hof nicht mehr verlassen, weil ich mich halbert umbringe, wenn ich in der Stadt bin. Es gibt ja nur diese zwei Möglichkeiten: Entweder man ist in der Stadt, wo es interessant ist, aber da geh' ich zugrunde, oder man hat einen Menschen, aber der geht einem halt mit der Zeit auf die Nerven. Da wird man halt nie eine Lösung finden,
ANDRÉ MÜLLER: In Ihrem Buch »Der Stimmenimitator« gibt es eine Stelle, in der Sie den Leser mehr oder weniger zur Ermordung sämtlicher mitteleuropäischer Staatspräsidenten auffordern. Wäre das nicht in einem belletristischen Verlag unter dem Deckmantel der Kunst, sondern in einer politischen Zeitschrift erschienen, hätten Sie jetzt ein Verfahren als Sympathisant auf dem Hals...
THOMAS BERNHARD: Ich bin ja Sympathisant, nur ich weiß nicht, für was.
ANDRÉ MÜLLER: Ich meine: Sie können heute sagen, was Sie wollen, es wird gedruckt, und es wird keinen erschrecken.
THOMAS BERNHARD: Das weiß ich nicht. Ich hab' zum Beispiel der »Zeit« einen Brief geschrieben, das ist jetzt ungefähr drei Monate her, so eine spontane Sache gegen den Kreis-

ky. Das haben die fünf Wochen liegenlassen, und dann haben sie mir geschrieben, sie hätten es irgendwohin weitergeleitet, und dort ist es dann in der Versenkung verschwunden. So was macht man nicht einmal mit der Frau Hintermüller. Ich will damit nur sagen, daß ich genauso wie jeder andere Machenschaften und Zufälligkeiten ausgesetzt bin. Wenn diese Leute nicht wollen, daß an dem Kreisky was angekratzt wird, weil der dort sehr beliebt ist und sie ihn als einen tollen Burschen anschauen, dann nützt es auch nichts, wenn ich das auf meine ironische Art formuliere, dann wird es halt nicht gedruckt.

ANDRÉ MÜLLER: Haben Sie sich denn noch weiter dafür eingesetzt, daß es gedruckt wird? Haben Sie dafür gekämpft?

THOMAS BERNHARD: Das wär' ja ganz blöd, gegen die Redaktion der »Zeit« kämpfen zu wollen, wo dort nur lauter freundliche Opportunisten sitzen. Das hätte doch gar keinen Sinn.

ANDRÉ MÜLLER: Wer bleibt denn da überhaupt übrig, den Sie nicht für einen Idioten halten?

THOMAS BERNHARD: Na keiner, das ist es ja eben.

ANDRÉ MÜLLER: Aber dann ist es ja so, wie ich sage: Sie schimpfen auf alle, ohne Unterschiede zu machen, bis Sie niemand mehr ernst nimmt und Sie mit Ihren Angriffen keinen mehr treffen.

THOMAS BERNHARD: Warum soll das nicht treffen? Das hat halt seine Wirkung, oder es hat sie nicht. Darauf kann der, der es macht, sowieso keine Rücksicht nehmen.

ANDRÉ MÜLLER: An wen denken Sie, wenn Sie schreiben?

THOMAS BERNHARD: Das ist natürlich eine ganz blöde Frage.

ANDRÉ MÜLLER: Na, so blöd auch wieder nicht. Denken Sie an jemanden, auf den Sie eine Wut haben, oder manchmal auch an einen, der Sie versteht?

THOMAS BERNHARD: Ich denk' an niemanden, der das einmal lesen soll, weil mich gar nicht interessiert, wer das liest. Ich hab' meinen Spaß am Schreiben, das reicht mir. Man will es halt immer besser und überlegter machen, das ist alles, so wie ein Tänzer immer besser tanzen will, aber das passiert ja von selber, weil jeder, ganz egal, was er macht, durch die Wiederholung zwangsweise zu einer Perfektion kommt, das ist bei einem Tischtennisspieler genauso wie bei einem Springreiter und einem Schriftsteller und einem Schwimmer und einer Bedienerin oder Putzerin. Die wird nach fünf Jahren auch besser putzen als am ersten Tag, wo sie alles zerschlagen hat und halt mehr ruiniert hat, als was sie geputzt hat.

ANDRÉ MÜLLER: Ist Schreiben nicht immer auch ein Kontaktversuch?

THOMAS BERNHARD: Ich will ja gar keinen Kontakt. Wann hab' ich jemals einen Kontakt wollen? Im Gegenteil, ich hab' es immer abgelehnt, wenn jemand das wollte. Briefe schmeiß' ich sowieso weg, weil es schon rein technisch nicht möglich ist, sich darauf einzulassen, sonst müßte ich es so machen wie diese Sau-Schriftsteller, die sich zwei Sekretärinnen halten und alles beantworten und jedem Arschloch hinten hineinkriechen mit einem Brieferl. Ich will, daß meine Arbeit gedruckt wird, daß da ein Buch kommt und daß das für mich dann erledigt ist. Das stell' ich dann in den Kasten, damit ist es nicht verloren und schaut außerdem sehr gut aus. Ich schreib' meine Sachen auf ein ganz billiges, schäbiges Saugpostpapier, und der Übergang zu so einem Schriftbild ist mir sehr angenehm, und dann schickt der Verleger monatlich irgendein Geld, und damit ist die ganze Geschichte erledigt. Ich hab' halt noch keine Lust, das aufzugeben, das Schreiben und die Zustände, in die ich da komme, weil es mir einen großen Spaß macht und weil ich ja absolut nichts anderes brauche und weil ich auch das Gefühl hab', etwas zu machen, was mir keiner nachmacht, nicht nur bei uns, son-

dern auf der ganzen Welt nicht. Wenn man Prosa schreibt, ist man zwischen vierzig und sechzig im idealen Alter, bei manchen ist es früher, aber ich bin ja eher ein Spätentwickler, und es wäre ein Irrsinn, das abzutöten, wenn man gerade auf dem Höhepunkt ist. Da müßte man ja verrückt sein. Aber natürlich ist man vor Verrücktheit auch nicht gefeit ...
ANDRÉ MÜLLER: Ich will ja gar nicht, daß Sie mit dem Schreiben aufhören. Ich dachte nur, daß der Kontakt mit einem, der Sie versteht und Sie mag, auch für Ihre Arbeit von Vorteil sein könnte.
THOMAS BERNHARD: Mich fördert nur, wenn ich möglichst für mich allein bin, ganz gleich, was das alles mit sich bringt, und es sind ja im Grunde nur lauter Unannehmlichkeiten, aber ich hab' sie ja gern, ich bin ja in das verliebt, was andere gar nicht auf sich nehmen würden. Setzen Sie den Handke einmal drei Tage hierher, der würde Ihnen schreiend davonrennen zu seiner Tochter. Der ist doch ein ganz weiches, schwaches Familienkind, spricht aber dauernd übers Alleinsein. Das sind genau die, die gar nicht alleine sein können, weil dazu gehört nämlich eine ganz schöne Kraftanstrengung. Wenn man das nicht sein kann, kann man halt auch nicht in der Art schreiben, wie ich das mache, ob das jetzt eine Bedeutung hat oder nicht, ist ja ganz wurscht. Der Handke hat halt seine liebe Tochter. Das ist eine Sache, die mir total widerspricht, weil ich bin schon immer gegen Familie und all diese Sachen gewesen, weil ich Leute einfach nicht aushalte, die eine Familie haben und ein Kind haben und die das Kind zu Weihnachten mit Skianzügen und solchem Zeug überhäufen und mit dem Kind dann nach Sankt Moritz zu ihrem schicken Verleger fahren, das ist mir so widerlich, daß es mich graust, diese Leute, die einmal da hingehen und einmal dort hingehen und sich nach Amerika einladen lassen und dort vorlesen und da vorlesen und sofort

zu einer Redaktion rennen, wenn sie irgendwas machen, so daß da übermorgen alles in der Zeitung drinsteht, das ist mir einfach zum Grausen. Ich mag es nicht, und ich mach' es auch nicht. Das erzeugt natürlich eine Irritation und den Widerwillen der anderen Leute. Aber das ist mir egal. Es ist meine Stärke, daß ich es aushalte, den Dampfnudeldeckel geschlossen zu halten.

ANDRÉ MÜLLER: Können Sie verdeutlichen, warum Ihnen Familien mit Kindern so widerlich sind? Sie haben gesagt, man sollte allen Müttern die Ohren abschneiden.

THOMAS BERNHARD: Das hab' ich gesagt, weil es ein Irrtum ist, wenn die Leute glauben, sie bringen Kinder zur Welt. Das ist ja ganz billig. Die kriegen ja Erwachsene, keine Kinder. Die gebären einen schwitzenden, scheußlichen, Bauch tragenden Gastwirt oder Massenmörder, den tragen sie aus, keine Kinder. Da sagen die Leute, sie kriegen ein Bauxerl, aber in Wirklichkeit kriegen sie einen 80jährigen Menschen, dem das Wasser überall herausrinnt, der stinkt und blind ist und hinkt und sich vor Gicht nicht mehr rühren kann, den bringen sie auf die Welt. Aber den sehen sie nicht, damit die Natur sich weiter durchsetzt und der Scheißdreck immer weitergehen kann. Aber mir ist es ja wurscht. Meine Situation kann nur die eines skurrilen ... ich möcht' nicht einmal sagen Papageis, weil das schon viel zu großartig wäre, sondern eines kleinen, aufmucksenden Vogerls sein. Das macht halt irgendein Geräusch, und dann verschwindet es wieder und ist weg. Der Wald ist groß, die Finsternis auch. Manchmal ist halt so ein Käuzchen drin, das keine Ruh' gibt. Mehr bin ich nicht. Mehr verlang' ich auch gar nicht zu sein.

ANDRÉ MÜLLER: Ihr besonderes Kennzeichen, so schreiben Sie in Ihrer Autobiographie, ist die Gleichgültigkeit.

THOMAS BERNHARD: Das läßt sich auch nicht so ohne weiteres sagen. Mir ist nichts gleichgültig, aber es muß mir alles gleichgültig sein, weil es sonst nicht weitergeht. Das ist der einzige mögliche Satz, der darauf zu sagen wäre.

ANDRÉ MÜLLER: Wie wichtig ist Ihre Tante für Ihr Leben und Ihre Arbeit?

THOMAS BERNHARD: Das ist seit meinem 19. Lebensjahr der absolut wichtigste Mensch in meinem Leben.

ANDRÉ MÜLLER: Erschreckt Sie der Gedanke an ihren Tod?

THOMAS BERNHARD: Dieser Gedanke ist mir fast unerträglich, aber man wird sehen, das wird ja bald jetzt passieren. Das könnte mich umschmeißen, wenn ich ganz offen rede, ja, das könnte sein. Da bin ich sicher ganz ausgeliefert... Aber auch das kann man erst sagen, wenn das Ereignis eintritt, weil man ja nichts vorwegnehmen kann. Wenn sie stirbt, dann ist sie gestorben. Dann rufe ich Sie an ... als Onkel.

ANDRÉ MÜLLER: Also ist doch dieser eine Mensch nötig, zu dem man gehört?

THOMAS BERNHARD: Es gibt immer irgendwo eine Milchmagd, die irgendwann auftaucht. Nichts, das gibt's nicht.

ANDRÉ MÜLLER: Stimmt dann überhaupt der Satz noch: Ich will allein sein?

THOMAS BERNHARD: Es bleibt mir nichts anderes übrig, verstehen Sie? Um mich ausleben zu können, wie ich will, bleibt mir nichts anderes übrig als das Alleinsein. Es ist eben so, daß Nähe mich tötet. Aber ich bin deshalb nicht zu bedauern. Jeder ist an allem selbst schuld.

ANDRÉ MÜLLER: Gibt es etwas, das Ihnen das Schreiben ersetzen könnte?

THOMAS BERNHARD: Einen Ersatz gibt es für nichts. Ich könnte Rad fahren, aber glauben Sie, daß das etwas ersetzt?

ANDRÉ MÜLLER: Was tun Sie, wenn Ihnen eines Tages nichts Neues mehr einfällt?

THOMAS BERNHARD: Solche Fragen führen zu nichts. Das ist so, wie wenn Sie eine Sängerin fragen, was sie ohne Stimme tun würde. Was sollte die darauf sagen? Daß sie dann stumm singt? Man denkt ja sowieso jedesmal, wenn man geschrieben hat, daß es aus ist, daß man eh nicht mehr kann und eh nicht mehr will. Aber mich interessiert ja sonst nichts.

ANDRÉ MÜLLER: Und wenn Ihnen morgen die große Liebe begegnet?

THOMAS BERNHARD: Ich könnte es nicht verhindern.

29. Juni 1979

Thomas Bernhard: Ein Brief an die ZEIT

Seit vielen Jahren behauptet unser Bundeskanzler Kreisky bei jeder ihm passend erscheinenden Gelegenheit, er kenne Robert Musil wahrscheinlich besser als irgendein anderer Zeitgenosse, weil er glaubt, das beweise sein hohes Geistesniveau, aber es beweist doch nur, daß er ein Kleinbürger ist. Auch in Ihrem ZEITmagazin strapaziert er, wie so oft, Musil, der sich gegen diese fortgesetzte modisch-exaltierte Affenliebe eines ehrgeizigen Lesers nicht wehren kann. Naturgemäß schadet dieser Musil-Komplex unseres langjährigen Alleinunterhalters, als der sich unser Bundeskanzler schon seit beinahe einem ganzen Jahrzehnt hier im Lande fühlen kann, Musil nicht, denn Musil bleibt Musil, aber, böse Konsequenz, Kreisky ist schon lang nicht mehr Kreisky. Über die Auftritte unseres Erstministers wird nicht mehr gelacht, weil jeder weiß, was sie kosten. Der verflixt schlaue Mann, im allerwahrsten Sinne des Wortes ein Vollblutpolitiker, ist heute schon mehr in der Rolle des alternden, selbstgefälligen Staatsclowns, eine Art rührender, wenn auch kostspieliger Charly Rivel, der nurmehr noch in die eigenen, einmal zündenden, jetzt aber schon lange Zeit faulen Tricks verliebt ist; auf der politischen Bühne, die gottseidank nur hier in Österreich, in dem gutmütigen und heimtückisch-liberalen Land für ihn reserviert ist. Er ist seit Jahren der gewohnheitsmäßig geliebte Abonnementbundeskanzler mit dem besten Schmäh, der keinem nützt und keinem schadet, eine süßsaure Art von Salzkammergut- und Walzertito, vor dessen Verschwinden alles Angst hat. Als ginge die Sonne unter, wenn Kreisky untergeht! In seinem Ballhausplatzfeuilleton, das nicht so gescheit ausgefallen ist wie er selbst, preist der Kanzlerabonnent sein Österreich augenzwinkernd als seine eigene gemischte Warenhandlung in der Sprache und in der Weltanschauung des beliebten Kommis, der, weil es, die Umstände sind so, keinen eigentlichen Chef mehr gibt, den Laden führt, als eine einzige frohe Botschaft. Er verschweigt, gefinkelt wie er, der staatspolitische Ladelschupfer, ist, daß alles ganz anders ist. Der Kommis Kreisky, ein echter Nestroy, also eine Figur der Weltliteratur, wenn auch wahrscheinlich und leider nicht der Weltgeschichte, behauptet, er führe einen phantastischen Laden, während er doch ganz genau weiß, daß er bankrott ist und daß die Regale leer sind. Nicht ein einziges Sackerl echten unverfälschten Sozialismus ist nicht einmal mehr in der untersten Lade. Schon heute sitzt der von seiner Kundschaft in einem ganzen langen Jahrzehnt beinahe schon wie unser Heinz Conrads Verwöhnte unter dem Hundertwasser auf seinen Ladenhütern.

Du liebe ZEIT, naturgemäß handelt es sich hier um die Parodie eines sogenannten falschen Herrn Bernhard des sogenannten richtigen Herrn Bernhard, die der sogenannte falsche Herr Bernhard an die sogenannte richtige ZEIT geschickt hat, was in diesem sogenannten langweiligen verregneten Sommer ganz und gar naturgemäß ist. Was ich in dieser Parodie vermisse, ist ein gut abgebratenes Pinzgauer Schnitzl, naturgemäß von einer ausgezeichneten Pinzgauer Sau, nicht zu wenig, aber auch nicht zu stark ausgeklopft und naturgemäß nicht so dick paniert wie im Pongau oder im Lungau, wo die Schnitzl naturgemäß immer viel zu dick paniert werden, worauf allen (vornehmlich den deutschen!) Gästen dort recht bald der Appetit auf die Schnitzl vergeht und naturgemäß der Urlaub verpatzt ist. Es soll aber naturgemäß immer nur soviel wütend aus dem Pinzgau und aus dem Lungau und aus dem Pongau und aus ganz Österreich abgereiste enttäuschte und vergrauste Deutsche gegeben haben, wie eingereist sind, denke ich. Die Deutschen kommen, wie es heißt, naturgemäß immer wegen der guten österreichischen Küche nach Österreich und sind bis jetzt immer nur mit verdorbenem Magen abgereist. Wie sie immer nur wegen der österreichischen Kultur hergekommen sind und mit verdorbenem Kopf ausgereist sind. Die Deutschen kommen immer mit den größten Hoffnungen nach Österreich und reisen mit den größten Enttäuschungen aus. Seit Jahrhunderten, wie ich denke, es wird sich nicht ändern. Die Deutschen haben an Österreich einen Narren gefressen, im wahrsten Sinne des Wortes. Mich wundert, daß sie nicht schon längst daran erstickt sind. Falls die ZEIT sich zum Abdruck dieser Pinzgauer Parodie entschließen sollte, gebühren, da die Anonymität des Parodisten gegeben ist, dem falschen Herrn Bernhard also überhaupt kein, dem richtigen, also mir, die vollen hundert Prozent Honorar. Weil schon beim oberflächlichen Anschauen des parodistischen Inhalts neunzig Prozent seiner Sätze als meine eigenen durchaus erkennbar sind. Ich bin kein (hochsommerlicher) Spielverderber und Spaßignorant und werfe die dann anstehende horrende Summe für ein sogenanntes opulentes Frühstück für alle Feuilletonisten der ZEIT aus.

Sollte der sogenannte falsche Herr Bernhard in einem Anfall von Größen- oder auch Niedrigkeitswahn, möglicherweise weil der die Anonymität nicht mehr ertragen kann von einem Augenblick auf den andern, eben diese Anonymität also naturgemäß auf dem Höhepunkt seiner Sommererkrankung aufgeben, ist er naturgemäß zum Tode verurteilt.

Es grüßt der sogenannte richtige
Herr Bernhard.

An den Präsidenten der
Deutschen Akademie
für Sprache und Dichtung

Kreta, 22. 11. 1979

Sehr geehrter Herr Präsident,
In der FRANKFURTER ALLGEMEINEN ZEITUNG habe ich gelesen, daß der ehemalige deutsche Bundespräsident Scheel in Ihre Akademie gewählt worden ist, und ich frage mich, was ein so durchschnittlicher und obskurer *Politiker* in einer Akademie für Sprache und Dichtung zu suchen hat. Ich muß annehmen, daß in nächster Zeit weitere solche durchschnittlichen und obskuren Politiker in Ihre Akademie gewählt werden, aus welchem Grund immer. Ich denke, es sind dann Herr Franz Josef Strauß, Herr Helmut Schmidt und Herr Karl Carstens an der Reihe. Unter dieser Vorstellung ist es mir unmöglich (nach annähernd zehn Jahren!), auch nur einen einzigen Tag länger ein sogenanntes korrespondierendes Mitglied der Deutschen Akademie für Sprache und Dichtung zu sein, und ich betrachte mich von diesem Augenblick an nicht mehr als ein solches.
Mit besten Wünschen Ihr
Thomas Bernhard

Kreta, 26. 11. 79
Lieber Peymann, Großfürst der Schnürböden,
ich schlage vor, daß wir uns am Anfang des kommenden Jahres in den Bergen treffen, dort, wo wir uns vor bald einem Jahr getroffen haben, wenn wir wollen und noch am Leben sind. Ich habe die schlimmste Landung mit einem Flugzeug hinter mir; jetzt, da das alles schon im Finstern liegt, finde ich diese Höllenfahrt auch schon recht interessant. Auf Biegen und Brechen hinunter auf Rhodos im wahrsten Sinne des Wortes. Das Meer im Rücken, wild schäumend, denke ich, daß Sie einen guten Sprung in Ihr Element gemacht haben.
Wenn ich mit dem Stück (»Später Ruhm« heißt es!) nach Hause und das heißt vor allem, von hier, wo die Startbahn viel zu kurz ist, wegkomme, danke ich Gott.
Herr Walter Scheel, der deutsche Präsident, ist in die sogenannte Deutsche Akademie für Sprache und Dichtung gewählt worden, da bin ich ausgetreten. Ich habe mich immer gefragt, was eine solche Akademie ist, und bin immer nur auf den Begriff Blödsinn gekommen. Jetzt hatte ich einen Anlaß, zu verschwinden. Ich möchte in Zukunft möglichst nirgends mehr dabeisein und nur mehr noch bei mir sein. Wann werde ich einmal nach Bochum kommen? Auf der Kruka gibt es jetzt ein Telefon. Sie können dort die Rehe und die Füchse anrufen und ihnen eine gute Nacht wünschen.
Sehr Ihr Untertan

Thomas B.

P. S. Häusserman hat mich gefragt, ob ich in Salzburg wieder ein »Stück« machen will. Wollen wir? Das Lokal, in dem ich ihn getroffen habe, heißt sinnigerweise »Zauberflöte«. (In Wien.)

Zu meinem Austritt

Die Wahl Scheels, des ehemaligen Bundespräsidenten, zum Ehrenmitglied der Akademie für Sprache und Dichtung war für mich ja nur der letzte definitive Anlaß gewesen, mich von dieser Akademie für Sprache und Dichtung zu trennen, die meiner Meinung nach weder mit Sprache noch mit Dichtung das Geringste zu tun hat und deren Existenzberechtigung jeder vernünftig Denkende mit gutem Gewissen selbstverständlich verneinen muß. Seit Jahren habe ich mich nach dem Sinn dieser sogenannten Darmstädter Akademie gefragt und mir immer wieder sagen müssen, daß ein solcher Sinn doch nicht darin bestehen kann, daß eine Vereinigung, die letzten Endes doch nur aus dem kühlen Grunde der Selbstbespiegelung ihrer eitlen Mitglieder gegründet worden ist, jährlich zweimal zur Eigenbeweihräucherung zusammenkommt und da, nach vom Staat bezahlter teurer, weil Luxusanreise in guten Darmstädter Hotels großbürgerlich aufgetragene Speisen ißt und Getränke trinkt, um eine knappe Woche lang um ihren abgestandenen faden Literaturbrei herumzureden. Ist ein Dichter oder Schriftsteller schon lächerlich und, wo auch immer, für die Menschengesellschaft schon schwer erträglich, um wie vieles lächerlicher und unzumutbarer ist eine ganze Horde von Schriftstellern und Dichtern und solchen, die sich dafür halten, auf einem Haufen! Im Grunde kommen alle diese auf Staatskosten angereisten Ehrenträger in Darmstadt zusammen, um sich nach einem impotenten Jahr des gegenseitigen Kollegenhasses in Darmstadt auch noch eine Woche anzuöden. Das Schriftstellergeschwätz in den Hotelhallen Kleindeutschlands ist ja wohl das Widerwärtigste, das sich denken läßt. Es stinkt aber doch noch viel stinkender, wenn es vom Staat subven-

tioniert wird. Wie ja überhaupt der ganze heutige Subventionsdampf zum Himmel stinkt! Dichter und Schriftsteller gehören nicht subventioniert und schon gar nicht von einer subventionierten Akademie, sondern sich selbst überlassen.
Nun gibt die Akademie für Sprache und Dichtung (der absurdeste Titel der Welt!) alljährlich ein Jahrbuch heraus, und vielleicht hat wenigstens das einen Sinn? Aber in diesem Jahrbuch sind jedesmal, und immer wieder nur, schon bevor sie in den Satz gehen, verstaubte sogenannte Essays abgedruckt, die, wie gesagt, weder mit Sprache noch mit Dichtung, ja überhaupt nichts mit Geist zu tun haben, weil sie aus den an Ladehemmung krankenden Maschinen von geistlosen Schwätzern kommen, wie wir in Österreich sagen würden, von Gschaftlhubern ganz ohne Kopf. Und was ist außer diesen faden Elaboraten noch in diesem Akademiejahrbuch? Eine lange Liste mit allen möglichen und unmöglichen obskuren Ehrungen, die diese geistigen Regenwürmer im abgelaufenen Jahr »erfahren« haben. Wen, außer diese Regenwürmer selbst, interessiert das? Dazu auch noch, um es nicht zu vergessen, eine heuchlerische »Totenliste« mit Verlegenheitsnachrufen als Akademietotenpoker, jeder peinlicher und dümmer als der vorhergegangene. Schade, daß dieses Jahrbuch auf einem derartig kostbaren Papier gedruckt ist, daß es zur Beheizung meines Ofens in Ohlsdorf denkbar ungeeignet ist. Ich habe damit jedesmal, wenn der Briefträger bei mir seinen Schutt abgeladen hat, immer die größten Schwierigkeiten gehabt.
Aber, wird man sagen, die Akademie für Sprache und Dichtung (für diese Bezeichnung gebührt den Erfindern noch im nachhinein der Büchnerpreis!) verleiht doch den Büchnerpreis, die sogenannte angesehenste Literaturauszeichnung in ganz Deutschland. Ich sehe nicht ein, warum diese obskure Akademie den Büchnerpreis verleihen muß, denn zu die-

ser Verleihung braucht niemand eine Akademie. Und schon gar nicht eine Akademie für Sprache und Dichtung, die nur ein begriffliches und sprachliches Unikum ihres Titels ist, sonst nichts. Ich persönlich habe die Wahl in die Akademie, damals, vor, wie es heißt, genau sieben Jahren, nicht weiter ernst genommen. Erst nach und nach ist mir das Dubiose dieser Darmstädter Akademie zu Bewußtsein gekommen, und ich habe dieses Dubiose tatsächlich augenblicklich in dem Moment ernst genommen, in dem ich gelesen habe, daß Herr Walter Scheel in diese Akademie gewählt worden ist, und bin kurzerhand ausgetreten. Wenn Herr Scheel eintritt, kann ich gleich austreten, habe ich mir gedacht.
Ich wünsche der Akademie für Sprache und Dichtung, die ich für Deutschland und für die ganze übrige Welt tatsächlich für das Allerentbehrlichste halte und die sicher für die Dichter (die es sind!) und für die Schriftsteller (die es sind!) mehr schädlich als nützlich ist, mit Herrn Scheel alles Gute. Die Darmstädter Akademie (für Sprache und Dichtung!) verschickt im Todesfall eines Mitglieds immer automatisch einen schwarzumrandeten Partezettel mit dem immer gleichen Nachruftext (über dessen Sprache und Dichtung sich streiten läßt). Vielleicht erlebe ich es noch, und sie schickt eine Parte aus, auf welcher sie keines würdigen Mitglieds, sondern ihrer selbst gedenkt.

Th. B.

Ich könnte auf dem Papier jemand umbringen

FRAGE: Herr Bernhard, in Deutschland ist es üblich geworden, die Schriftsteller nach Ratten und Schmeißfliegen einzuteilen – sind Sie eine Ratte oder eine Schmeißfliege?
THOMAS BERNHARD: Eine Mischung aus Ratte und Schmeißfliege wahrscheinlich. In Österreich ist man noch nicht auf die Idee gekommen, Schriftsteller als Ratten und Schmeißfliegen zu bezeichnen, aber es gibt sicher auch hier Leute, welche das in Gedanken wenigstens so mit sich herumtragen.
FRAGE: Woran liegt das, wieso sind die Töne in Österreich noch besser?
THOMAS BERNHARD: Ob sie besser sind, das weiß ich nicht. Aber man traut sich nicht direkt, Menschen als Ratten und Schmeißfliegen zu bezeichnen ...
FRAGE: Obwohl Sie in Österreich sehr viel dazu getan haben, die Leute dahingehend zu provozieren.
THOMAS BERNHARD: Um allem möglichen Ungeziefer zugerechnet zu werden, da müßte ich nach Deutschland gehen oder ein Deutscher sein, vielleicht wär's dann möglich, dort noch einen Ehrentitel zu bekommen.
FRAGE: Was waren die Anlässe, um in Österreich beschimpft zu werden?
THOMAS BERNHARD: Schreiben allein genügte. Im Grund war das schon seit den Gedichten drinnen, daß man mich als Stinktier bezeichnet hat.
FRAGE: Auf der anderen Seite neigen auch Sie dazu, andere Leute im Zustand der Verwesung, der Auflösung zu sehen, sie als kaputt und krank zu schildern. Ihre Figuren können oft nicht laufen, nicht hören, nicht sehen, sie können eigentlich nur noch raunzen und schimpfen und ihre Umwelt quä-

len. Sind Ihre Helden krank zur Tarnung, damit sie vielleicht doch besser hören und sehen?

THOMAS BERNHARD: Nein, ich tarne ja meine Figuren eigentlich nicht, ich lasse sie aus dem Käfig heraus, wie sie sind, und sie sollen hingehen, wo sie wollen. Ich habe keinen Einfluß mehr auf diese Figuren, ich bin ja kein guter Hirte.

FRAGE: Die letzte Ihrer Theater-Figuren hat einen ganz merkwürdigen Beruf, sie ist »Weltverbesserer«.

THOMAS BERNHARD: Weltverbessern ist ja ein Wahnsinn, man kann die Welt nicht verbessern.

FRAGE: Aber Sie probieren's trotzdem?

THOMAS BERNHARD: Ich probier' das, wenn ich aufsteh' in der Früh, die Welt zu verbessern. Mich selbst und die Welt...

FRAGE: Aber am meisten graust es Ihnen vor denjenigen, die die Macht haben?

THOMAS BERNHARD: Ich mag Macht überhaupt nicht, ich mag weder einen einzigen, der die Macht ausübt, noch mehrere, die die Macht ausüben.

FRAGE: Das Chaos mögen Sie aber auch nicht?

THOMAS BERNHARD: Das Chaos ist im Grund unmöglich in der sogenannten zivilisierten Welt, obwohl mir das Chaos an und für sich lieber ist.

FRAGE: Sollen Ihre Stücke und Bücher das Chaos befördern?

THOMAS BERNHARD: Im Grund denke ich so, ja.

FRAGE: Und wie soll das funktionieren?

THOMAS BERNHARD: In dem Moment, wo es funktioniert, ist es ja kein Chaos mehr.

FRAGE: Aber der Zweck Ihres Schreibens könnte doch Machtverhinderung sein.

THOMAS BERNHARD: Das Wort Zweck ist mir schon fast so zuwider wie das Wort Macht. Der Zweck verfolgt Mittel, und dann ist die Macht auch schon da.

FRAGE: Wenn man sich Ihre Helden ansieht, dann sind sie –

wie der »Präsident« – manchmal Politiker, manchmal Philosophen, manchmal Künstler. Sind Künstler auch Machtausübende wie Politiker?

THOMAS BERNHARD: Künstler haben manchmal genausoviel Macht wie Politiker.

FRAGE: Diese Macht stört Sie genauso?

THOMAS BERNHARD: Auch diese Macht würde mich stören, wenn ich mit der konfrontiert wäre.

FRAGE: Also steckt da eine Portion Selbstekel drin?

THOMAS BERNHARD: Wahrscheinlich auch. Aber nicht nur. Ich seh' das Leben nicht nur als Ekel ... Und das Schreiben auch nicht.

FRAGE: In Ihren Texten geht es um Tod, Lebensekel, Selbstmord. Schreiben Sie, um sich nicht aufzuhängen?

THOMAS BERNHARD: Könnte sein, ja, doch.

FRAGE: Sie haben gesagt, daß Sie kein guter Hirte für Ihre Figuren sind. Trotzdem haben Sie kürzlich den Wiener Theatern die Aufführung Ihrer Stücke bis auf weiteres untersagt.

THOMAS BERNHARD: Ich habe das nicht so ernst gemeint. Aber ich überlasse meine Figuren nicht gerne dilettantischen Tiefschlägern.

FRAGE: Haben Sie schlechte Erfahrungen mit dem Wiener Burgtheater?

THOMAS BERNHARD: Ich hab' nur schlechte Erfahrungen mit dem Burgtheater, ich nehme das aber nicht sehr ernst. Ich will bloß nicht, daß die dort ein Stück von mir machen.

FRAGE: Ist das ein Verbot für die Wiener, Sie zu spielen?

THOMAS BERNHARD: Verbot, das klingt zu großartig.

FRAGE: Zurück zum Österreichischen. Sie haben nie gezögert, den Österreichern alles nur erdenklich Böse anzuhängen. In einem Beitrag zum Nationalfeiertag 1977 haben Sie geschrieben, daß Ihre Regierungen in den letzten Jahrzehnten zu jedem Verbrechen an diesem Österreich bereit gewesen wären. Die Regierungen hätten »an diesem Österreich

nur jedes denkbare Verbrechen begangen, unter Ausnutzung dieses von Natur aus verschlafenen Volkes die Gemeinheit und Brutalität schließlich zu der einzigen Kunst gemacht, die sie beherrschen und die sie bewundern und in die sie tatsächlich vernarrt sind«. Das ist doch ein genereller Mißtrauensantrag gegen jede österreichische Regierung.
THOMAS BERNHARD: Ja, gegen alle diese Leute, die die Macht und den Mißbrauch der Macht gewohnt sind.
FRAGE: Mit ähnlich heftigen Worten sind Sie aus der Deutschen Akademie für Sprache und Dichtung ausgetreten.
THOMAS BERNHARD: Bei näherer Betrachtung ist die Akademie für Sprache und Dichtung das Letzte ...
FRAGE: Aber solange Walter Scheel nicht drin war, schien Sie das nicht zu stören? War Ihnen die Wahl von Walter Scheel in die Akademie ein willkommener Vorwand zum Austritt?
THOMAS BERNHARD: Er war mir als Erscheinung widerwärtig.
FRAGE: Warum?
THOMAS BERNHARD: Das ist eine schwierige Frage. Fragen sind immer korrekt, Antworten sind immer falsch, unrichtig.
FRAGE: War es wirklich die Person Scheel, die Sie zum Austritt bewogen hat, oder wäre Ihnen jeder andere Präsident, etwa Carstens oder Heinemann, auch recht gewesen?
THOMAS BERNHARD: Mir ist jeder recht. Und ich hätte genauso reagiert.
FRAGE: Bei allen dreien gleich?
THOMAS BERNHARD: Ja. Auch bei Giscard d'Estaing, auch wenn die Margaret Thatcher oder sonstwer von Staats wegen dazugekommen wär'.
FRAGE: Sie müssen doch vorher am Akademie-Leben teilgenommen haben, jedenfalls hat es den Anschein, wenn man Ihre boshaft genauen Schilderungen der Akademie-Tagun-

gen liest, wo Sie die Mischung aus Eitelkeit, Senilität, Leerlauf und Spesenrittertum beschreiben.

THOMAS BERNHARD: Ich war nie dabei. Aber die Akademie spiegelt sich ja in ihren Veröffentlichungen.

FRAGE: Sie haben sich verbeten, daß diese Veröffentlichungen in Ihr Haus kommen.

THOMAS BERNHARD: Das kann ich nicht verhindern. Der Briefträger schmeißt's herein.

FRAGE: Sind Sie noch irgendwo Mitglied in einer ähnlichen Akademie?

THOMAS BERNHARD: Ich bin Krankenkassenmitglied.

FRAGE: Und sonst?

THOMAS BERNHARD: Nichts mehr.

FRAGE: Sie sind nicht immer sehr konsequent gewesen, Sie haben doch beispielsweise Preise und Ehrungen angenommen.

THOMAS BERNHARD: Niemand kann konsequent sein, man wird sich immer wieder selbst bei einer Inkonsequenz erwischen können.

FRAGE: In der Dankrede haben Sie's den Preisverleihern ja schon wieder heimgezahlt. Würden Sie jemals wieder einen Preis annehmen, etwa den Nobelpreis?

THOMAS BERNHARD: Weder einen Preis noch eine Ehrung oder Auszeichnung.

FRAGE: In Ihrem neuen Stück schildern Sie die zwangsläufige Lächerlichkeit eines Preiszeremoniells.

THOMAS BERNHARD: Lächerlich habe ich das immer schon gefunden, als ganz Junger mit 15 oder 16. Es war ja auch bei allen Preisen, die ich bekommen hab', etwas Komisches.

FRAGE: Ist ein Preis nicht immer auch ein Versuch, den Künstler mundtot zu machen?

THOMAS BERNHARD: Man will ihn befriedigen, also ungefährlich machen.

FRAGE: Worin besteht die Gefährlichkeit des Schriftstellers?

In einer kleinen Prosaskizze beschreiben Sie, wie der Autor im Theater sitzt und Leute erschießt, die in seiner Komödie an den falschen Stellen lachen. Sie selbst führen sich im Theater ja weit moderater auf, wenn Sie überhaupt hineingehen. Was ist der Unterschied zwischen dem Geschriebenen und der Wirklichkeit? Sie wissen ja, wir haben jetzt in Deutschland eine sehr skurrile Diskussion in Augsburg, weil der Filmemacher und Theaterregisseur Schroeter von einem Weißwurst-Attentat gegen Strauß phantasiert hat und sich selbst eine Totschlage-Stimmung bescheinigte – ganz ähnlich wie Ihr schießender Theaterautor.

THOMAS BERNHARD: Auch ich könnte auf dem Papier öfter jemanden umbringen. Aber eben nur auf dem Papier.

FRAGE: Und haben Sie Angst, daß irgend jemand das als Rezept nimmt, was auf dem Papier steht?

THOMAS BERNHARD: Das kann man nicht verhindern.

FRAGE: Tötet man auf dem Papier, damit man sich's in Wirklichkeit erspart?

THOMAS BERNHARD: Das kann ich nicht beantworten.

FRAGE: Ihr Hang zur Morbidität erweist Sie als eine Art romantischer Schriftsteller, der einen Zusammenhang zwischen Krankheit und Kunst, zwischen Wahnsinn und Kunst, zwischen Anarchie und Kunst sieht.

THOMAS BERNHARD: Ja, das trifft es schon. Das ist, glaub' ich, wie beim Träumen, das können Sie auch nicht verhindern, wohin Ihre Träume gehen, notfalls kann man Sie wecken, dann passiert das Schlimmste, aber Sie haben keinen wirklichen Einfluß darauf.

FRAGE: Halten Sie Kritik, die an Ihnen geübt wird, für gerechtfertigt?

THOMAS BERNHARD: Jede Kritik ist gerechtfertigt, aber ob sie trifft, das weiß man ja nicht, es kann jeder sagen, was er will, und man kann es nicht ändern, warum sollte man irgendeine Kritik ändern?

FRAGE: Wie sind denn Ihre Erfahrungen mit Kritiken und Zeitungen?

THOMAS BERNHARD: Zwischen grauenhaft und ganz lustig.

FRAGE: Was ist das Grauenhafte?

THOMAS BERNHARD: Das ist eigentlich sehr weit zurück, das ist etwa 15 Jahre zurück.

FRAGE: Das heißt doch, das Grauenhafte war damals da, weil Sie sich noch nicht wehren konnten.

THOMAS BERNHARD: Weil damals alles überdimensioniert war. Auch als Kind oder kleiner Junge, dann ist das alles viel größer, die Berge, die Schneehaufen. Die Winter sind kälter, die Sommer sind heißer.

FRAGE: Also der Thomas Bernhard ist reifer geworden, und es macht ihm Spaß, in der Zeitung zu lesen, weil er so auch nicht mehr teilzunehmen braucht.

THOMAS BERNHARD: Wenn ich eingehen würde, also wenn ich draufgehen würde, wenn ich mich nicht mehr bewegen könnte, dann würde ich es wahrscheinlich ideal finden, im Kaffeehaus zu sitzen bei zugezogenen Vorhängen. Aber nicht so weit zugezogen, daß man nicht mehr lesen kann. Es wäre schön, die Welt nur noch aus der Zeitung zu erfahren. Dann lese ich nur noch die Welt aus der Zeitung.

FRAGE: Lieber noch im Bett liegen und ein bißchen krank dabei sein?

THOMAS BERNHARD: Das wäre ein großer Genuß, glaube ich. Ein bißchen krank sein ist ja sehr schön. Und immer so bis an den Rand. Obwohl natürlich, wenn man den überschreitet und tot ist, kann es auch nur ein großer Genuß sein.

FRAGE: Darüber gibt's kaum verläßliche Auskünfte.

THOMAS BERNHARD: Das einzige, was ich glaube, daß eben nachher nichts mehr ist.

FRAGE: Wenn jemand in Ihren Büchern schreibt oder nachdenkt, dann leidet er eigentlich immer darunter, daß er sich was ausgedacht hat und daß er jetzt von dem, was er sich ausgedacht hat, gefesselt ist, versklavt wird. Ist das Ihre Situation?

THOMAS BERNHARD: Ich glaube ja. Wenn das Buch, also das Manuskript, völlig fertig ist, dann ist die Sklaverei zu Ende. Eine neue beginnt. Nämlich die des Nichtschreibens und Nichtgefesseltseins.

FRAGE: Man hat den Eindruck, daß Ihre Stücke immer auch Wiederholungen ein und desselben Stückes sind.

THOMAS BERNHARD: Das ist wahrscheinlich ganz richtig. Weil die Prosa ja auch so ist.

FRAGE: Also ist das Geschriebene doch nicht so weit weg und erledigt?

THOMAS BERNHARD: Im Grunde ist es immer die eine gleiche Prosa und die eine Art, für die Bühne zu schreiben.

FRAGE: Aber auf einmal gibt es unter Ihren Figuren, die alle auch ein Stück von Ihnen sind, eine, die Filbinger ähnelt. Die kann doch nicht mit Ihnen verwandt sein?

THOMAS BERNHARD: Also mißverstehen Sie mich nicht. Ich habe das Gefühl, daß ich und alle anderen mit allen verwandt sind. Daß auch ein Filbinger in mir ist wie in allen anderen. Daß auch der liebe Gott in einem ist und die Nachbarin und überhaupt alles, was lebt. Man könnte sich mit allen identifizieren. Das ist die Frage, wie weit unterdrückt man und beherrscht man alle diese Millionen oder Milliarden von Möglichkeiten von Menschen, die man in sich hat?

FRAGE: Das ist einsehbar. Aber stört es Sie nicht, wenn man Ihre Stücke so eindeutig übersetzt und sagt, da sei in Stuttgart ein Filbinger-Stück zur Filbinger-Affäre gelaufen?

THOMAS BERNHARD: Nein, das ist Unsinn, daß jemand sagt, das ist ein Filbinger-Stück. Weil das mit Filbinger nichts zu tun hat. Nur mit einer Person, die ähnliche Züge hat.

FRAGE: Und jede Ähnlichkeit ist rein zufällig?

THOMAS BERNHARD: ... nein, die ist natürlich nicht zufällig. Ich bin durch das Zeitunglesen schon auf diese Nazi-Fossilien gestoßen.

FRAGE: War das kleine Minidrama für die »Zeit«, in dem eine Nazi-Familie Suppe ißt, die erste Version?

THOMAS BERNHARD: Nein, das Stück wollte ich überhaupt nicht schreiben. Der Henrichs von der »Zeit« bat mich um ein Stück. Ich hab' es geschrieben. Und ich sehe das noch hineinfallen in den Papierkorb und sage: »So, das hab' ich erledigt!« Aber dann hab' ich's wieder herausgeholt, getippt und habe es weggeschickt.

FRAGE: Sie haben eine Komödie über Kant geschrieben, in der ein Held namens Kant nach Amerika zu einer Augenoperation fährt. »Ich bringe Amerika die Vernunft«, sagt er, »Amerika gibt mir das Augenlicht.« Ist das die Formel, auf die sich Ihr Verhältnis zum Publikum bringen läßt?

THOMAS BERNHARD: Das stimmte, weil ich ja einen akuten grünen Star hatte und zu erblinden drohte. Und daher zur Operation mußte. Aber das war überhaupt nur der erste Einfall für dieses Stück.

FRAGE: Also doch ein Künstlerdrama?

THOMAS BERNHARD: Kein Künstlerdrama. Ein Augendrama. Das Drama vom grünen Star.

FRAGE: Und die Rollstuhldramen?

THOMAS BERNHARD: Das hängt zusammen. Man muß ja nicht unbedingt, wenn man einen zerschlagenen Kopf hat, über den Kopf schreiben.

FRAGE: Und wenn Sie das Stück Theaterleuten übergeben haben, kontrollieren Sie dann, was daraus wird?

THOMAS BERNHARD: Übergeben heißt kotzen. Und das kann echt miteinander zusammenhängen. Und hängt wahrscheinlich wirklich zusammen.

FRAGE: Es ist ja eher eine Mär, die Thomas Bernhard um sich verbreitet, daß er zum Beispiel nicht zu Premieren geht.

Man sieht ihn doch bei Premieren, zwar versteckt, aber er guckt sich seine Stücke doch an.

THOMAS BERNHARD: Ja, das war verschieden. Manchmal hat es mich interessiert und mehr auch nicht. Ich bin auch schon davongelaufen. Die »Jagdgesellschaft« in Wien habe ich von Anfang an gesehen und vom ersten Wort an gemerkt, daß das Ganze baden geht und erledigt ist. Ich lauf' den ersten Akt hinaus und war auf der Galerie oben und habe meinen Mantel genommen bei der Garderobiere, und die hat gesagt: »Ach, gefällt es Ihnen auch nicht?«

FRAGE: Sie haben Schauspieler gelernt?

THOMAS BERNHARD: Ja, so sagt man wohl. Ja und nein. Ich habe heute nichts mehr damit zu tun, auch nicht mit der Musik, mit allem, was ich gelernt hatte, hatte ich später nichts zu tun.

FRAGE: Und Sie sind dann zufällig wieder darauf zurückgekommen? Und Sie sind auch so sehr dem Theater verfallen, daß Sie sogar einen Schauspieler gefunden haben, der für Sie eine Idealverkörperung ist. So sehr, daß Sie ein Stück nach ihm benannt haben.

THOMAS BERNHARD: Mit Minetti ist es etwa so, als hätte ich mich selbst gefunden.

FRAGE: Sogar das Drama über Minetti für Minetti ist das Drama eines Unglücks, eines Mißerfolgs. Berauschen Sie sich am Unglück?

THOMAS BERNHARD: Ich bin ja ein Berserker, wie soll ich sagen, ich will ja gut schreiben, ich will mich ja auch immer verbessern. Das heißt aber, ich müßte mich immer mehr vergrauslichen und immer mehr verfürchten und verfinstern im Bösen, damit ich besser werde.

FRAGE: Strengt Sie das an, so bös zu sein, so grauslich zu sein? Müssen Sie sich das vornehmen, sich sagen: »Jetzt will ich aber schön scheußlich sein«?

THOMAS BERNHARD: Ich glaube, ich bin von Natur aus

bös', und die Anlage ist nicht anstrengend, aber die Ausführung ist schwierig.

FRAGE: Sie haben ja mal geschrieben, Salzburg sei die Stadt mit den meisten Selbstmorden.

THOMAS BERNHARD: Ja, das habe ich nur abgeschrieben, das ist ja amtlich festgestellt, daß dort Selbstmorde konzentriert sind.

FRAGE: Wie erklären Sie sich das?

THOMAS BERNHARD: Erstens einmal aus der Lage der Natur, das Eingeschachtelte in den Felsen, Salzburg ist wirklich arg feucht ... Da regnet es Selbstmordtote, im Herbst, zum Schulbeginn, im Oktober ist alles voll. Aber das ist Statistik und nicht interessant.

FRAGE: Interessant wäre nur das Einmalige für Sie?

THOMAS BERNHARD: Für mich wäre interessant, wenn ich mich umbringen würde und mich nachher beobachten könnte.

FRAGE: Das geht aber leider nicht.

THOMAS BERNHARD: Daß das nicht geht, ist meine größte Enttäuschung.

FRAGE: Was hat der Thomas Bernhard für ein Verhältnis zu Kollegen, zu anderen Schreibenden? Fühlt er sich mit denen solidarisch?

THOMAS BERNHARD: Mit welchen? Mit Lebenden?

FRAGE: Mit Lebenden zunächst mal.

THOMAS BERNHARD: Ich habe mit niemandem etwas zu tun. Ich könnte mich nicht erinnern.

FRAGE: Weil Sie für besser halten, ein Einzelgänger zu sein?

THOMAS BERNHARD: Das ist sehr schwer zu sagen.

FRAGE: Also, wir haben vorhin von der Akademie gesprochen. Können Sie sich vorstellen, es gäbe heute noch die Gruppe 47? Könnten Sie sich vorstellen, zu einem solchen jährlichen Schriftstellertreffen zu fahren?

THOMAS BERNHARD: Ich wäre hingefahren vor 15 Jahren

noch oder vor 20, wenn man mich eingeladen hätte, damals. Ich habe da sicher den Wunsch gehabt, eingeladen zu werden, aber das war halt nicht. Im nachhinein ist es mir egal.

FRAGE: Jetzt würden Sie nicht mehr hingehen?

THOMAS BERNHARD: Nein, wenn es die Gruppe 44 oder 88 gäbe, nein, weil ich keine Lust habe, mit Schriftstellern zusammenzusein.

FRAGE: Was stört Sie an anderen Schriftstellern? Warum haben Sie keine Lust?

THOMAS BERNHARD: Erstens stört mich, daß sie auch Schriftsteller sind.

FRAGE: Konkurrenzneid?

THOMAS BERNHARD: Es ist ja jeder Mensch ein Konkurrent. Innerhalb dessen, was sie machen, sind Schriftsteller natürlich noch größere Konkurrenten.

FRAGE: Aber gibt es denn keinen, bei dem Sie sich fast wie ein Bruder fühlen, als Zwilling oder als Kumpel?

THOMAS BERNHARD: Ich habe einen leiblichen Bruder.

FRAGE: Nein von den Schriftstellern.

THOMAS BERNHARD: Ich weiß schon, ich brauche keinen Schriftsteller-Bruder, ich habe auch nie einen gehabt. Ich liebe Wittgenstein und Thomas Wolfe, das sind Sachen, die mich über Jahrzehnte brüderlich begleiten, die liebe ich innigst bis ans Lebensende und über den Tod hinaus, wie das so schön heißt. Aber Lebende? Wahrscheinlich les' ich auch zu wenig. Ich meine, ich lese ja nicht alles, was da von Südamerika kommt.

FRAGE: Lesen Sie alles, was aus Österreich kommt?

THOMAS BERNHARD: Nein, da würde man ja verrückt werden, dann müßte man Tag und Nacht lesen, und das kann man nur, wenn man stumpfsinnig ist.

FRAGE: Wenn man Sie mit anderen Österreichern manchmal vergleicht, sagen wir mal mit Handke, was sagen Sie dann dazu? Sehen Sie da Ähnlichkeiten, Gemeinsamkeiten?

THOMAS BERNHARD: Gar keine Ähnlichkeit, Handke ist ein intelligenter Bursche, und ich möchte keines seiner Bücher geschrieben haben, aber alle meine.
FRAGE: Das ist klar. Wie steht's mit Jandl?
THOMAS BERNHARD: Das lehne ich völlig ab. Das sind Schullehrertypen, die sich auch nie trennen können von ihrem Geschäft. Die können sich auch den Einsatz gar nicht leisten, sich in etwas einlassen.
FRAGE: Und andere Bühnenautoren?
THOMAS BERNHARD: Ich bin begeistert von Hochhuth, persönlich. Es ist grauenhaft, was er schreibt.
FRAGE: Und Botho Strauß? Sie und Botho Strauß gehören zu den meistgespielten deutschen Gegenwartsdramatikern.
THOMAS BERNHARD: Ja, Botho Strauß. Das hängt mit Peter Stein und der Schaubühne zusammen: Für mich ist, was der Stein macht, kein Theater. Das ist eine Kirche, auf der er seinen Altar baut und dann die Götterfiguren errichtet. In Kirchen gehe ich nicht. Der Strauß ist wie ein Ministrant vom Stein, und so schreibt er auch jetzt. Sehr erfrischend, sehr charmant, ich mag ihn unglaublich gern, aber ich glaube nicht, daß das in zehn Jahren noch einen interessiert, was er jetzt schreibt.
FRAGE: Sind Sie davon überzeugt, daß man in zehn Jahren von Ihren Stücken noch was weiß?
THOMAS BERNHARD: Ich glaube nicht, daß man sie vergessen hat. Beim Strauß liegt es, glaube ich, an der Sprache, an dem Jargon, der vorübergehend sehr, sehr schön ist, wie ein Fliederduft vor meinem Haus.
FRAGE: Mit anderen Worten: Sie sagen, Ihre Sprache ist für die Ewigkeit.
THOMAS BERNHARD: Für die Ewigkeit ist überhaupt nichts.
FRAGE: Aber für die mittlere Ewigkeit, das sind Sie, Strauß ist für die schnell vergängliche.
THOMAS BERNHARD: Ich bin für die mittlere Ewigkeit. Vielleicht. Ja.

FRAGE: Und andere sind schnell vergänglich?

THOMAS BERNHARD: Na ja, Vergänglichkeit ist auch etwas Schönes. Es gibt ja nichts Furchtbareres als ewig Bestehendes. Ich möchte auch gar nicht, daß alles, was mit mir zusammenhängt, überhaupt bestehen bleibt, hab' überhaupt kein Interesse daran, nur es könnte sein, daß es meinen Sachen eher widerfährt.

FRAGE: Also Sie finden Peter Steins Theater wie eine Kirche?

THOMAS BERNHARD: Das ist kein Theater für mich, was der Stein macht, Samt, Seide, Purpur, das sind Kirchenrequisiten. Das ist, wie sagt man?

FRAGE: Sakral?

THOMAS BERNHARD: Sakral. Das hat mit Theater überhaupt nichts zu tun.

FRAGE: Was war denn, als Ihr »Ignorant und der Wahnsinnige« in Salzburg gespielt werden sollte und man sogar die Notbeleuchtung während der Vorstellung ausmachen sollte, weil sie die Aufführung angeblich zu stören drohte. War das auch Kirche?

THOMAS BERNHARD: Das habe ich nicht mitbekommen, weil ich nicht Zeuge dieser Sache war.

FRAGE: Aber das geschah doch auf Ihren Wunsch mit?

THOMAS BERNHARD: Nein, das hat sich so irgendwie ergeben bei denen, die es gemacht haben. Ich habe keinen Einfluß gehabt, nur war ich logischerweise auf der Seite derer, die dort letzten Endes betrogen worden sind.

FRAGE: Gehen Sie denn gern ins Theater? Und wo gehen Sie ins Theater?

THOMAS BERNHARD: Ich gehe einmal im Jahr ins Theater und dabei in mein eigenes Stück. Und das ist natürlich auch nicht mehr mein eigenes, weil es durch die Schauspieler und den Regisseur zu deren Stück gemacht worden ist, letzten Endes. Es hat zwar meinen Titel, die Personen heißen so,

wie ich sie genannt habe, aber schon, was sie sprechen, ist im Grund so völlig abgehoben von dem, was sie von mir aus gesprochen hätten oder gesprochen haben.
FRAGE: Also ist es bereits schlechter geworden ...
THOMAS BERNHARD: ... das würde ich nicht sagen, es kann unter Umständen viel besser sein, aber es ist anders. Es ist anders und ist auch irgendwann eine große Enttäuschung und eine grobe Verfälschung, was bei der Prosa nicht passieren kann, denn da ist nichts mehr zu ändern. Zwar wird auch da ununterbrochen verfälscht. Ich meine: Nur der Titel bleibt zufällig derselbe.
FRAGE: Wie wäre es mit einem Theater, für das Sie schreiben, das Sie selbst inszenieren und bei dem Sie Ihr eigener Zuschauer sind?
THOMAS BERNHARD: Das wäre mir unendlich langweilig, und das wäre mir wirklich zum Kotzen.
FRAGE: Aber das wäre doch das Ideale, Sie wären nicht enttäuscht.
THOMAS BERNHARD: Vorerst wäre ich von mir mal enttäuscht.
FRAGE: Können Sie sich überhaupt enttäuschen?
THOMAS BERNHARD: Ich bin jeden Tag maßlos enttäuscht. Im Moment, im Augenblick immer.
FRAGE: Was hält Thomas Bernhard von seinem Publikum, von seinen Lesern?
THOMAS BERNHARD: Ich kenne es gar nicht und will es auch gar nicht kennen.
FRAGE: Da gibt es keine Ausnahmen?
THOMAS BERNHARD: Wenn das solche sind wie die, wie heißt sie, Ria Endres, die über mich geschrieben hat, na ja, das hat auch einen Sinn, die hat ihren Doktor gemacht, die hätte das auch über einen anderen machen können, aber da war zufällig ich da.
FRAGE: Ria Endres hat Sie als Male-Chauvinisten, als Frau-

en-Verächter dargestellt. Und in der Tat sind Ihre Frauen die dummen, unterwürfigen Opfer tyrannischer Männer.

THOMAS BERNHARD: Es gibt auch in Wirklichkeit viele Frauen, die glücklich sind, wenn sie nur die Kotze von sozial Benachteiligten aufwischen dürfen. Für die Probleme von Ria Endres bin ich nicht verantwortlich. Wahrscheinlich wäre ihr geholfen, wenn sie, meinetwegen, nach Mexiko ginge und sich nackt auf einen Berg setzte. Aber es ist schön, daß sie mit mir ihren Doktor machen konnte.

FRAGE: Wenn Sie schon die Welt nicht verbessern, verhelfen Sie doch beispielsweise Frau Endres zum Doktortitel.

THOMAS BERNHARD: Man hilft vielen Leuten zur Beschäftigung und, wie es so schön heißt, zu Brot und Wasser. Bühnenarbeitern, Druckern, Papierfabrikanten. Es ist nicht nur so, daß alles, was man macht, in der Luft hängt.

FRAGE: Wir haben jetzt also herausgekriegt, Sie schreiben, weil Sie schreiben müssen, aber schreiben eigentlich für niemand.

THOMAS BERNHARD: Muß – müssen – man muß gar nichts, doch, ich muß essen, trinken, und man muß das Essen und Trinken einfach wieder verschwinden lassen, das muß man, alles andere muß man nicht, wahrscheinlich muß man überhaupt nichts, aber es ist eine Vorliebe, eine Leidenschaft, würde ich sagen, man könnte sie auch abbrechen.

FRAGE: Sie haben gesagt, Sie stehen unter Druck, solange Sie schreiben, bis Sie fertig sind. Und wenn Sie fertig sind, stehen Sie unter Druck, weil Sie nicht unter Druck stehen.

THOMAS BERNHARD: Der Schriftsteller steht natürlich immer unter Druck, was ja mit Drucken und Druckern zusammenhängt – aber das war jetzt auch wieder kokett.

FRAGE: Können Sie von Ihrem Schreiben leben, gut leben?

THOMAS BERNHARD: Also, ich lebe so, wie ich will.

FRAGE: Und haben Sie damit rechnen können, als Sie anfingen zu schreiben?

THOMAS BERNHARD: Nein, ich habe mit nichts gerechnet. Ich war sehr berechnend, aber ich habe mit nichts gerechnet.
FRAGE: Der Erfolg, befriedigt er die Eitelkeit oder befriedigt er sie nicht? Gehört Erfolg dazu zum Schriftstellerleben, braucht man das?
THOMAS BERNHARD: Wenn man Erfolg hat, soll man nicht fragen, was das ist. Also auch einen, der keinen hat, soll man das auch nicht fragen.
FRAGE: Kann man Sie fragen, ob es Ihnen Spaß macht, Erfolg zu haben?
THOMAS BERNHARD: Mir macht es großen Spaß. Mißerfolg find' ich scheußlich, obgleich der Mißerfolg nützlicher ist als der Erfolg.
FRAGE: Also der Erfolg macht Spaß, aber einen Preis wollen Sie nicht haben. Ist das logisch?
THOMAS BERNHARD: Der Preis hat mit Erfolg bei mir nichts zu tun, das sehe ich nicht als Erfolg an, daß irgendwelche Leute irgendwo aus irgendeinem Grund aus Berechnung irgend so was ausschlachten, indem sie einen Preis geben, wo ist da der Erfolg?
FRAGE: Wie messen Sie denn den Erfolg?
THOMAS BERNHARD: Erfolg wäre, wenn ich mein Manuskript einem Verleger schicke und der nicht lang fragt; er setzt es, druckt es, das finde ich eigentlich schon den ganzen Erfolg.
FRAGE: Also Publizieren würde Ihnen wirklich genügen, das wäre egal, ob das 200 oder 200 000 Exemplare sein würden?
THOMAS BERNHARD: Es würde mir genügen, möglichst korrekt mit möglichst wenig Druckfehlern, möglichst einfach, ohne graphische Kinkerlitzchen gedruckt zu werden. Und daß ich leben kann. Alles andere brauch' ich nicht. Das ist mir eher immer grauslich, was nachher kommt.
– Herr Bernhard, wir danken Ihnen für dieses Gespräch.

Bernhard
Ohlsdorf
16. 12. 80

Sehr geehrter Herr Ruiss,
meine Existenz als Schriftsteller in Österreich, das meine natürliche Heimat ist, war von Anfang an von bösartiger Verleumdung und Ignoration begleitet gewesen und immer sind auf Perioden gehässiger Verleumdungen solche der totalen Ignoration gefolgt und da ich meine Landsleute kenne, wird sich auch in Zukunft daran nichts ändern, die Verleumdung wird eine noch größere sein, die Ignoration eine totalere, ich kenne die Situation jetzt schon über drei Jahrzehnte, so lange schreibe und veröffentliche ich. Als mein »Frost« erschien, hat Herr Hartl, der noch heute mit demselben Kopf schreibt, geschrieben, ich sei nichts, und hat sich über mich lustig gemacht, und über die auf »Frost« folgenden Bücher haben die österreichischen Zeitungen nichts anderes zum besten gegeben. Und als meine »Jagdgesellschaft« im Burgtheater aufgeführt worden ist, hat eine Delegation von Schriftstellern, allen voran der Präsident des Kunstsenats, Herr Henz, bei unserem Kunst- und Kulturminister dagegen protestiert, das Burgtheater solle nicht mich, sondern Herrn Henz aufführen, wenn es nicht wahr wäre, man dürfte es nicht erfinden. Als man mir mit vierzig, in einem Alter also, in welchem man das gar nicht mehr gestatten sollte, den sogenannten Kleinen Staatspreis für Literatur gegeben hat, nannte mich am Ende von ein paar Sätzen, die ich gesagt habe und die bekannt sind, der damalige Kunst- und Kulturminister Piffl-Perčević still vor sich hin einen »Hund« und verließ den Audienzsaal, nachdem er mich vorher in seiner

»Rede« als einen Holländer bezeichnet und einen Roman über die Südsee als von mir geschrieben erwähnt hatte. Der Minister war mit erhobener Hand auf mich losgegangen, hatte den Saal verlassen, nicht ohne die Audienzsaaltür zuzuschmeißen, wie ich sagen muß. Hinter ihm her die Pfründenempfänger, über hundert, die den Saal gefüllt hatten. Bei dieser Gelegenheit hatte mir Herr Henz die Fäuste gezeigt und mich als ein »Schwein« apostrophiert. Den Wildganspreis, den ich in der Zwischenzeit »verliehen« bekommen hatte, schickte man mir in einer schäbigen Papprolle zu, weil man, nachdem der Minister seine Anwesenheit in der Industriellenvereinigung verweigert hatte (»Zu einem Herrn Bernhard gehe ich nicht!«), den »Festakt« abgesagt hatte. Den Grillparzerpreis konnte man mir in der Akademie der Wissenschaften nur mit langer Verspätung »verleihen«, weil mich keiner von denen, die mich auszeichnen wollten, überhaupt kannte und man mich erst aus der zehnten Publikumsreihe heraussuchen mußte.
Ich könnte Ihnen noch eine endlose Reihe von Brüskierungen aufzählen, mir selbst macht das gar keine Lust. Es ist eine endlose Kette von ganz bewußten Verdrehungen der Tatsachen, ganz bewußten Erniedrigungen meiner Person. Ein ganzes Buch müßte ich schreiben nur aus Fakten, die beweisen, wie man mit einem Menschen wie ich, der nichts anderes tut, als schreiben, verfährt, ihn im Grunde mit allen Mitteln zum Schweigen bringen will. Wäre ich auf diese unsere österreichische Gesellschaft angewiesen, wäre ich längst, um es kurz zu sagen, verhungert. In Österreich hätte ich nicht ein Zehntel des Einkommens meiner »Bedienerin«. Aber eine doch sehr starke Natur hat mich früh hellhörig und immun gemacht gegen die Gemeinheit meiner Landsleute, die nichts geringer schätzen als die Literatur und diejenigen, die sich der Literatur verschworen haben. Ich habe mich mit der totalen Geistlosigkeit dieser Gesellschaft abge-

funden und hege nicht einmal mehr den geringsten Vorwurf, ich darf ihn mir nicht mehr erlauben, denn ich will meine Arbeit fortsetzen und mich nicht durch die Übermacht des Stumpfsinns, der hier herrscht, schwächen lassen.

Eine Brüskierungsliste würde so lang sein, daß sie mir viel zuviel Papier aus meiner Lade nimmt. Und es purzelten so viele bekannte Namen aus meiner Maschine, die sich gemein und niederträchtig und verlogen und alles, nur nicht kollegial benommen haben, daß mich selber vor einem solchen Vorhaben grausen muß. Aber immerhin: solange Leute, die sich Präsident des Kunstsenates dieses Staates nennen und mit Fäusten auf Kollegen losgehen und sich nicht schämen, dem zuständigen Minister nahezulegen, Kollegen nicht aufzuführen, wird sich auf dieser perversen Bühne meines Heimatlandes nichts ändern. Und ich habe naturgemäß keine Lust, auf diese Bühne zu steigen, auf welcher jeder, der an der Wahrheit hängt, zu einer lächerlichen Figur gemacht wird.

Ich lebe hier in Österreich, weil ich nicht anders kann, weil ich an die Landschaft gebunden bin. Aber ich will meiner Arbeit zuliebe mit meinen Feinden nichts zu tun haben. Und die Feinde sind überall.

Der »Wiener Montag« hat mich schon vor bald zwanzig Jahren eine Wanze genannt, der Minister Perčević 1967 einen Hund, der Präsident des Kunstsenats Herr Henz ein Schwein und die »Oberösterreichischen Nachrichten« vor noch nicht langer Zeit ein »Gesindel, das über die Grenze abgeschoben gehört«.

Ich kann mir nicht vorstellen, daß Sie von einer Wanze oder von einem Hund oder von einem Schwein oder überhaupt von einem Gesindel auf Ihrem Kongreß etwas haben. Das glauben Sie doch selber nicht!

Ich möchte Ihrem Kongreß alles Gute wünschen und natürlich vor allem, daß auf ihm nicht nur lauter solche Wanzen

und Schweine und Hunde – und überhaupt nur ein solches Gesindel versammelt ist, wie ich selbst.
Herzlich Ihr
Thomas Bernhard

Der pensionierte Salonsozialist

Der im Klappstuhl auf seinem eigenen Balkon sitzende Kleinbürger in der handgestrickten Kleinbürgerweste, der am späten Nachmittag seine grobbesockten Zehen knapp über den abgelegten Gesundheitspantoffeln (aus Holz!) aneinanderreibt, hat schon immer mehr die Rührung aus dem Betrachter herausgezogen denn die kalte Verachtung provoziert, denke ich, auch wenn er, wie in dem Buch* abgebildet, Bruno Kreisky heißt. Millionen solcher Kleinbürger rühren uns in der Dämmerung, wenn wir zu solcher Rührung aufgelegt sind, und wir gönnen ihnen allen den Sonnenuntergang vor dem Eigenheim, gleich durch welche Kassa es finanziert ist; sie genießen ihr zu Ende gehendes Schicksal in Österreich oder auf Mallorca; meistens mit GATTIN daneben, sehen wir sie der Abendsonne entgegenblinzeln und wie sie ihren vom Sozialstaat verwöhnten Bauch im wahrsten Sinne des Wortes zu Grabe tragen.

Herr Kreisky, dem das Buch zum 70. Geburtstag gewidmet ist, wird darin schon als Pensionist dargestellt, obwohl der Kanzler, wie jeder weiß, für alle MERKWÜRDIGERWEISE, für viele ENTSETZLICHERWEISE, noch im Amt ist. Auch amtierend macht er auf diesen Bildern immer den rührenden Eindruck eines gehätschelten Pensionisten, obwohl einen auch die schon erwähnte kalte Verachtung überkommen könnte, wäre man dazu aufgelegt. Herr Kreisky ist, zeigt das Buch, einer von diesen Millionen von österreichischen Pensionisten, nur ist er fatalerweise als einziger unter ihnen dazu auch noch der Kanzler der Republik.

* Gerhard Roth und Peter Turrini: »Bruno Kreisky«. Fotos von Konrad R. Müller, Nicolaische Verlagsbuchhandlung, Berlin 1981, 120 Seiten, S 398. –

26. Januar 1981

Das Buch zeigt Kreisky »Auf der Terrasse des Hauses«, »Auf dem Spaziergang«, »Am Meer«, »Mit seiner Frau«, »Im Kakteengarten«, usw., usw., usw., als dokumentierte es ein typisches Pensionisten- oder auch Rentnerschicksal, und wenn es den jetzt Gefeierten »Im Schloß Belvedere« zeigt, so denkt der Betrachter auch hier, daß da nur ein treugedienter Durchschnittsbeamter am Ende seiner Karriere von unsichtbarer Staatshand belobigt wird.

Der Pensionär Kreisky, den das Buch zeigt, hat die gleichen Leidenschaften und Gelüste wie die Millionen seiner frustrierten Kollegen, die nicht in der Armbrustergasse wohnen und die man niemals auf dem Ballhausplatz sozusagen als Hausherr antreffen wird, wenn er diese Sehnsüchte auch unter seinem Nadelstreifanzug versteckt hat. Der Wohnzimmer-Kaktus, der höhere Gartenzwerg und die Charterflugsehnsucht sind ihm, ob er das will oder nicht, erbarmungslos in sein Gesicht geschrieben. Auch das zeigt das Buch: Ab und zu murmelt er etwas von Musil und Hundertwasser, da staunt dann seine Umgebung. Mit den großen Künstlern und Denkern auf du, heißt es ununterbrochen, aber es sind dann doch nur die Kleinkünstler und die Kleindenker, deren Hände er schüttelt.

In dem ganzen Buch sagt der Herr nichts Bedeutendes oder auch nur irgend etwas Bemerkenswertes, obwohl wir uns zahlloser skurriler Äußerungen aus seinem Mund erinnern; in Wahrheit hat Kreisky nie einen sogenannten bedeutenden Satz geschrieben, wenn er auch, und vor allem im Ausland, das für die deftigen Scherze der Österreicher schon immer aufgelegt war, oft wegen seiner kabarettistischen Satzgebilde zitiert worden ist. Man denke nur an die vielen Faschingsorden, die ihm die Deutschen verliehen haben. Im Ernst: Er hat uns bis jetzt kein ernsthaftes Buch geschenkt, es fehlt ihm also auch diese staatsmännische Attitüde.

Wenn er zu philosophieren glaubte, war es doch immer nur

das schullehrerhafte emsige Weben an der Inkompetenz. Vielleicht weiß er das, und es wurmt ihn wahrscheinlich – überhaupt macht er auf all diesen Fotografien den Eindruck, als wurmte ihn etwas, auf den meisten Bildern wurmt ihn ganz sicher alles, also ein echtes österreichisches Pensionistenschicksal.

Wahrscheinlich bin ich nicht der richtige Besprecher für dieses kuriose Buch, das nur in ausgesuchten Devotionalienhandlungen verkauft werden sollte.

Der Halbseidensozialist, der rosarote Beschwichtigungsonkel und Welt-Handleser zwischen Teheran und New York, zwischen Palma und Unterkleinwetzdorf wird aber hier, das ist das Erschreckende und das Enervierende zugleich, so gezeichnet, wie er wirklich ist, mit seinen eigenen Mitteln, und auf die Frage WAS BIN ICH?, die auf jeder dieser ausgewalzten Seiten ausgestellt ist, wird auf jeder dieser Seiten auch gleich die furchtbare Antwort gegeben: Der sich im tagespolitischen Kleinkram völlig erschöpfende Kanzler von Österreich!

Bruno Kreisky, der Sonnenkönig, zeigt das Buch, ist doch nur ein Höhensonnenkönig, und wo weit und breit keine Sonne mehr ist, reicht, das lehrt uns vor allem die jüngste Geschichte, auch die Höhensonne und also auch ein Höhensonnenkönig im Pensionisten-Look.

Aber das Buch ist auch großartig, Widerspruch hin und her, weil es mit jedem Wort und mit jedem Bild, wie aus einer alpenländischen Zauberkiste, den Kleinbürger, der Kreisky ist, der er aber unter keinen Umständen sein will, immer wieder überraschend hervorzaubert und genauso mit jedem Wort und mit jedem Bild den Staatsmann, der Kreisky mit allen Mitteln sein will und nicht ist und gar nicht sein kann, in dieser alpenländischen Zauberkiste verschwinden läßt.

So miserabel geschrieben und so miserabel fotografiert und am Ende fantastisch authentisch!

Nur ist es, wie gesagt, ein Unglück, daß der Mann aus der Zauberkiste der Kanzler unserer Republik ist.
Im ganzen Buch sucht man vergeblich nach einem Geist, nicht einmal einen Ungeist findet man, nur den Kleingeist.
Andererseits ist in dem Buch alles wahr, es ist ganz aus dem Stoff, aus dem unser Kanzler ist. Von den Höhen des Größenwahns führt es in die Niederungen der Platitüden und vollkommen logisch in die Tiefen des häuslichen Seelenkitsches. Nichts ist ausgelassen, was des Kleinbürgers Herz bewegt und schließlich lebenslang schlagen läßt.
Wir sind Zeuge einer rührseligen und verlogenen Welt, deren Mittelpunkt unser Geburtstagskind ist.
Nicht nur die Sprache stelzt durch das ganze provinziell-pompös-aufgeschranzte Buch, auch der Kanzler. Und wenn er nicht stelzt, so sitzt er gespreizt oder reckt, während er geht, seinen Kopf in die Unendlichkeit. Dann zeigt er sich wieder müde und abgespannt von den Mühen des Weltenlaufes, wie große Männer, die Weltgeschichte machen, halt so sind – und dann wieder leutselig wie ein Hutschenschleuderer.
Das Buch hat einen Höhepunkt: Es zeigt Harold Macmillan, den früheren britischen Premier und Außenminister, in einem Fahrgastwagen des Flughafens Schwechat. Der Riese Macmillan (einer der größten Verleger und geistvollsten Männer Englands!) erdrückt auf Seite 54 den Zwerg Kreisky. Erbarmungslos.
Kreisky: der Pensionist in der Kanzlerbrust gegen den Kanzler in der Pensionistenbrust. Eine echt österreichische Fatalkatastrophe, mit welcher wir fertig zu werden haben.
Er ist kein GROSSER Jude, er ist, wir wissen es, kein GUTER Jude. Er ist (schon lange) ein schlechter Bundeskanzler.
Eigentlich ein schon über Gebühr strapazierter, längst der Lächerlichkeit anheimgefallener alter, am eigenen Murren würgender sturer Sozimonarch, ein vom jahrzehntelangen

Auswaschen schon bis zur Unkenntlichkeit gebleichter ehemaliger roter Raubritter ohne Zähne, der es verdient, daß man ihn, wenn auch behutsam, so doch ohne Rücksicht auf Pseudoverluste, vom Thron wischt.

Der Tod, heißt es, macht aus einem Idioten kein Genie, und der siebzigste Geburtstag aus einem politischen Kleinkünstler keinen Staatsmann. Und dieses lächerliche Buch schon gar nicht, das allerdings, wenn auch ungewollt, zweierlei auf das niederschmetterndste bestätigt: Erstens, was Kreisky wirklich ist, nämlich ein inzwischen renitent gewordener Spießbürger, und zweitens, wie schwachsinnig und charakterlos unsere jungen opportunistischen Schriftsteller heute sind.

Wir sollten diese Episode (mit Kreisky) nicht mit einer Epoche verwechseln.

Bernhard
Ohlsdorf

2.2.81

Sehr geehrter Herr Ruiss,
ich habe keinerlei Geheimnisse, und Sie können mit meinem ausführlicheren Brief vom Dezember machen was Sie wollen.
Ich frage mich allerdings, was Schriftsteller zu tun haben in einem Staat wie dem unsrigen, in dem nichts niedriger eingeschätzt ist als die Schriftstellerei, ganz zu schweigen von Denken und Dichten und in dem wir eine schon auf die tödlichste Länge an der Macht befindliche Regierung haben, die nur aus Dummköpfen, Banausen und brutalen Bossen besteht. Glauben Sie wirklich, daß es einen Sinn hat, mit solchen fettgewordenen politischen Kraftmeiern zu verhandeln und sich an den Tisch zu setzen, die in ihrem Kopf nur die brutale Macht haben. Mit dem Schwachsinn und mit dem Banausentum zu verhandeln ist lächerlich und eine von vornherein sinnlose Sache und gegen primitive Gewaltmenschen, wie es nun einmal solche Politiker sind, zu protestieren, genauso.
Sie können sich ganz einfach mit solchen Leuten, die das Kaliber von Konsumvorstehern haben ohne Ausnahme, nicht über die Sensibilität in der Kunst unterhalten.
Ich glaube, Sie werfen auf Ihrem Kongreß tatsächlich Ihre Perlen, die Schriftsteller zum Unterschied von Politikern immer noch am Halse haben, vor die Säue.
Hier in Österreich blockieren ein paar machtgierige und größenwahnsinnige alte Männer alles um sie herum und es ist erstaunlich, wie lange sich vor allem die jungen Menschen

in diesem stinkenden Staatskessel das gefallen lassen. Als gäbe es keine Jugend!

Noch einmal: sich mit der Brutalität und mit politischen Hammerschmeißern an einen Tisch zu setzen, ist gefährlich.

Auch mit diesen Zeilen können Sie machen, was Sie wollen.

Herzlich Ihr

Thomas Bernhard

Schwulst

Ihr Heft Nummer 3 vom Dezember trieft vor Dummheit und Scheinheiligkeit und es halten sich in ihm, klassisch österreichisch, Scheinheiligkeit und Dummheit die Waage.
Herr David Axmann zitiert und erwähnt in seinen leichtfertigen und schlampigen »Entdeckungsreisen ins Vaterland« den von mir hochverehrten Franz Stelzhamer und schreibt verräterischerweise den Namen des oberösterreichischen Poeten gleich zweimal falsch. Stelzhamer heißt Stelzhamer und nicht Stelzhammer, das weiß ich seit meiner Kindheit. Das ist der Unterschied!
Gegen diesen unlauteren Schwulst, den Sie in Ihrem Heft gesammelt haben, gibt es leider nichts.
Thomas Bernhard, Ohlsdorf

Mitglieder der Sozialistischen Partei Österreichs, die hier in meiner Umgebung leben und die mir namentlich bekannt sind, bekommen seit einiger Zeit unaufgefordert das von mir besprochene Buch »Bruno Kreisky«, Nicolaische Verlagsbuchhandlung, Berlin, 1981, *unaufgefordert, aber mit Erlagschein* zugeschickt. Ob diese Adressaten das Buch kaufen oder nicht, steht nicht zur Debatte, fest steht aber, daß alle diese Adressaten einem nicht zu unterschätzenden Parteiendruck ausgesetzt sind. Ich will nicht glauben, kann mir aber vorstellen, was für ein Geschäft mit der sozialistischen Glaubensgemeinschaft die Verlagsanstalt, die das Buch »Bruno Kreisky« herausgebracht hat, mit dem 70. Geburtstag ihres Titelhelden *in Ehre* macht oder schon gemacht hat, wenn ich an die Hunderttausende von Mitgliedern der Sozialistischen Partei Österreichs denke, die möglicherweise alle unaufgefordert, aber mit Erlagschein, dieses stupide Machwerk zugeschickt und auf den Tisch bekommen.
Immerhin kostet ein Exemplar dieses schauerlichen Bilderromans aus der Jetztzeit beinahe *400 Schilling*. Es ist mir naturgemäß interessant, zu wissen, was Herr Kreisky selbst, der Bundeskanzler der Republik Österreich, der in diesem Buch Gefeierte und also mit diesem Buch, wie es scheint, jetzt auch noch mit Brachialgewalt in die sozialistischen Haushalte aller unserer Regionen einziehende fotografierte Heros, zu dieser neuerlichen Geschmacklosigkeit, die einer beispiellosen Nötigung gleichkommt, zu sagen hat.
Thomas Bernhard
Ohlsdorf

Verfolgungswahn?

Als ich in *Hainburg*
plötzlich Hunger hatte,
ging ich in ein Gasthaus
und bestellte mir,
von Krakau kommend,
einen Schweinsbraten mit Knödel
und eine Halbe Bier.
Auf der Fahrt durch die Slowakei
war mein Magen leer geworden.
Ich unterhielt mich mit dem Wirt,
er sagte, die polnischen Juden
hätten sie alle umbringen sollen
ausnahmslos.
Er war ein Nazi.

In *Wien* ging ich ins Hotel Ambassador
und bestellte mir einen Cognac,
einen französischen natürlich, sagte ich,
meinetwegen einen Martell
und unterhielt mich mit einem Maler,
der von sich selbst fortwährend behauptete,
er sei ein Künstler
und wisse, was Kunst sei,
die ganze übrige Welt wisse nicht,
was Kunst sei,
es stellte sich bald heraus,
er war ein Nazi.

In *Linz* ging ich in das Café Draxelmayer
auf einen Kleinen Braunen
und redete mit dem Oberkellner
über das Fußballspiel Rapid gegen LASK
und der Oberkellner sagte,
die Rapidler gehörten alle vergast,
der Hitler hätte heute mehr zu tun,
als zu seinen Lebzeiten,
und es hatte sich bald herausgestellt,
er war ein Nazi.

In *Salzburg* traf ich meinen ehemaligen Religionsprofessor,
der mir ins Gesicht sagte,
daß meine Bücher
und überhaupt alles, das ich bis jetzt geschrieben habe,
Dreck sei,
aber heute könne man den größten Dreck veröffentlichen,
sagte er, in einer Zeit wie dieser,
die nichts als dreckig sei,
im Dritten Reich hätte ich alle meine Bücher
nicht veröffentlichen können, sagte er
und er betonte ausdrücklich, daß ich ein Schwein
und ein falscher Hund sei
und er biß in sein Wurstbrot
und zog mit beiden Händen an seiner Soutane
und stand auf und ging.
Er ist ein Nazi.

Aus *Innsbruck* bekam ich gestern eine Ansichtskarte
mit dem Goldenen Dachl,
auf welcher ohne Angabe von Gründen stand:
solche wie du gehören vergast! Warte nur!
Ich las die Karte mehrere Male
und fürchtete mich.

Ich und meine Arbeit haben so viele Feinde, wie Österreich Einwohner hat, die Kirche, die Regierung auf dem Ballhausplatz und das Parlament auf dem Ring eingeschlossen. Abgesehen von ein paar Ausnahmen. Von diesen Ausnahmen zehre und existiere ich. Damit habe ich Ihre rohe, gleichzeitig delikate Frage genauso ehrlich wie erschöpfend beantwortet.

Alle Menschen sind Monster,
sobald sie ihren Panzer lüften

THOMAS BERNHARD: Gewisse Leute behaupten, ich lebe in einem Elfenbeinturm. Allein schon das Wort ist heutzutage eine Dummheit. Mit einem einfachen Transistor können Sie gleichzeitig mitten im ewigen Schnee und mitten in der Gesellschaft sein. Anonymität findet man heute nicht mehr auf dem Land, sondern in den Großstädten. Die Felder sind Stadtteilen, die Sonnenblumen sind Straßen gewichen. Außerdem: Die Städte sind heute, was früher das Land war, Orte, an denen nie etwas passiert und das Leben, sofern es noch existiert und Sie nicht gerade professioneller Meinungsforscher sind, völlig unsichtbar geworden ist. Als ich mich nach Wanderjahren entschied, mich auf dem Land niederzulassen, war das auf Anraten meines Arztes. »Wenn Sie Ihr Leben nicht ändern«, hatte er mir gedroht, »gehen Sie kaputt.« Obwohl mich das Wort »kaputt« fasziniert hat, habe ich mich für die Ruhe entschieden. Aber es hat nicht lang gedauert, und ich erkannte den Irrtum. Auf dem Land kennt jeder jeden, und man ist jeden Tag, ob man will oder nicht, mit dem Schicksal konfrontiert, in Gestalt von Geburten und Sterbefällen. Hier gibt es viel Industrie, und man stößt bei jedem Schritt auf Opfer, Maschinenkrüppel. Gewiß, ein sehr anregendes Gebiet für einen Schriftsteller.
JEAN-LOUIS DE RAMBURES: Wieso sind Sie so allergisch gegen Interviews?
THOMAS BERNHARD: Versuchen Sie sich vorzustellen, Sie wären an Händen und Füßen an einen Baum gefesselt, und man schießt mit einem Maschinengewehr auf Sie. Glauben Sie, Sie wären dabei entspannt?
Ich gehe vom Grundsatz aus, daß ein Gespräch zwischen

Leuten, die sich nicht kennen, unmöglich ist. Daß Leute, die sich ständig sehen, Ansichten austauschen können, will ich gern zugeben. Sagen wir, ein Ehepaar über ein Küchenrezept. Aber jede andere Form des Gesprächs hat für mich etwas Überzogenes, Verkrampftes. Um so stärker, wenn es sich um Menschen handelt, die sich zum ersten Mal sehen. Das ist ein bißchen wie mit einem Orchester, das mit den Proben anfängt. Es braucht Monate, bis es den richtigen Ton findet. Und wenn man sich dann endlich versteht, wird das Gespräch wieder unnütz. Nicht, weil man sich nichts mehr zu sagen hat, man hat sich immer etwas zu sagen. Sondern einfach, weil die Sprache überflüssig geworden ist. Sie ist dazu da, um das Verständnis zwischen den Menschen möglich zu machen. Mit anderen Worten, sie ist für jene bestimmt, die diesen Zustand noch nicht erreicht haben.
JEAN-LOUIS DE RAMBURES: Irgendwie muß man Ihnen recht geben. Ihre Überlegung ist geradezu erschreckend logisch.
THOMAS BERNHARD: Irgendwie hat jedermann recht. Das ist das Drama. Ich mag den Ausdruck »irgendwie« überhaupt nicht, er gibt einem eine trügerische Sicherheit. Mit dieser kleinen Wendung steigen Sie in eine Gletscherspalte und glauben, damit wieder herauszukommen wie durch den Notausgang eines Kinos, nur aber: Gletscherspalten haben es gerade an sich, daß man nicht mehr herauskommt.
JEAN-LOUIS DE RAMBURES: Kommen wir zu Ihren Büchern. Warum haben Sie seit 1975 den Roman zugunsten der Autobiographie zurückgestellt?
THOMAS BERNHARD: Ich habe nie einen Roman geschrieben, sondern einfach mehr oder weniger lange Prosatexte, und ich werde mich hüten, sie als Romane zu bezeichnen, ich weiß nicht, was das Wort bedeutet. Ich habe auch nie ein autobiographisches Werk schreiben wollen, ich habe eine

echte Abneigung gegen alles, was autobiographisch ist. Tatsache ist, daß ich in einem gewissen Moment meines Lebens Neugier auf meine Kindheit bekam. Ich habe mir gesagt: »Ich habe nicht mehr so lange zu leben. Wieso nicht versuchen, mein Leben bis zum Alter von neunzehn aufzuschreiben. Nicht so, wie es in Wirklichkeit war – Objektivität gibt es nicht –, sondern so, wie ich es heute sehe.«
Ich habe mich mit der Vorstellung an die Arbeit gemacht, ein kleines Bändchen zu schreiben. Ein zweites entstand. Dann noch eins... bis zu dem Punkt, wo ich begonnen habe, mich zu langweilen. Die Kindheit ist schließlich immer die Kindheit. Nach dem fünften Band habe ich mich entschlossen, einen Schlußstrich zu ziehen. Bei jedem meiner Bücher bin ich zwischen Leidenschaft und Haß gegenüber dem Sujet, das ich gewählt habe, hin- und hergerissen.
Jedesmal wenn das zweite Gefühl die Oberhand gewinnt, beschließe ich, die geistigen Dinge endgültig zu lassen und mich im Gegensatz dazu rein materiellen Aufgaben zu widmen, zum Beispiel Holz zu hacken oder eine Mauer zu verputzen, um so die Heiterkeit wiederzufinden. Mein Traum wäre, daß die Mauer nie endet und auch meine Heiterkeit nicht. Aber nach einem mehr oder weniger langen Zeitraum fange ich wieder an, mich für meine Unproduktivität zu hassen, und flüchte mich aus Verzweiflung über den Anlaß einmal mehr ins Gehirn.
Manchmal sage ich mir, meine Unstabilität ist ein Erbteil meiner Vorfahren, die sehr verschiedenartig waren: Es gab darunter Bauern, Philosophen, Arbeiter, Schriftsteller, Genies und Schwachsinnige, mittelmäßige Kleinbürger und sogar Kriminelle. Alle diese Menschen existieren in mir und hören nicht auf, sich zu bekämpfen. Mal habe ich Lust, mich unter den Schutz des Gänsehirten, mal des Diebes oder Mörders zu stellen. Da man wählen muß und jede Wahl eine Ausschließung bedeutet, treibt mich dieser Reigen schließlich

bis kurz vor den Wahnsinn. Daß ich mich beim morgendlichen Rasieren vor dem Spiegel noch nicht umgebracht habe, ist einzig und allein meine Feigheit.

Feigheit, Eitelkeit und Neugier sind im Grunde die drei wesentlichen Antriebe, denen das Leben seine Fortsetzung verdankt, obwohl alle erdenklichen Gründe gegen es sprechen. Zumindest empfinde ich das heute so. Denn es kann gut sein, daß ich morgen ganz anders denke.

JEAN-LOUIS DE RAMBURES: In jedem Ihrer Bücher wiederholen Sie, daß jedes menschliche Tun sinnlos ist, da es schließlich dazu verurteilt ist, unterzugehen. Und dennoch schreiben Sie weiter.

THOMAS BERNHARD: Was mich zum Schreiben treibt, ist ganz einfach die Lust am Spiel. Sie empfinden das Vergnügen, auf eine Karte zu setzen und dabei zu wissen, daß man jedesmal alles gewinnen oder alles verlieren kann. Das Risiko des Scheiterns scheint mir ein wesentliches Stimulans. Dazu kommt das andere Vergnügen, die zweckdienlichste Methode herauszufinden, mit den Wörtern und Sätzen zu Rande zu kommen. Den Stoff im eigentlichen Sinn halte ich für ganz und gar sekundär, es genügt, aus dem zu schöpfen, was um uns ist. Jedes Geschöpf trägt nach meiner Überzeugung strenggenommen das Gewicht der ganzen Menschheit. Nur die Art, wie die einzelnen damit zu Rande kommen, unterscheidet sie.

Um darauf zurückzukommen, wie ich meine Bücher schreibe: Ich würde sagen, es ist eine Frage des Rhythmus und hat viel mit Musik zu tun. Ja, was ich schreibe, kann man nur verstehen, wenn man sich klarmacht, daß zuallererst die musikalische Komponente zählt und daß erst an zweiter Stelle das kommt, was ich erzähle. Wenn das erste einmal da ist, kann ich anfangen, Dinge und Ereignisse zu beschreiben. Das Problem liegt im Wie. Leider haben die Kritiker in Deutschland kein Ohr für die Musik, die für den Schriftsteller so wesentlich ist. Mir verschafft das musikalische Element eine ebenso große Befriedigung, da ja zum Vergnügen an der Musik noch das an dem Gedanken dazukommt, den man ausdrücken will.

JEAN-LOUIS DE RAMBURES: Der Schriftsteller, der nicht schreiben kann, ich denke vor allem an den Helden aus dem »Kalkwerk«, ist eine in Ihrem Werk immer wiederkehrende Figur. Ist das ein persönliches Problem?

THOMAS BERNHARD: Wenn ich einmal mein Arbeitstempo erreicht habe, kann mich nichts mehr ablenken. Während ich in Brüssel am Manuskript des Romans »Verstörung« arbeitete, brach im großen Kaufhaus »Innovation« der Brand aus, ganz nahe vor meinem weit offenen Fenster. Ich sah, wie sich der Himmel verfinsterte und sich dann in eine Feuerkugel verwandelte. Ins Schreiben vertieft, wunderte ich mich, daß ich keine Feuersirenen hörte. Als sie endlich ertönten, hatte das Feuer schon alles verschlungen.

Vor diesem Stadium liegt aber eine Zeit, in der der geringste Zwischenfall, und sei's der Briefträger, die ganze Arbeit in Frage stellen kann. In diesen Momenten ist das beste System zur Bekämpfung der Angst das, kein System zu haben oder dann ein Flugzeug zu nehmen und sich anderswo niederzulassen. Irgendwo, vorausgesetzt die Landschaft ist nicht zu schön. Wenn ich noch nicht angefangen habe zu schreiben, kann die Schönheit eines Ortes auch bereichernd wirken, sofern sie mich in Wut bringt. Aber für die eigentliche Arbeit ziehe ich x-beliebige, auch rundum häßliche Orte vor. Die Schönheit von Städten wie Rom, Florenz, Taormina oder Salzburg ist für mich tödlich.

JEAN-LOUIS DE RAMBURES: Sie bezeichnen Salzburg in der »Ursache« als eine »tödliche Krankheit, der die Bewohner bei ihrer Geburt anheimfallen«. Ist das nicht ein bißchen übertrieben?

THOMAS BERNHARD: Je schöner eine Stadt ihrem Anschein

nach ist, desto verblüffender ist ihr wirkliches Gesicht, das sie unter der Fassade verbirgt. Gehen Sie in irgendein Restaurant in Salzburg. Auf den ersten Blick haben Sie den Eindruck: lauter brave Leute. Hören Sie Ihren Tischnachbarn aber zu, entdecken Sie, daß sie nur von Ausrottung und Gaskammern träumen. Ich werde Ihnen eine herrliche Anekdote erzählen. Kurz nach Erscheinen der »Ursache« hat mich der deutsche Kritiker Jean Améry eines Tages beiseite genommen: »Du kannst über Salzburg nicht so reden. Du vergißt, es ist eine der schönsten Städte der Welt.« Einige Wochen später, als ich gerade seine Kritik über mein Buch im »Merkur« gelesen hatte und noch voller Wut war, weil er absolut nichts begriffen hatte, hörte ich im Fernsehen eine Meldung: Améry hatte sich am Vortag umgebracht, und ausgerechnet in Salzburg. Das ist kein Zufall. Gestern noch haben sich drei Menschen in die Salzach geworfen. Man sagte, es war der Föhn. Aber ich weiß, daß in dieser Stadt etwas körperlich auf den Menschen lastet und sie schließlich zerstört.
JEAN-LOUIS DE RAMBURES: Es scheint, Sie haben doch eine außergewöhnliche Gabe, überall Monster zu entdecken.
THOMAS BERNHARD: Alle Menschen sind Monster, sobald sie ihren Panzer lüften. Im übrigen kenne ich mich gut genug, um es zu merken, wenn ich meine Gefühle auf andere projiziere. Gewiß, das Monströse fasziniert mich, aber glauben Sie mir, ich erfinde es nie. Wenn Ihnen die Wirklichkeit weniger erstaunlich erscheint als meine Erfindung, liegt das einzig daran, daß die Tatsachen in zerstreuter Form auftreten. In einem Buch muß man unbedingt Leerlauf vermeiden. Das Geheimnis besteht darin, die Wirklichkeit unerbittlich zu raffen, etwa als ob es sich um den ersten mißlungenen Entwurf eines Manuskripts handeln würde. Vielleicht ist es das, was man gewöhnlich Phantasie nennt.
JEAN-LOUIS DE RAMBURES: In der Bundesrepublik wird

die Existenz einer spezifisch österreichischen Literatur oft verneint. Wie stehen Sie dazu?

THOMAS BERNHARD: Das ist gar keine Frage. Nehmen Sie die Aussprache, die Sprachmelodie. Da gibt es schon einen wesentlichen Unterschied. Meine Schreibweise wäre bei einem deutschen Schriftsteller undenkbar, und ich habe im übrigen eine echte Abneigung gegen die Deutschen.

Vergessen Sie auch nicht das Gewicht der Geschichte. Die Vergangenheit des Habsburgerreichs prägt uns. Bei mir ist das vielleicht sichtbarer als bei den anderen. Es manifestiert sich in einer Art echter Haßliebe zu Österreich, sie ist letztlich der Schlüssel zu allem, was ich schreibe.

Das hindert mich aber nicht, mich gegen die abzugrenzen, die behaupten, mit der Welt gehe es immer schlechter und sie werde immer absurder und unerträglicher. Auch wenn man, von sich ausgehend, überall nichts als Häßlichkeit und Gestank entdeckt, stellt doch jede Minute einen Zuwachs an Erfahrung dar. Wir selber haben in diesem Augenblick gegenüber denen, die gestern gestorben sind, einen entscheidenden Trumpf: zu wissen, was inzwischen geschehen ist.

JEAN-LOUIS DE RAMBURES: Sie haben entschieden das Talent, aus jeder zustimmenden Antwort eine Verneinung zu machen.

THOMAS BERNHARD: Eine definitive Antwort hat es bis heute noch nie gegeben. Zum Glück, denn wenn die Menschen keine Fragen mehr zu stellen hätten, müßte man den Endpunkt außerhalb des Universums verlegen.

Eine einzige Sache ist gewiß: der Tod, dieser Grill, auf dem wir alle als Braten enden. Aber niemand weiß genau, worin er besteht.

Ich hab' praktisch eh alle gegen mich

BRIGITTE HOFER: Thomas Bernhard erreichten wir am Nachmittag telefonisch. Er gab sich gelassen.
THOMAS BERNHARD: Das trifft zur Zeit einmal nicht mich. Das ist zuerst einmal eine wirtschaftliche Sache, nicht, der Suhrkamp Verlag muß sich dagegen wehren. Und dann muß man wissen, wer hat die veranlaßt, ich weiß ja nix.
BRIGITTE HOFER: Sie wissen nicht, wer das veranlaßt hat?
THOMAS BERNHARD: Ich weiß gar nicht, wer irgendwas veranlaßt hat, das entzieht sich völlig meiner Kenntnis.
BRIGITTE HOFER: Sie können auch nicht ahnen, wer da dahintersteckt?
THOMAS BERNHARD: Nein, und wenn ich's ahnen würde... dahinter steckt eine ganze Meute von Schriftstellern, die man ja eh kennt. Ich hab' ja praktisch eh alle gegen mich, und die telefonieren sich ja gegenseitig zusammen.
BRIGITTE HOFER: Ist das jetzt eine Bestätigung für Ihr Buch?
THOMAS BERNHARD: Aber die sind ja viel scheußlicher, als man je schreiben kann. Das ist so. Schauen Sie, die telefonieren auch bei der Bestenliste, wie voriges Jahr, »der darf keinen Punkt mehr kriegen«, das sind ungefähr fünfzehn Leut', die sprechen sich ab, das ist doch alles ein Mumpitz, nicht. Machen's halt wieder so was.
BRIGITTE HOFER: Aber vielleicht fühlen sich die auch in irgendeiner Weise scheußlich behandelt.
THOMAS BERNHARD: Von wem?
BRIGITTE HOFER: Ja, von Ihnen natürlich, durch Ihr Buch!
THOMAS BERNHARD: Von mir doch nicht, was heißt denn das, das ist doch nur die Wahrheit! Die Leute machen ja lauter Grauslichkeiten und glauben, sie können das Jahrzehnte

fortsetzen, im Rücken, das geht halt nicht. Einmal sagt man halt solche Sachen. Außerdem, im Buch stehen andere Namen, andere Orte, also juristisch ist das überhaupt nicht greifbar, für mein Gefühl. Aber das ist eine Gerichtssache, nicht, wenn in Österreich so was geklagt werden kann, sollen sie klagen. Kann ich ja nicht ändern. Außerdem hab' ich ja schon Erfahrung in solchen Sachen, und wie ich vor zehn Jahren g'sagt hab', ein Pfarrer hat ein rosiges Bauerng'sicht, das war ein Hauptanklagepunkt. Das ist in Österreich alles möglich.

BRIGITTE HOFER: Ja, aber wenn man zum Beispiel so Namen wie die Jeannie ...

THOMAS BERNHARD: Schauen Sie, wenn da steht »Jeannie Billroth«, da dürfte überhaupt niemand mehr ein Buch schreiben, weil jeder würde sich irgendwo wiedererkennen. Das Buch ist halb erfunden und halb wahr, das ist eine Mischung, also was soll das. Im Grund' sind die Leut' viel grausiger, als man sie je beschreiben kann, das ist meine Meinung.

BRIGITTE HOFER: Ärgern Sie sich jetzt?

THOMAS BERNHARD: Na ja, was soll ich machen, nicht, ich war immer allein, werd' das immer sein und fertig. Gibt's nix zu sagen, wenn man will, wenn man mich anklagt, soll man mich anklagen, kann man nix machen. Dann erst hab' ich irgendwas zu sagen. Wenn man angeklagt werden würde, muß man aussagen, weil das hab' ich ja schon dreimal erlebt bei Prozessen.

BRIGITTE HOFER: Sind Sie da jemals verurteilt worden bei solchen Prozessen?

THOMAS BERNHARD: War dann immer ein Vergleich.

Verbot

Ich habe meinem deutschen Verleger Unseld mit sofortiger Wirkung verboten, meine Bücher nach Österreich auszuliefern, und zwar für die Dauer des gesetzlichen Urheberrechts, das ist von heute bis 75 Jahre nach meinem Tode. Dieses Auslieferungsverbot gilt für das gesamte österreichische Staatsgebiet und für sämtliche meiner Bücher.
Da das Interesse des österreichischen Staates an mir und meiner Arbeit seit Jahrzehnten allein darin zu bestehen scheint, meine Arbeit und mich von Zeit zu Zeit vor Gericht zu stellen, ist mein Entschluß nur konsequent.
Zum vierten und nicht zum ersten Mal ist man dabei, mir als Schriftsteller einen jener lächerlichen und jahrelangen Prozesse zu machen, die dieser Staat zu verantworten hat. Mit Rücksicht auf meinen Gesundheitszustand allein kann ich mir derartige erniedrigende und entwürdigende Prozesse, die in keinem anderen Staat Mitteleuropas möglich wären, nicht mehr gestatten.
Thomas Bernhard

Bernhards Plädoyer
Zur Wiener Gerichtsverhandlung,
»Holzfällen« betreffend

Ich weiß, es ist in Mitteleuropa einmalig, daß ein Literaturkritiker und Leiter der Literaturbeilage einer sogenannten *angesehenen* Zeitung einen Schriftsteller seines Landes wegen eines Kunstwerkes dieses Schriftstellers vor Gericht zerrt. Herr Haider kann nur von Haß gegen mich getrieben sein. Persönlich habe ich ihn dreimal in meinem Leben gesehen: in Triest vor sechs Jahren, wo ein sogenanntes Symposion über meine Arbeit abgehalten worden ist. Er hat mich angesprochen, aber er hat mich nicht interessiert. An einem Tisch im Hotel *Regina* vor einem Jahr, wo er mir zugenickt hat. Auf dem Flughafen Frankfurt am Main vor ein paar Wochen, wo er mir zugenickt hat. Herr Haider nickt zu und grüßt und schaut gleichzeitig zu Boden.
Herr Haider hat Herrn Lampersberg zu dieser Klage gedrängt, die Herr Lampersberg gegen mich eingebracht hat. Herr Haider behauptet, mein Auersberger in »Holzfällen« sei Herr Lampersberg. Herr Lampersberg hat mit meinem Herrn Auersberger nichts zu tun. Herr Auersberger heißt in meinem Buch Auersberger und nicht Lampersberg, und sämtliche Schauplätze in meinem Buch sind ganz woanders als die Schauplätze des Herrn Lampersberg. Daß Herr Lampersberg Ähnlichkeiten mit sich in meinem Herrn Auersberger erblickt, ist möglich, aber jeder Leser erblickt Ähnlichkeiten mit sich selbst in dem von ihm Gelesenen.
In Zukunft können also alle, die irgendwelche Ähnlichkeiten mit sich selbst in irgendwelchen Büchern finden, zu Gericht laufen und diese Bücher, in welchen sie etwas ihnen Ähnliches entdeckt haben, beschlagnahmen lassen. Und alle

diese Leser, die etwas ihnen Ähnliches in den von ihnen gelesenen Büchern entdeckt haben, können sicher sein, daß das Buch, gegen das sie zu Gericht laufen und in dem sie etwas ihnen Ähnliches entdeckt zu haben meinen, beschlagnahmt wird.
Noch bevor der Autor eines solchen Buches befragt wird, wird die bewaffnete Polizei in alle österreichischen Buchhandlungen geschickt, und das Buch, in welchem etwas sein soll, das dem Beschlagnahmebegehrer ähnlich sein soll, wird beschlagnahmt. Nur aufgrund des Begehrens der Beschlagnahme, ohne Anhörung des Autors. Der Beschlagnahmebegehrer kann die Beschlagnahme des Buches, in welchem er irgendeine Ähnlichkeit mit sich selbst entdeckt zu haben glaubt, mit Genuß beobachten, auch der Autor kann diese Beschlagnahme beobachten, allerdings mit der tiefsten Betroffenheit, ja mit Entsetzen!
Das Gericht beschlagnahmt ein Buch, das es zum Zeitpunkt des Beschlusses der Beschlagnahme noch gar nicht gekannt haben kann, nur aufgrund der Angaben des Beschlagnahmebegehrers und noch dazu aufgrund völlig falsch wiedergegebener Zitate des Beschlagnahmebegehrers aus einem Vorab-Exemplar.
Das Gericht beschlagnahmt noch dazu aufgrund eines Gutachtens des Literaturkritikers Haider, das inhaltlich und formal nicht nur von Fehlern strotzend, sondern vollkommen katastrophal abgefaßt ist auch im Hinblick auf seinen Wahrheitsgehalt.
Das Gericht macht sich dieses katastrophale fehlerhafte, falsche und verlogene Gutachten verheerenderweise auch noch in seinem Beschlagnahmetext zu eigen und läßt das Buch beschlagnahmen und weiß weder, wer der Autor dieses Buches ist, weil es noch nie etwas von ihm gehört hat, was erwiesen ist, und beschlagnahmt das Buch in einem Handstreich, schlägt sofort zu. Die Justiz hat in diesem Fall jede Sorgfaltspflicht außer acht gelassen.

Der Autor hat gesehen, wie seine Bücher unter Polizeigewalt aus den Buchhandlungen entfernt worden sind, und ist völlig wehrlos. Der Autor wartet auf eine Stellungnahme des Gerichts. Eine solche Stellungnahme kommt nicht. Erst sechs Wochen (in Worten: *sechs Wochen!*) nach der Beschlagnahme bekommt der Autor eine Vorladung vor Gericht, daß am 9. November eine Verhandlung gegen ihn anberaumt sei. Der Autor war dem Gericht sechs Wochen lang nicht die geringste Mitteilung wert. Der Autor ist von der österreichischen Justiz zum Unmündigen gemacht worden. Das Gericht, das die Beschlagnahme vorgenommen und damit dem Autor nicht wiedergutzumachenden Schaden zugefügt hat, hat in gröbster Weise gegen die Rechte des Autors verstoßen. In keinem anderen Land Europas, die Ostdiktaturen ausgenommen, wäre, das weiß ich, eine solche Vorgangsweise möglich.
Der Autor hat ein Buch mit dem Titel »Holzfällen« geschrieben, in dem ein Abendessen bei einem Ehepaar Auersberger der Rahmen für seine in diesem Buch beschriebenen Zustände und Umstände ist. Dieses Ehepaar Auersberger hat mit dem Kläger Lampersberg nichts zu tun. Herr Lampersberg, der früher Lampersberger geheißen hat und der in den letzten Jahrzehnten immer wieder, wie ich weiß, jedenfalls teilentmündigt gewesen ist, sieht in meinem Buch Ähnlichkeiten mit sich selbst. Das ist seine Sache. Daß er mich unter Mithilfe von Herrn Haider vor Gericht zerren und mir und nicht nur mir, sondern letzten Endes allen Dichtung schreibenden Schriftstellern dieses Staates den größten Schaden zufügen kann unter Mithilfe eines leichtfertig handelnden Beschlagnahmegerichts, sollte sein Recht nicht sein.
Herr Haider hat in einem Radiointerview ausgerufen, er *vertraue auf das Gericht!* Da stehen den Schriftstellern und der Literatur ja schöne Zeiten ins Haus Österreich, wenn die Literaturkritiker den Gerichten vertrauen sollen in Zukunft.

Herrn Haider empfehle ich, in allen meinen bisher erschienenen Büchern nachzuforschen, ob sich in ihnen nicht noch viel mehr Leute als ähnlich mit sich selbst beschrieben erkennen können. Er wird Hunderte solcher, sich in meinen Büchern ähnlich sehender Leute aufspüren und, wie ich annehme, sie erfolgreich zu einer Klage gegen mich aufstacheln können.

Vielleicht ist es in Zukunft die Aufgabe der Literaturkritiker in diesem Land, ähnlich Dargestellte auf ihre dargestellte Ähnlichkeit aufmerksam zu machen und die Urheber dieser Darstellungen vor Gericht zu bringen. Und vielleicht ist es in Zukunft auch die Aufgabe der Justiz, geschriebene Kunstwerke zu beurteilen und von Fall zu Fall leichtfertig, ja blind auf Autoren einzuschlagen mit einer radikalen Beschlagnahme, wie sie es mit *Holzfällen* gemacht hat.

In diesem Prozeß gibt es nur zwei Schuldige: Herrn Haider und die ohne die geringste Sorgfaltspflicht und ohne jedes Verantwortungsbewußtsein aufgetretene Justiz. Daß diese Justiz zur Einsicht gelangen wird, daß sie grob und fahrlässig und gedankenlos gehandelt hat, glaube ich nicht. Ich stehe zum vierten- und nicht zum erstenmal vor einem österreichischen Gericht unter einer Anklage, die in keinem mitteleuropäischen Land, schon gar nicht in einer sogenannten *Kulturnation*, zu einem Prozeß geführt hätte und habe mich also zum viertenmal einer nicht anderes als deprimierenden, entwürdigenden und über lange Zeit meine künstlerische Arbeit, die doch mein Lebensinhalt ist, unmöglich machenden Justizprozedur zu unterziehen und es scheint tatsächlich so, als hätte dieser Staat seit Jahrzehnten an mir kein anderes Interesse, als mich von Zeit zu Zeit vor Gericht zu stellen.

Was hier zutage tritt, ist für den Angeklagten vor einem ordentlichen österreichischen Gericht unerträglich. Tatsächlich zermürbend und entwürdigend und unerträglich. Und

sollte nicht vorkommen. Gesetzesparagraphen, die solche für den Beschuldigten und Angeklagten unerträglichen Zustände ermöglichen, sollten sofort abgeschafft werden. Solche Gesetzesparagraphen machen einem Staat keine Ehre und machen ihn nicht nur lächerlich, sondern unheimlich. Mein Buch ist vom Kläger und seinen Helfershelfern durch die Klage und deren Folgen in den Schmutz gezogen worden. Es ist Zeit, daß es aus diesem Schmutz wieder herausgezogen wird.
Thomas Bernhard

Ich bin kein Skandalautor

JEAN-LOUIS DE RAMBURES: Worüber klagen Sie? Seit sechs Monaten wird nur von Ihnen geredet.
THOMAS BERNHARD: Ja, aber als ob es etwas Sensationelles wäre. Von seiten der Österreicher ist es eine normale Reaktion, aber von seiten der Deutschen hat es mich gewundert, die ja, wie man weiß, Gründlichkeit und Ernst in die Welt gebracht haben. Ich für meinen Teil mag auch Sensationsgeschichten. Aber wenn ein Literaturkritiker einen Schriftsteller anklagt und vor Gericht bringt, da gibt es meiner Meinung nach nichts mehr zu lachen. Das Verbot wurde von einem Richter ausgesprochen, der nur eine Stunde hatte, um den Roman zu lesen. Die Polizei ist in jede Buchhandlung gekommen, um jedes Exemplar zu beschlagnahmen. In zwei Wochen habe ich vierzehn Vorladungen bekommen. Aber der Richter hat es nicht einmal nach sechs Wochen für nötig gehalten, mich vorzuladen. Wo gibt's denn so was? Man hat gesagt, daß es sich um eine Privatsache handelt. Aber wenn man die tausend Arten, auf die man ein Gesetz interpretieren kann, kennt, behaupte ich, daß es der Staat war, der mich angeklagt hat.
JEAN-LOUIS DE RAMBURES: Ihr Roman ist trotzdem zum ersten Mal auf der Bestsellerliste.
THOMAS BERNHARD: Ja, aber auf eine völlig ungesunde Art. Man hat mein Buch gekauft, weil man sich erwartet hat, darin skandalöse Enthüllungen zu finden, wobei es sich nur um ein paar harmlose Namen gehandelt hat, von denen solche Leser wahrscheinlich noch nie gehört haben. Ich stelle mir vor, wie sie schon ab der dritten Seite gelangweilt gegähnt haben. Da habe ich dann diese Leser für immer verloren. Ich bin kein Skandalautor. Was ich von meinen Le-

sern verlange, ist etwas ganz anderes. Höchstens drei- oder viertausend Personen werden sich außerdem wirklich für mein Werk interessieren; wenn es hochkommt, sind es siebentausend, die fähig sind mir zu folgen.

JEAN-LOUIS DE RAMBURES: Haben Sie gedacht, als Sie das Buch geschrieben haben, daß Ihre Modelle sich erkennen können?

THOMAS BERNHARD: Das Ziel eines Buches ist es eben, daß sich die Leute darin erkennen können. Ich schreibe, um zu provozieren. Wo wäre sonst die Freude am Schreiben? Natürlich, wenn man versucht, jeden Kontakt zur Justiz und zur Masse zu vermeiden, ist es besser, Gedichte zu schreiben, die niemand versteht, nicht einmal der Autor selber, indem man sich damit zufriedengibt, beim Schreiben höchste Musikalität zu erreichen. Das erlaubt außerdem noch Literaturpreise zu gewinnen. Aber das interessiert mich nicht, ich bin ein Schriftsteller, der die Dinge beim Namen nennt.

JEAN-LOUIS DE RAMBURES: Sie haben anscheinend der ganzen Schöpfung den Krieg erklärt.

THOMAS BERNHARD: Überhaupt nicht. Im Gegenteil, ich höre nicht auf, die Welt zu bewundern, so wie sie ist. Neulich beim Schlafengehen habe ich auf meinem Bett einen Schmetterling gefunden, der vor Kälte halb erfroren war. Die ganze Nacht habe ich vermieden, mich zu bewegen, um ihn nicht zu verletzen. Sogar meine Kindheit war wunderbar. Aber sogar das Schönste wird scheußlich, sobald man anfängt, darüber nachzudenken. Vergleichen Sie alle Versprechen, die in einem zehnjährigen Kind stecken, mit dem, was es fünfundzwanzig Jahre später wird. Die Welt besteht nur aus Niederlagen und ernährt sich davon.

JEAN-LOUIS DE RAMBURES: Hoffen Sie, durch Ihr Werk dazu beizutragen, die Welt zu ändern?

THOMAS BERNHARD: Um Gottes willen, da würde ich ja zum Schweigen verurteilt. Zorn und Verzweiflung sind meine

einzigen Antriebe, und ich habe das Glück, in Österreich den idealen Ort dafür gefunden zu haben. Kennen Sie viele Länder, wo ein Minister sich extra bemüht, um die »Rückkehr in die Heimat« eines SS-Offiziers zu begrüßen, der für den Tod Tausender Menschen verantwortlich war? Das alles erklärt sich, wenn man weiß, daß jener Minister aus Salzburg stammt und daß seine ganze Familie, die ich übrigens gut kenne, seit Generationen aus Musikern besteht.
Im ersten Stock spielt man Geige. Im Keller öffnet man die Gashähne. Eine typisch österreichische Mischung aus Musik und Nazismus. Ja, wirklich, wenn dieses Land sich ändern sollte, bliebe mir nichts anderes übrig, als auszuwandern.

Soeben aus dem Ausland zurückgekehrt, möchte man am liebsten gleich wieder umkehren, wenn man liest, wie in diesem verfilzten, die Lüge zum Umgangston verkehrenden Land die Tatsachen auf den Kopf gestellt werden, um den anderen ins Unrecht zu setzen. Ich beziehe mich auf Sigrid Löfflers voreingenommene Burgtheater-Geschichte »Aufbruch ins Gestern?« über den von mir geschätzten Claus Peymann. Es liegt mir fern, auf Frau Löfflers Vorurteile einzugehen, vielmehr begnüge ich mich damit, ihren Satz »Nicht nur ist Claus Peymann der erste Burgtheaterdirektor, der nicht lokal gewachsen, sondern aus Deutschland herbeiengagiert worden ist« richtigzustellen. Entweder kennt die sauertöpfische Dame die Geschichte des Burgtheaters nicht, oder, was noch ärger wäre, sie nimmt diese nicht zur Kenntnis, um ungehemmt polemisieren zu können. Der größte Burgtheaterdirektor des vorigen Jahrhunderts, Heinrich Laube aus dem preußischen Schlesien, Abgeordneter zur Frankfurter Nationalversammlung, ist ebenso aus Deutschland »herbeiengagiert« worden wie die Burgtheaterdirektoren Franz von Holbein aus Hannover, August Wolff aus Mannheim, Paul Schlendther aus Berlin und, in den dreißiger Jahren, Hermann Röbbeling aus Hamburg.
Thomas Bernhard
Ohlsdorf

Vranitzky. Eine Erwiderung

Nachdem ein drittklassiger Kabarettist, der vor Jahren mit ebenso drittklassigen Theaterstücken auf dem Salzburger Landestheater gescheitert ist, in einer sogenannten Fernsehdiskussion gegen die Aufführung meines *Theatermachers* während der Salzburger Festspiele auf eben demselben Salzburger Landestheater vor Hunderttausenden von Zuschauern einen Wutanfall bekommen hat, hat sich der jetzige Finanzminister Vranitzky die opportunistische Dummheit dieses Kabarettisten zu eigen gemacht und zur Eröffnung der Wiener Herbstmesse mein Theaterstück *Der Theatermacher* auf ebenso unappetitliche Weise als *von Steuergeldern finanziert*, denunziert und vor Tausenden von Zuhörern und vor einer Reihe von sogenannten *Spitzen* des Staates, darunter auch der Präsident des Nationalrates und sozialistische Gewerkschaftspräsident Benja, auf geradezu widerwärtige Weise in den tagespolitischen Schmutz gezogen.

Der österreichische Finanzminister und also Säckelwart unseres mehr oder weniger schon seit Jahren unter pseudosozialistischer Präpotenz in sich selbst delirierenden Kleinstaates ist nicht unbedingt ein Amt, das einen vom Sessel reißt, wie gesagt wird, und der Finanzminister Vranitzky ist der Finanzminister eines schon längst zur Provinzschnurre verkommenen Kleinstaates, mit dem sich ein denkender Mensch schon lange nicht mehr identifizieren kann. Daß ein solcher Provinzschnurrenfinanzminister aber gleich ein Theater verbieten will, weil es ihm nicht paßt und weil es ihm und den Seinigen nicht das opportunistische österreichische Kunstschmalz um die Ohren schmiert, wie gewohnt, ist eine Ungeheuerlichkeit und sollte zu denken geben.

Der Herr Vranitzky hat, so scheint es, von Kunst und Kultur

keine Ahnung und, wie die meisten seiner Kollegen, die Zeichen der Zeit nicht begriffen. Der Herr Vranitzky hat einen wenigstens kuriosen, aber doch durch und durch dämonischen Kulturbegriff, wie sich zeigt. Der Herr Vranitzky ist, wie seine Kollegen, nicht sehr gescheit, und er ist genau einer von jenen dubiosen Nadelstreifsalonsozialisten à la Kreisky, die unseren österreichischen Staat als die Zweite Republik dorthin gebracht haben, wo er heute ist, in der *Senkgrube der Lächerlichkeit (Alte Meister!)*, an seinem Ende.
Der Herr Vranitzky sagt, daß es ein Skandal ist, daß die Salzburger Festspiele ein Theaterstück von Thomas Bernhard aufgeführt haben, und er sagt es öffentlich und vor einem breiten Publikum und *als Minister*, was unerhört ist und nicht unwidersprochen bleiben darf. Sagt Herr Vranitzky, was er gesagt hat, privat, so ist es nur eine bekannte Dummheit, sagt er es aber *als Minister*, so ist es, wie mir scheint, doch ein Gesetzesbruch. Der Herr Vranitzky hat sozusagen öffentlich zur totalen Verdammung der Arbeit des Thomas Bernhard aufgerufen und empfiehlt die infernalische Kunst- und Kulturzensurbremse à la Metternich, Stalin und Hitler. Das hat Herr Vranitzky unmißverständlich klar gemacht.
Es ist Sache der Salzburger Festspiele, ob sie ein Theaterstück von mir spielen oder nicht, nicht Sache des Herrn Vranitzky.
Herr Vranitzky kann seine Privatansicht äußern, wie jeder andere auch, aber er darf als Minister nicht plump und brutal und weil es unter Umständen einem angeregten Wirtschaftspublikum an einem sonnigen Vormittag im Messeprater gefällt, wie er glaubt, zu Verbot und Zensur ermuntern. Herr Vranitzky nützt eine bekannte und bewährte Methode der Verächtlichmachung für seinen Zweck: Er behauptet, ich sei gegen Österreich und gegen die Österreicher, aber ich bin naturgemäß weder gegen Österreich, noch gegen die Österreicher, sondern, wie Millionen mit mir, aus Sorge um

dieses Land, gegen die jetzige österreichische Regierung und gegen den von dieser gegenwärtigen österreichischen Regierung gelenkten Staat. Aber Minister, wie der Minister Vranitzky, haben von jeher kein Unterscheidungsvermögen gehabt, wenn es ihrem durch und durch opportunistischen Karrierekopf gepaßt hat.
Herr Vranitzky meint, nur eine verschwindende, völlig unbedeutende Minderheit, die nicht zählt, sei gegen die jetzt herrschenden Zustände in diesem Land. Das kann Herr Vranitzky, wie gesagt wird, seiner Großmutter, wo immer sie sich befindet, erzählen, nicht aber der österreichischen Bevölkerung.
Ein Land, in dem die Kabarettisten sich auf die Seite der Mächtigen schlagen und die Mächtigen auf die Seite der Kabarettisten, ist eine europäische Perversität erster Klasse.
Herr Vranitzky ist ein eitler Geck, der, wie ich festgestellt habe, alle paar Tage die Stallburggasse mit einem Laufsteg und sein Ministerium für Finanzen mit einer Behörde für Zensur und Verbot von Kunst und Kultur verwechselt. Das sollte gesagt sein.

Antwort

Die Ungeheuerlichkeiten, die Herr Moritz über mich und meine Arbeit gesagt hat, bestätigen nur die totale Verkommenheit und Verlogenheit dieses jetzigen österreichischen Staates und seiner Repräsentanten. Und wer dazu die Kommentare der mit Haut und Haaren und mit geradezu moralzertrümmernder Gemeinheit an diesen jetzigen österreichischen Staat und an die jetzigen österreichischen Parteien nicht nur, wie gesagt wird, gebundenen, sondern an Staat und Parteien geradezu pervers gefesselten Presse liest, dem kommt nur mehr das kalte Grausen.

Die Primitivität und primitive Arroganz, mit der sich die heute hier in Österreich ungehemmt Macht ausübenden pseudosozialistischen Scharlatane und skrupellosen pseudosozialistischen Staatsgrubenschaufler zu argumentieren getrauen, ist erschreckend.

Erschreckend und nichts sonst, ist, was Herr Moritz gesagt hat.

Einen Staatsbürger der Psychiatrie zu empfehlen, ist, in der Juristensprache, in jedem Fall der *Tatbestand einer strafbaren Handlung.*

Auch ein Kulturminister, der einen Autor, der ihm nicht paßt, nicht nur auf plumpe Weise verächtlich macht und diesen Autor, wer immer er ist, der Psychiatrie empfiehlt, begeht nichts anderes.

Eine Verächtlichmachung aber und eine Psychiatrieempfehlung vor Hunderttausenden von Fernsehzuschauern *durch einen amtierenden Kulturminister*, der noch dazu für die Erziehung kommender Generationen verantwortlich ist, würde auch der Österreichagitator und Moralist Reger in meinem Buch »Alte Meister« sagen, erfüllt nicht nur den Tatbe-

stand einer strafbaren Handlung, die zu verfolgen ich naturgemäß keine Lust habe, sondern ist eine nationale Schande.
Thomas Bernhard

»Von Ehrengrab zu Ehrengrab«
Thomas Bernhards schriftstellerische Anfänge

THOMAS BERNHARD: Ich hab' mich ja nie als Schriftsteller in dem Sinn gefühlt ... das is' ja nur Zufall ... ich wollte ja nur schreiben, aber daß das zufällig »Schriftsteller« ist, hat sich nachher ergeben. [...] da machen einen die andern ja dazu. Nachdem's keine Schriftstellerakademie gibt, da hätten Sie dann ein Papier, wo draufsteht, mit dem heutigen Tage ist Herr Sowieso zugelassen als Schriftsteller, so wie als Pianist oder Schauspieler, das können Sie ja alles am Papier nach Hause tragen.
[...]
KURT HOFMANN: Sie lehnen jetzt alles ab, sind überall ausgetreten, das war ja nicht von Anfang an so; haben Sie sich das früher nicht leisten können?
THOMAS BERNHARD: Als junger Mensch treten S' ja nirgends aus, weil da wolln S' ja überall hinein. Da schreibt man und schreibt man, rennt den Verlagen die Tür ein und will bei jeder Zeitung hinein. Wie ich ang'fangen hab', war ich ja versessen auf solche Sachen, habe mich bei jedem Preisausschreiben beteiligt, allerdings nie einen kriegt, sicher mindestens fünf-, sechsmal beim Trakl-Preis eingereicht, das hat dann immer der Amanshauser oder irgendwer 'kriegt, ich bin ja oft zur Jugendkulturwoche gefahren, da haben sie dann vom Amanshauser zehn Gedichte g'lesen und von mir eins mit vier Zeilen ... das war immer die Degradierung und die Rivalität. Und dann will man also gedruckt sein. Mein Gott, dabei war ich einmal so stolz, im »Münchner Merkur«, da war einmal ein Gedicht drinnen, und da habe ich mir gedacht: ist eigentlich ein Höhepunkt. So ist es halt ... bin dann im Mirabellgarten g'sessen, hab' das aufge-

schlagen g'habt und war so fasziniert … erstens über das Gedicht, weil ich gedacht hab', 's ist das beste, nicht das beste, das jemals geschrieben wurde, das wäre übertrieben, aber in meiner Zeit, so hab' ich mir gedacht … und jeder, der dieses große Gedicht also geschrieben hat, ja, das is' Glück, zum Beispiel.

KURT HOFMANN: Mir ist es ähnlich gegangen mit dem Erfolgserlebnis, wie ich die ersten Sachen von mir im Radio gehört hab'.

THOMAS BERNHARD: Na, da war ich auch ganz begeistert; Ich hab' ja den Becker früher gekannt, den Intendanten … und ich hab' immer so G'schäfteln g'macht. Wenn Allerheiligen genaht ist, dann hat er g'sagt, jetzt machen wir eine Sendung über Salzburger Friedhöfe, die hab' ich dann halt g'macht, von Ehrengrab zu Ehrengrab. Und hab' das dann ang'hört mit Begeisterung, wenn's ein Schauspieler dann gelesen hat, vom Theater womöglich in Salzburg, war ja schon ein Höhepunkt. Und dann war so eine Rubrik … ich weiß nicht, »Dichter zu Gast« oder wie hat's g'heißen, und da sind halt Gedichte g'les'n worden, dazwischen hat einer Klavier g'spielt … Daheim hab' ich mich geniert, da hab' ich mich aber in ein Gasthaus wo g'setzt, wo mich niemand kennt, und hab' das feierlich ang'hört … na ja, klar … und hab' mir gedacht: Du bist eigentlich ein großer Dichter. Und dann bin ich zum Otto Müller hinaufg'angen mit einem Manuskript, ich hab' ja nie einen Widerstand g'habt beim Veröffentlichen oder wo, überhaupt nie. Und da war der Moissl, der is' ja heut' noch dort, der Lektor … Der Müller war ja der beste Verlag, und ich hab' g'sagt, Trakl, recht gut und schön, ich weiß, aber ich leb' ja in meiner Zeit, is' ja immerhin schon vierzig Jahr her, und da hat er so g'schaut und hat g'sagt, wer' ma halt sehn, und da hab' ma uns hing'setzt und haben Gedichte ausg'sucht … das war nie eine Schwierigkeit …

Bernhard
Ohlsdorf

27. März 1986

Sehr geehrter Herr Dr. Temnitschka,
Ich nehme seit über zehn Jahren weder Preise noch Titel an und naturgemäß auch nicht Ihren lächerlichen Professorentitel. Die Grazer Autorenversammlung ist eine Versammlung von untalentierten Arschlöchern.
Mit freundlichsten Grüßen
Ihr
gez. Thomas Bernhard

4. April 1986

Mein Beitrag zur Eindämmung der Professoreninflation in Österreich: Es gibt ja schon viel mehr Professoren als Kellner und Kellnerlehrlinge zusammen. Die Quelle dieser ekelerregenden Professorenseuche ist vor allem das sogenannte Kunst- und Unterrichts- und Sportministerium, das jährlich Tausende und Abertausende von lächerlichen Professoren- und anderen Titeln ausschüttet und das ganze arme Österreich mit seiner übelstinkenden Unterrichts- und Kunst- und Sporttitelsauce übergießt.

Leute, die ein Gespräch führen wollen, sind mir verdächtig

THOMAS BERNHARD: Na ja, ich lese halt die Zeitung weiter, das macht ja nichts, net?
WERNER WÖGERBAUER: Na ja, bitte.
THOMAS BERNHARD: Na ja, jetzt müssen's was fragen, und dann kriegen's a Antwort.
WERNER WÖGERBAUER: Interessieren Sie sich für das Schicksal Ihrer Bücher?
THOMAS BERNHARD: Na, eigentlich net.
WERNER WÖGERBAUER: Für Übersetzungen zum Beispiel?
THOMAS BERNHARD: Ich interessier' mich für mein eigenes Schicksal kaum, und für die Bücher ja schon gar nicht. Wie? Übersetzungen?
WERNER WÖGERBAUER: Dafür, was aus Ihren Büchern im Ausland wird.
THOMAS BERNHARD: Überhaupt nicht, weil eine Übersetzung ist ein anderes Buch. Das hat mit dem Original gar nichts mehr zu tun. Das ist ein Buch dessen, der das übersetzt hat. Ich schreibe ja in deutscher Sprache. Die werden ins Haus geschickt, die Bücher, und entweder machen's an Spaß oder nicht, wenn sie scheußliche Umschläge haben, da ärgern sie sich ja nur, und dann blättert man's durch, und fertig. Das hat mit dem eigenen, außer mit einem verschrobenen andern Titel meistens nichts gemeinsam. Nicht? Weil man kann ja nicht übersetzen. Net, ein Musikstück, das spielt man, wie die Noten stehen, überall auf der Welt, aber ein Buch, das müßte man überall, in Deutsch, in meinem Fall, spielen. Mit meinem Orchester!
WERNER WÖGERBAUER: Aber wenn Sie zum Beispiel den *Weltverbesserer* für weitere Aufführungen sperren, das ist

ja eine ähnliche Sache, und da kümmern Sie sich schon um das Schicksal Ihrer Texte.

THOMAS BERNHARD: Jein, weil beim *Weltverbesserer* war das für einen Schauspieler geschrieben, weil ich genau gewußt habe, daß nur der das kann in der Zeit, weil es keinen Alten gibt, der so war, und damit hat sich das von selbst ergeben. Das hat ja keinen Sinn, irgendein Arschloch in Hannover das auch spielen zu lassen, da kommt eben nichts heraus. Wo nur Ärger ist, da soll man ja nichts machen.

WERNER WÖGERBAUER: Wie erklären Sie sich eigentlich, daß Sie im Ausland viel ernster genommen werden als in Österreich, daß Sie im Ausland gelesen werden, während Sie in Österreich nur als Verursacher von Skandalen gelten?

THOMAS BERNHARD: Na, weil man sich im Ausland, in der sogenannten romanischen und slawischen Welt, für Literatur überhaupt mehr interessiert, die hat ganz einen anderen Stellenwert, den sie bei uns gar nicht hat. Literatur hat hier überhaupt keinen Wert. Hier hat Musik einen Wert, Schauspielerei hat einen Wert, alles andere hat eigentlich gar keinen Wert. Das war immer so.

Die Leute, wenn man da auf der Straße herumgeht und zu jemandem freundlich ist, wird man schon nicht ernst genommen, dann ist man schon ein Kasperl. Dann kann das, was der macht, nichts sein. Das ist wie in der Familie. Wenn Sie dort in einer Familie aufwachsen, völlig normal, net, mit allen kindlichen Späßen und Sachen, dann wird Ihnen lebenslänglich gesagt, Sie sind ein Scharlatan, und das kann gar nicht sein, daß der Bub, der nur Witze macht, sich aufregt übers schlechte Essen, das seine Großmutter gekocht hat, und das kann nichts sein. Nicht, das verfolgt ihn bis ins Grab. Und so wie mit der Großmutter ist es halt mit dem Staat und mit dem Land auch. Wenn Sie da als freundlicher Mensch herumgehen, sind S' erledigt. Da gelten S' als Kabarettist und fertig! Und in Österreich macht man ja alles Ernsthafte zum Kabarett und entschärft es damit. Jeder Ernst wandert auf die Witzseite, und so ertragen die Österreicher den Ernst nur als Witz. In anderen Ländern gibt es halt noch einen Ernst. Ich bin ja auch ein ernster Mensch, aber nicht ununterbrochen, denn da würde man ja verrückt sein und wäre außerdem blöd. So ist das.

WERNER WÖGERBAUER: Ihre Figuren und Sie selbst sagen öfter, es sei Ihnen alles egal, das sieht so aus wie ein Wärmetod der Gleichgültigkeit aller gegen jedes.

THOMAS BERNHARD: Gar nicht, man will etwas Gutes machen, hat eine Lust an dem, was man macht, wie ein Pianist, der fangt auch das Spielen an, dann probiert er einmal drei Töne, dann kann er zwanzig, und dann kann er einmal alle, und die perfektioniert er halt, solang er lebt. Und das ist sein großer Spaß, und für das lebt er. Und ich mach' das so wie andere mit Tönen, mach' ich halt mit Wörtern. Fertig. Was anderes interessiert mich eigentlich gar nicht. Weil die Welt lernt man ja nebenbei kennen, wenn man eh in ihr lebt, weil wenn S' bei der Tür hinausgehen, werden Sie unmittelbar mit der Welt konfrontiert, und zwar mit der ganzen. Mit oben und unten, mit hinten und vorn, mit scheußlich und schön, ganz normal. Sie brauchen nicht einmal einen Willen dorthin haben. Das ergibt sich von selbst. Und wenn S' nicht aus dem Haus hinausgehen, ist's derselbe Vorgang.

WERNER WÖGERBAUER: Es gibt nur das Streben nach Vervollkommnung. Sie wollen immer besser werden.

THOMAS BERNHARD: Sie brauchen in der Welt nach nichts streben, weil Sie werden eh hingestoßen. Streben ist immer Blödsinn gewesen. Ein Streber ist ja was Grauenhaftes. Das sagt das Wort schon. Also ist streben genauso grauenhaft. Die Welt hat ja einen Sog. Der reißt Sie eh mit, da brauchen Sie nicht streben. Wenn Sie streben, werden Sie eben ein Stre-

ber. Sie wissen ja, was das ist. Das kann man schon schwer übersetzen, in eine andere Region.
WERNER WÖGERBAUER: Na ja, ich weiß schon, was das ist.
THOMAS BERNHARD: Sie wissen's schon, aber in Frankreich, glaub' ich, weiß man nicht, was ein Streber ist. Die gibt's, glaub' ich, net.
WERNER WÖGERBAUER: Aber dieses Perfektionsstreben gibt es in Ihren Büchern schon.
THOMAS BERNHARD: Das ist der Reiz jeder Kunst. Die Kunst ist ja nur das, daß man immer besser auf dem Instrument, das man sich ausgesucht hat, spielt. Das ist der Spaß, und den läßt man sich auch von niemandem nehmen, auch net ausreden, und wenn er ein großartiger Klavierspieler ist, dann können Sie das ganze Zimmer, in dem der mit dem Klavier sitzt, ausräumen, voll Staub machen und ihn letzten Endes mit Wasserkübeln bearbeiten, bleibt der halt sitzen und spielt. Und wenn das Haus über ihm zusammenbricht, wird er weiterspielen, und beim Schreiben ist es dasselbe.
WERNER WÖGERBAUER: Das hängt dann mit dem Scheitern zusammen.
THOMAS BERNHARD: Was hängt mit dem Scheitern zusammen?
WERNER WÖGERBAUER: Das Perfektionsstreben.
THOMAS BERNHARD: Scheitern tut letzten Endes alles, alles endet am Friedhof, Da können S' machen, was Sie wollen. Der Tod holt sie alle heim, und damit ist alles aus. Die meisten lassen sich vom Tod ja schon mit siebzehn oder achtzehn holen. Die heutigen jungen Leut' geben sich ja dem Tod schon in die Arme, mit zwölf und mit vierzehn sind sie schon tot. Da gibt's halt einsame Kämpfer, die kämpfen halt bis achtzig und neunzig, die sind dann auch tot, aber immerhin haben sie ein längeres Leben gehabt. Und da das Leben schön ist und ein Spaß ist, haben sie einen längeren Spaß gehabt. Die Frühverstorbenen einen kurzen, und sind eigent-

lich zu bedauern, weil sie das Leben gar nicht kennengelernt haben, weil ja zum Leben auch ein langes Leben gehört, mit allen Grauslichkeiten.

WERNER WÖGERBAUER: Gehört die Erotik, die Liebe, für Sie auch zu diesen Grauslichkeiten?

THOMAS BERNHARD: Das weiß ja jeder, was Erotik ist. Da braucht man ja nicht drüber reden. Es hat jeder seine eigene Erotik.

WERNER WÖGERBAUER: Aus Ihren Büchern hat man den Eindruck, als würde es für Sie in diesem Bereich gar keine Hoffnung geben.

THOMAS BERNHARD: Das ist ja eine dumme Frage, weil ohne Erotik lebt nichts. Nicht einmal die Insekten, die brauchen's auch. Nur wenn man natürlich ganz eine primitive Vorstellung von Erotik hat, das ist halt nicht drin, weil ich halt immer schau', daß ich das Primitive auch überwinde.

WERNER WÖGERBAUER: Könnte man sagen, daß Sie versuchen, das in Richtung auf schwesterliche Liebe hin zu überwinden?

THOMAS BERNHARD: Ich versuch' überhaupt nichts. Alles ein Blödsinn. Ich brauche weder eine Schwester noch eine Liebhaberin. Das hat man alles in sich selber, manchmal kann man's ja benutzen, wenn man Lust hat. Die Leute glauben immer, von dem nicht direkt die Rede ist, das ist nicht da, das ist ja ein Unsinn. Ein achtzigjähriger Greis, der irgendwo liegt und diese Liebe, die Sie meinen, schon fünfzig Jahre lang nimmer gehabt hat, der ist ja auch in seinem sexuellen Leben drinnen. Im Gegenteil, das ist noch eine viel tollere Sache von sexuellem Dasein als das Primitive. Ich schau' mir das lieber bei einem Hund an und schau' zu und bleibe selber stark.

WERNER WÖGERBAUER: Welcher Art sind Ihre geistigen Zielsetzungen ...

THOMAS BERNHARD: Das sind lauter Fragen, die man gar

nicht beantworten kann, weil man sich solche Fragen gar nicht stellt. Net, man hat ja keine Zielsetzung. Das kann man jungen Leuten erklären, bis dreiundzwanzig, die gehen noch darauf ein. Ein Mensch, der fünf Jahrzehnte lebt, hat ja keine Zielsetzung, weil es kein Ziel gibt.

WERNER WÖGERBAUER: Sie werden immer als eine Art Einsamer in der Bergwelt hingestellt, der von seinem Vierkanthof...

THOMAS BERNHARD: Da kann man nichts machen. Sie kriegen einen Namen, der heißt Thomas Bernhard, und den haben Sie lebenslänglich. Und wenn Sie einmal spazierengehen, in einem Wald, und es knipst Sie jemand, dann gehen Sie achtzig Jahre immer nur in dem Wald spazieren. Sie können dagegen gar nichts machen.

WERNER WÖGERBAUER: ... und plötzlich begegnet man Ihnen in einem so urbanen Zusammenhang wie in diesem Wiener Kaffeehaus.

THOMAS BERNHARD: Urban muß man in sich sein. Das hat ja nichts mit außen zu tun. Net. Lauter blöde Vorstellungen. Aber die Menschheit hat ja nur in blöden Vorstellungen existiert, so kann man ihr nicht helfen. Dummheit kann man nicht heilen. So ist das.

WERNER WÖGERBAUER: Viele Ihrer Leser und auch die sogenannte anspruchsvollere Kritik haben immer wieder eine negativistische Lesart Ihrer Bücher praktiziert.

THOMAS BERNHARD: Mir ist das so wurscht, so egal, wie die Leute meine Sachen lesen...

WERNER WÖGERBAUER: Wenn die Leute Sie anrufen und sagen, sie möchten sich mit Ihnen umbringen?

THOMAS BERNHARD: Es ruft ja Gott sei Dank fast niemand mehr an.

WERNER WÖGERBAUER: Aber würden Sie sich im Gegensatz dazu als einen Lachschriftsteller bezeichnen?

THOMAS BERNHARD: Na, was soll das alles? Man ist alles.

Der Mensch ist mehr oder weniger alles. Einmal lacht er und einmal nicht. Man sagt, das ist alles tragisch, das ist auch blöd, weil ich ja von jedem ...

WERNER WÖGERBAUER: Gibt es eigentlich parallel zu Ihrem Schreiben Reflexionen über das Schreiben selbst, so wie bei Doderer oder Thomas Mann?

THOMAS BERNHARD: Nein, die braucht man ja nicht, wenn man sein Handwerk beherrscht, braucht man ja keine Reflexion. Wenn Sie auf die Straße gehen, arbeitet das alles für Sie, brauchen Sie gar nichts tun, brauchen nur die Ohren aufmachen, die Augen, und gehen. Brauchen S' nicht mehr nachdenken. Wenn Sie sich unabhängig machen oder unabhängig sind. Wenn Sie verkrampft und blöd sind oder nach etwas streben, wird ja nie etwas draus werden. Wenn Sie im Leben leben, brauchen S' ja nichts dazutun, das kommt alles von selbst in Sie hinein, und das wird einen Niederschlag haben in dem, was Sie machen. Das kann man nicht lernen. Singen kann man lernen, wenn Sie eine Stimme haben. Das ist auch die Voraussetzung, net. Einer, der von Natur aus lebenslänglich heiser ist, der wird kaum ein Opernsänger werden können. Das ist ja überall gleich. Ohne Klavier können Sie nicht Klavier spielen. Oder wenn Sie nur eine Geige haben und damit Klavier spielen wollen, das geht halt auch nicht. Und wenn Sie dann nicht Geige spielen wollen, dann spielen Sie halt gar nichts.

WERNER WÖGERBAUER: Aber wenn Sie sagen, Sie seien ein Geschichtenzerstörer, ist das ja doch irgendwo eine theoretische Aussage.

THOMAS BERNHARD: Das habe ich einmal gesagt, na, was glauben Sie, was man in einem Leben von fünfzig Jahren alles sagt. Was die Leute und was man selbst für einen Blödsinn in Jahrzehnten sagt. Wenn man die Leute immer festnageln würde, was sie immer sagen. Wenn natürlich ein Reporter in irgendeinem Lokal sitzt, und der hört, daß Sie gesagt haben, das Rindfleisch ist nicht gut, wird der immer behaupten, das ist ein Mann, der kein Rindfleisch mag, lebenslänglich. Derweil frißt er vielleicht von da an überhaupt nur mehr Rindfleisch.

WERNER WÖGERBAUER: Ein Verleger hat...

THOMAS BERNHARD: Was ist das, ein Verleger? Ich könnte ja umgekehrt fragen: Was ist ein Verleger? Ein Bettvorleger, das ist eindeutig, was das ist. Aber ein Verleger, ohne Bett vorn, das ist schon sehr schwierig zu beantworten. Oder wenn jemand was verlegt, das ist ja ein konfuser Mensch, wenn er etwas verlegt und dann nicht mehr findet. Das ist ja eigentlich die Definition von einem Verleger. Ein Verleger, er verlegt Sachen und Manuskripte, die er annimmt, und dann findet er sie nicht mehr. Weil er sie entweder nimmer mag oder weil er konfus ist, die sind eh nimmer da. Verlegt. Für ewig. Ich kenne nur Verleger. So großartig können sie gar nicht sein, daß sie eben nicht solche Verleger sind. Die was verlegen, und nachher ist es kaputt oder unauffindbar.

WERNER WÖGERBAUER: Spielt die Atmung, im Sinne einer Rhythmisierung, im Sinne von Atemrhythmus, eine Rolle für Ihre Texte?

THOMAS BERNHARD: Ich bin halt ein musikalischer Mensch. Und Prosaschreiben hat immer mit Musikalität zu tun.

WERNER WÖGERBAUER: Also Atmung so wie bei einem Sänger...

THOMAS BERNHARD: Na ja, Atmen, ist auch schwierig. Der eine atmet mit dem Bauch, der andere mit der Lunge. Sänger atmen ja nur mit dem Bauch, weil sonst können's nicht singen. Da muß halt die Atmung vom Bauch aufs Hirn verlagert werden. Das ist derselbe Vorgang. Da haben S' ja viele Lungen da drinnen, ein paar Millionen wahrscheinlich. Noch. Bis sie in sich zusammenfallen. Weil Bläschen platzen, also fallen Lungenbläschen in sich zusammen. Es gibt Leute, die mit neunzig noch Bläschen haben. Da gibt es solche, die mit zwölf Jahren auch schon keine mehr haben, stehn nur mehr blöd herum. Das sind die meisten, achtundneunzig Prozent, oder geben wir noch ein Prozent dazu. Jedesmal, wenn Sie mit jemandem reden, ist es ein Idiot, aber Sie sind liebenswürdig, weil man ja kein Spielverderber ist, redet mit den Leuten weiter, geht mit ihnen essen und ist lieb und nett. Und im Grunde sind's blöd, weil sie sich gar nicht anstrengen. Was man nicht gebraucht, verkümmert und stirbt ab. Da die Leute nur den Mund, aber nicht das Gehirn gebrauchen, kriegen sie ausgeprägte Gaumen- und Kinnpartien, aber im Hirn ist halt nichts mehr da. So ist es meistens.

WERNER WÖGERBAUER: Sie haben als Lyriker begonnen?

THOMAS BERNHARD: Aber geh!

WERNER WÖGERBAUER: Was bedeutet Ihnen das heute?

THOMAS BERNHARD: Na gar nichts, ich mache mir den Gedanken überhaupt nicht. Na, Sie werden doch nicht über jeden Schritt, den Sie einmal gemacht haben, noch einmal nachdenken. Da müßten Sie ja Milliarden, Hunderte Milliarden Gedanken in Bewegung setzen. Wie mit Gehen und Laufen. Sie dürfen ja doch nicht nachdenken über das, was Sie abgelaufen haben, da kommen S' doch nie wo an, wo's interessant wird.

WERNER WÖGERBAUER: Daß 1981 der Gedichtband *Ave Vergil* herausgekommen ist, das war auch die Arbeit des Verlegers. Der hat das auch »verlegt«?

THOMAS BERNHARD: Na, das hab' ich gefunden, hab' ich mir gedacht, das ist eigentlich ein gutes Gedicht, aus dieser Zeit, und fertig. Der verlegt ja alles, was ich ihm geb'.

WERNER WÖGERBAUER: Wir haben einen Auszug daraus übersetzen lassen.

THOMAS BERNHARD: Das kann man wahrscheinlich leicht übersetzen. Das sind immer nur drei Wörter, Englisch kann man's wahrscheinlich gut übersetzen. Englisch und Italie-

nisch, also Französisch weiß ich nicht, ob das geht. Das ist ja aus dem Jahre 1960. Das ist ja 26 Jahre her.
WERNER WÖGERBAUER: In dem von den Übersetzern gewählten Passus ...
THOMAS BERNHARD: Translator! Ja bitte?
WERNER WÖGERBAUER: ... ist, unter anderem, von Verona die Rede.
THOMAS BERNHARD: Ach so, *Schauplätze in Verona* ist da auch drin? Das war nämlich ein selbständiges Gedicht. Das war in einem Band, der hat geheißen *Einladung nach Verona*, vom Wieland Schmied herausgegeben, und damals war ich so begeistert von Ezra Pound, und da ist so ein Pound-Gedicht über Verona entstanden. Und das ist dann da wahrscheinlich, da in der Nähe vielleicht, eben, es war grad in der Zeit. Eben, es muß so vor 1960 gewesen sein. Dreißig Jahre ist es her.
WERNER WÖGERBAUER: Ist die Liebe, von der dieses Gedicht spricht, nicht mit der Figur der Schwester verbunden, nicht im biographischen Sinne, sondern etwa wie in *Korrektur*?
THOMAS BERNHARD: Was soll man darauf sagen? Liebe hat immer mit allem zu tun. Ich bin ja nicht meine Figuren, auch. Da müßt ich mich ja schon hundertmal umgebracht haben und ein Ausbund an Perversität von fünf Uhr früh bis zehn Uhr Nacht sein. Was man ist, kann man ja nicht beschreiben. Man kann ja nur das beschreiben, was man in der Hand hat.
WERNER WÖGERBAUER: Nichts liegt mir ferner, als Sie mit Ihren Figuren zu verwechseln.
THOMAS BERNHARD: Nein, nein, wunderbar. Ich hab' ja gesagt, aufgelegt bin ich. Kurz und bündig.
[Eine Bekannte Thomas Bernhards betritt das Kaffeehaus und setzt sich an den Nebentisch. Thomas Bernhard erzählt ihr, daß er eine »Schauernacht« verbracht, schließlich aber

trotz der Malerarbeiten in seiner Wohnung einige Stunden Schlaf gefunden hat.]

WERNER WÖGERBAUER: Die Handwerker sind aber doch nur untertags da.

THOMAS BERNHARD: Na natürlich. *Schriftsteller* arbeiten in der Nacht. Einem Handwerker fällt es doch nicht ein, in der Nacht sein Werkzeug in die Hand zu nehmen.

[Ein Gast betritt das Kaffeehaus und begrüßt Thomas Bernhard. Gemeinsam evozieren sie ihre Teilnahme an einer 1964 von Wiener Künstlern organisierten Solidaritätsgala zugunsten von »Tschauner's Stegreiftheater«. Thomas Bernhard erinnert sich, dabei die Rolle eines Gendarmen bekleidet zu haben.]

WERNER WÖGERBAUER: Sie halten ganz bewußt Distanz zu anderen lebenden Autoren.

THOMAS BERNHARD: Na überhaupt nicht bewußt. Ergibt sich von selbst. Wo kein Interesse ist, kann auch keine Lust sein.

WERNER WÖGERBAUER: Sie beschimpfen sie auch manchmal, so wie zum Beispiel Canetti oder Handke.

THOMAS BERNHARD: Ich beschimpfe überhaupt niemand. Das sind Unsinnigkeiten. Es gibt ja fast nur opportunistische Schriftsteller. Entweder hängen sie sich rechts an oder links, marschieren dort oder da, und so, und davon leben sie ja. Das ist halt unangenehm, warum soll man das nicht sagen? Der eine arbeitet mit seiner Krankheit und seinem Tod und kriegt seine Preise, und der andere rennt für den Frieden herum und ist im Grunde ein gemeiner blöder Kerl, also was soll's?

WERNER WÖGERBAUER: Aus der ausländischen Perspektive ist das erstaunlich, wo Sie doch in Frankreich in einem Atemzug mit Handke genannt werden.

THOMAS BERNHARD: Na ja, der Atem wird sich ändern. Der Atemzug wird sich auch erneuern. Na, aber so Gewohnheiten dauern Jahrzehnte. Die sind ja nicht auszurotten. Wenn Sie heute eine Zeitung aufmachen, lesen Sie fast nur vom Thomas Mann irgendwas. Jetzt ist der schon dreißig Jahre tot, und immer wieder, ununterbrochen, das ist ja nicht zum Aushalten. Dabei war das ein kleinbürgerlicher Schriftsteller, ein scheußlicher, ein ungeistiger, der nur für Kleinbürger geschrieben hat. Das interessiert ja nur Kleinbürger, so ein Milieu, das der beschreibt, das ist ja ungeistig und dumm, irgendeinen fiedelnden Professor, der irgendwo hinfährt, oder eine Lübecker Familie; liab, aber nicht mehr ist es als Wilhelm Raabe auch. Sie werden immer, ob das *Le Monde* ist oder ... immer Thomas Mann, Thomas Mann, was der einen Kohl eigentlich dahergeschrieben hat über politische Sachen und so. Der war völlig verkrampft und ein typischer deutscher Kleinbürger. Mit einer geldgierigen Frau. Das ist für mich diese deutsche Schriftstellermischung. Immer Frauen gehabt im Hintergrund, ob das der Mann oder der Zuckmayer und so war, die haben immer geschaut, daß diese Leute neben dem Staatspräsidenten sitzen, bei jeder blöden Plastikausstellung und Brückeneröffnung, was haben Schriftsteller dort zu suchen? Das sind die Leute, die immer mit dem Staat und den Mächtigen packeln und entweder links oder rechts davon sitzen. Der typische deutschsprachige Schriftsteller. Wenn lange Haare modern sind, dann hat er lange Haare, wenn sie kurz sind, hat er kurze. Ist die Regierung links, rennt er dorthin, ist sie rechts, rennt er dahin, immer das gleiche. Die haben ja nie einen Charakter gehabt. Nur die Frühverstorbenen, meistens. Wenn's mit achtzehn oder mit vierundzwanzig gestorben sind, na ja, da ist es auch nicht so schwierig, einen Charakter zu behalten, weil schwierig wird es ja erst nachher. Da wird man schwach. Bis fünfundzwanzig, wo niemand mehr braucht als eine alte Hose und wo man barfuß rennt und mit einem Schluckerl Wein und mit einem Wasser zufrieden ist, da ist es nicht so schwierig, einen Charakter zu haben. Aber nachher. Da haben's halt alle keinen gehabt. Mit vierzig sind sie schon völlig paralysiert in politischen Parteien aufgegangen. Und der Kaffee, den sie in der Früh trinken, ist vom Staat bezahlt. Und das Bett, in dem sie schlafen, auch, der Urlaub, den sie verbringen, auch, das zahlt alles der jeweilige Staat. Das ist ja nichts Eigenes mehr.

WERNER WÖGERBAUER: Glauben Sie, daß an Ihren Texten etwas spezifisch Österreichisches ist?

THOMAS BERNHARD: Brauch' ich net glauben, nachdem ich ein Österreicher bin, ist das ja selbstverständlich. Zu glauben gibt's da überhaupt nichts.

WERNER WÖGERBAUER: Könnte ein deutscher Autor so schreiben?

THOMAS BERNHARD: Na sicher nicht, Gott sei Dank. Die Deutschen sind ja unmusikalisch, das ist ja ganz etwas anderes. Das merkt man ja. Bevor man das Buch aufmacht, merkt man das doch, wie beim Titel, daß da was anders ist, das stinkt schon ganz anders.

WERNER WÖGERBAUER: Ihr Stil ist von solcher Eigenart, daß er zahlreiche Pasticci und Parodien angeregt hat ...

THOMAS BERNHARD: Na, wenn s' ein Geld damit verdienen können und sich einen Sommerurlaub machen können, drei Tage in einem guten Gasthof, meistens gehen sie ja leider nur dorthin, wo Hauben verliehen werden, da brauchen s' zweitausend Schilling für ein Essen, ich gönne das jedem, wenn er Spaß hat.

WERNER WÖGERBAUER: Aber wie entsteht so etwas Neues im alten Material der Sprache? Gibt es da Traditionen, an die man anknüpft, und sei es im Gegenzug zu ihnen?

THOMAS BERNHARD: Es gibt immer Traditionen, bewußt und unbewußt. Nachdem man ja von Kindheit an liest und lebt, ergibt sich das alles ganz von selbst. Und da man das, was einem nicht gefällt oder schlecht ist, von vornherein hinausschmeißt und ablehnt, da bleibt halt das über, woran man sich hält. Ob's blöd ist oder nicht, das ist wieder eine andere Frage. Ob das ein richtiger Weg ist, weiß man ja nicht. Jeder Mensch hat seinen Weg, und für denjenigen ist jeder Weg richtig. Und es gibt, glaube ich, jetzt viereinhalb Milliarden Menschen und viereinhalb Milliarden richtige Wege. Das Unglück der Menschen ist eben, daß sie den Weg, den eigenen, eben nicht gehen wollen, immer einen andern gehen wollen. Streben und Widerstreben zu etwas anderm, als sie selbst sind. Es ist ja jeder eine große Persönlichkeit, ob der da malt oder zusammenkehrt oder schreibt oder ... Die Leute wollen immer etwas anderes. Das ist das Unglück der Welt.

WERNER WÖGERBAUER: Manchmal hat man den Eindruck, Sie schlügen die Hand, die Sie genährt hat, wenn Sie zum Beispiel Heidegger als Voralpenschwachsinnsdenker bezeichnen und ...

THOMAS BERNHARD: Der hat mich weder genährt. Wieso soll der mich nähren? Aber der ist doch ein unmöglicher Kerl, der hat weder einen Rhythmus noch sonst etwas. Der hat gelebt von ein paar Schriftstellern, der hat die ausgeschlachtet bis zuletzt, was wäre der gewesen ohne die?

WERNER WÖGERBAUER: Ich dachte an das Wort »Lichtung«.

THOMAS BERNHARD: Das hat es ja schon vorm Heidegger auch gegeben, dreihundert und fünfhundert Jahre auch schon gegeben. Der war ja nichts, das ist ein Philister gewesen, ein feister, das ist nichts Neues. Das ist ein Musterbeispiel von jemandem, der skrupellos alle Früchte ißt, die andere eingesetzt haben, und sich überfrißt, Gott sei Dank, dadurch wird ihm schlecht und platzt er. Kriegt er Magenweh.

WERNER WÖGERBAUER: Sie haben von Haßliebe zu Österreich gesprochen. Was lieben Sie hier noch?

THOMAS BERNHARD: Na, Haßliebe erklärt ja das Wort selbst.
WERNER WÖGERBAUER: Da ist auch eine Komponente »Liebe«.
THOMAS BERNHARD: Wahrscheinlich. Haßliebe? Man ist halt hin und her geworfen. Das ist der beste Lebensimpetus und Antrieb, den man haben kann. Wenn Sie nur lieben, sind Sie verloren, wenn Sie nur hassen, sind Sie genauso verloren. Wenn Sie gern leben, wie ich, dann müssen Sie halt in einer ständigen Haßliebe zu allen Dingen leben. Das ist halt so eine Gratwanderung. Direkt ausliefern, das wäre ja der Tod. Wenn man gern lebt, will man ja nicht tot sein. Jeder Mensch lebt gern, auch der, der sich umgebracht hat, nur hat er dann die Möglichkeit nicht mehr. Weil der Rückzieher nimmer möglich ist. [Mit Blick auf das Tonbandgerät:] Lauft eh noch. Das Drama läuft. *Dramma giocosa!*
WERNER WÖGERBAUER: Die politische Realität in Österreich ist an sich schon so provokant, daß man da gar nicht mehr provozieren kann.
THOMAS BERNHARD: Das geht halt dann irgendwie in die Arbeit ein. Da braucht man sich auch wieder nicht zu sorgen. Das fließt da halt rein, wie man so schön sagt. Das hat ja keinen Sinn, so wie der da, der blöde Bildhauer, jetzt hinausrennen und schreien und ein dummes Pferd hinstellen und einen Kohl erzählen, einen primitiven, das ist ja Tageswirkung, bis übermorgen.
WERNER WÖGERBAUER: Sie meinen Hrdlicka?
THOMAS BERNHARD: Ja ja, der war da, der geht ja fünfmal am Tag herein, wie ich gekommen bin, ist er hinaus, jetzt ist er wieder her ... jeder, wie er will. Er ist ein armer Kerl, schert sich den Kopf, nach zwei Jahren schert er sich alles ab, dann laßt er's wieder drei Jahre wachsen. Er ist ja arm. Das hat keinen Sinn. Wenn das in Ihrer Arbeit sichtbar wird, dann dauert das ja länger. Na, Bildhauer haben's wahr-

scheinlich auch schwer. Die müssen halt zu den Stadträten auch beim Arsch hineinkriechen, weil's sonst keinen Auftrag kriegen, der kann ja nicht im Wohnzimmer bei sich solche Sachen gießen lassen und machen. Das ist das Schwierige. Schreiben ist einfacher, weil da brauchen Sie gar nichts und niemanden. Sie können beobachten, und dann machen Sie, was Sie wollen, damit. Nur eine Schreibmaschine, und, wenn's hart auf hart kommt, nur einen Bleistift. Oder einen Kugelschreiber, um zwei Schilling kriegen's ja schon einen.
WERNER WÖGERBAUER: In Ihrem neuen Buch *Auslöschung* geht es auch um ...
THOMAS BERNHARD: Eine Auslöschung.
WERNER WÖGERBAUER: ... das Problem der alten Nazis in Österreich.
THOMAS BERNHARD: Es ist ja ein Problem da. Wenn Sie da wohin gehen und sich hinsetzen und ein bißchen hinhören, könnten Sie, wenn Sie wollten, sich schon aufregen. Nur hat das auch keinen Sinn. Das ist ja überall gleich. Es ist ja in Frankreich genauso. Es gibt nicht nur da Nazis, sondern die gibt's genauso in England und Frankreich und in Kroatien und was weiß ich wo. Es gibt schöne und schiache Leute. Nur die schiachen überwiegen halt dann.
WERNER WÖGERBAUER: Ist Nationalsozialismus für Sie ein historischer Begriff oder ein persönliches Konzept?
THOMAS BERNHARD: Na, das ergibt die Geschichte. Nazi, das weiß man eh, was das ist, Jesus, das weiß man auch, was das ist. Christ. Ob Sie Christ sagen, einsilbig, oder Nazi, mit zwei Silben, das klingt beides gleich gut und ist beides grauenhaft.
WERNER WÖGERBAUER: Die Kritik hat Sie zuweilen als einen antiaufklärerischen, menschenverachtenden Schriftsteller charakterisiert.
THOMAS BERNHARD: Schauen Sie sich die Leute an, die drüber schreiben. Das sind nur ordinäre, primitive Kasperln,

geschmacklose außerdem, die keine Ahnung von dem haben, was sie beschreiben und lesen. Keine Ahnung, mit was sie eigentlich umgehen. Wenn's heiß wird, ziehn s' den Rock aus, sitzen da mit dicken Bäuchen und Hosenträgern, verschwitzt da, sind ganz vulgär, saufen eine Flasche nach der andern, net, verbrüdern sich mit Krethi und Plethi. Das ist eine üble Meute. Wurscht, wie sie heißen. Ob das jetzt in Deutschland ist oder ... na, da gibt es ja so was eh net.
WERNER WÖGERBAUER: Wenn Kritiker Sie faschistoider Tendenzen bezichtigen ...
THOMAS BERNHARD: Na, Faschist, das habe ich nicht gern, das Wort, aber ich war ja schon alles. Was ich schon alles war, Kommunist oder Faschist, Anarchist, alles.
WERNER WÖGERBAUER: Was ist für Sie ein Gespräch?
THOMAS BERNHARD: Ich führe ja meistens keine. Weil Leute, die ein Gespräch führen wollen, die sind mir sowieso schon verdächtig, weil das erhebt ja schon einen Anspruch, einen gewissen, den erfüllen die Leute ja nicht. Sehr gut reden kann man mit einfachen Leuten. Dort, wo das Miteinanderreden zum Gespräch gemacht werden soll, wird es schon grauenhaft. Dieser schöne Ausdruck: »über Gott und die Welt«, und da wird alles hineingeschmissen, oben, und einmal dreht der, und dann dreht der andere, es kommt eine unerträgliche stinkende Wurscht unten heraus. Ganz gleich, wer das ist. Es gibt ja gesammelte Gespräche, zu Hunderten, Bände. Da leben ja ganze Verlage davon. Wie aus einem After kommt das heraus, und das Ganze zwischen Buchdeckeln. Da wird's hineingeklatscht.
Das war ja auch kein Gespräch.
WERNER WÖGERBAUER: Na natürlich nicht.
THOMAS BERNHARD: Da heißt's dann, Sie hörten das Gespräch und so, und alle Leute, die das gehört haben, haben das im Moment ja schon vergessen. Weil's nichts war. Da gibt's die berühmten *Nachtstücke*. Da sitzen die Leute ein-

einhalb Stunden, sitzt da ein Philosoph und ein Pseudophilosoph, oder meistens beide Pseudophilosophen, und da haben s' dann einen Rollkragenpullover und eine Krawatte, das ist dann ziemlich wurscht, weil alles ist Absicht und blöd, und reden halt ununterbrochen und reden und reden. Wenn man liest, was da in der *Süddeutschen Zeitung*, die da liegt, was da in den letzten drei Jahrzehnten für Gespräche erschienen sind, kein Hahn kräht nach einem Wort von all diesen Gesprächen und Büchern. Das ist halt nur für die Papierarbeiter, die haben eine Beschäftigung, das mag einen Sinn haben. Weil die haben eh ein schreckliches Leben und verlieren alle Glieder, mit fünfzig haben sie meistens kein Bein mehr oder fünf Finger weg. Papiermaschinen sind ja grausam. Da hat das wenigstens einen Sinn, da kann die Familie zusätzlich noch was haben. Ich lebe ja neben zwei Papierfabriken, drum weiß ich, wie das ist.
Sie werden in zehn Jahren alles sehen, wie blöd das alles war. Aber alles bringt einen weiter, und von irgendwas lebt man, und da macht man eben lauter Blödsinn im Leben. Das Leben besteht in einer Aneinanderreihung von Blödsinn, wenig Sinn, aber fast nur Blödsinn. Egal, wer das ist. Ob das jetzt großartige, angeblich großartige Leute sind, wie sie halt alle heißen, inklusive meiner, Cioran, Aphorismen. Alles armselig und führt zu nichts als zum Ende.
Da können S' daheim sitzen, können S' ihre Bücheln aufstellen, und wenn S' die dann anschaun, denken Sie sich: »Traurig«. Und trotzdem mahlt man die Mühle weiter, so wie man sich angewöhnt, in der Früh einen Kaffee zu trinken oder einen Tee – Tee ist noch gescheiter, weil S' weniger arbeiten –, so geht's mit dem Schreiben. Da werden Sie süchtig. Das ist auch ein Rauschgift.
WERNER WÖGERBAUER: War die Krankheit für Sie der Motor zum Schreiben?
THOMAS BERNHARD: Ja, vielleicht, kann schon sein. Nach-

dem die lebenslänglich immer da war. Und wie man sieht, sind einige Leute immer todkrank, leben aber ewig lang. Für alle diese Leute war das immer günstig. Eine Krankheit ist ja immer ein Kapital. Jede überstandene Krankheit ist eine tolle Geschichte, denn es kann Ihnen niemand in irgendeiner Weise Ähnliches in die Kasse hineinfallen lassen. Nur dürfen S' nicht damit rechnen, weil dann geht's einmal schief. Ist auch wieder wurscht, denn Sie sind ja nimmer da und können das nicht feststellen. Es ist in Ihrer Kasse drinnen.

WERNER WÖGERBAUER: In Ihren letzten Büchern tritt das Bedrohliche zurück, und es herrscht eine quasi mathematische, geometrische Heiterkeit.

THOMAS BERNHARD: Man wird etwas älter, es ändert sich. Drum braucht man sich um Themenwechsel gar nicht sorgen, weil der kommt von selbst, mit Ihren Erlebnissen, die Sie haben. Der dumme Schriftsteller, der dumme Maler sucht immer nach Motiven, dabei braucht er nur sich selbst, braucht er nur seinem Leben folgen. Der will immer der gleiche bleiben, aber nie dasselbe schreiben. Und auf das kommt es ja an, wenn's überhaupt auf etwas ankommt. Aber wenn man schon damit umgeht wie ein Hosenverkäufer und daß man halt auch davon lebt, macht man halt so was.

WERNER WÖGERBAUER: Sie sagen, Sie reden gern mit einfachen Leuten.

THOMAS BERNHARD: Das ist ja immer ein Genuß.

WERNER WÖGERBAUER: Finden Sie so einfache Leute in Wien?

THOMAS BERNHARD: Ich habe ja jetzt auch einfache Leute daheim. Das ist ja höchst angenehm, auch wenn s' Dreck machen. Die haben ja einen unverbildeten Verstand.

WERNER WÖGERBAUER: Da müssen Sie aber bezahlen, daß die zu Ihnen kommen.

THOMAS BERNHARD: Ich brauche meine einfachen Leute nicht bezahlen. Die habe ich zu Hunderten am Land und wo ich hingeh', auch. Sie sind ja auch nicht immer auszuhalten. Man muß ja beides. Man muß möglichst viel beherrschen halt. Man muß ja dort und muß ja da sein. Wenn Sie nur in einer Gesellschaftsschicht verkehren, das ist ja blöd. Da werden Sie verkümmern. Man muß möglichst alles fortwährend in sich aufnehmen und wieder abstoßen. Die meisten Leute machen ja den Fehler, daß sie nur noch hocken bleiben in einer Kaste und Klasse und nur noch mit Fleischern verkehren, weil sie Fleischer sind, oder nur noch mit Maurern, weil sie Maurer sind, oder Hilfsarbeiter, weil's Hilfsarbeiter sind, oder Grafen, weil's Grafen sind, oder Könige...

WERNER WÖGERBAUER: Oder Schriftsteller, weil's Schriftsteller sind?

THOMAS BERNHARD: Na, ich bin ja mein eigener, da brauch' ich ja eh keinen. Da mir keiner was lernen und sagen kann, brauch' ich ja zu keinem hingehen. Da der Mensch an und für sich verlogen und verschroben ist, finde ich das woanders. Da brauche ich keinen Schriftsteller. Daß ich mich mit dem zusammensetze und da von vornherein nur der Neid und die Mißgunst da vorherrscht, daran habe ich kein Interesse, also gehe ich mit keinen Schriftstellern um.

WERNER WÖGERBAUER: Ich danke Ihnen...

THOMAS BERNHARD: Wie? Alle leben, bis sie sterben. Und dazwischen spielt sich halt sehr viel ab. Aber für die meisten ist es uninteressant. Meistens nur für denjenigen, der das selber lebt. In Wahrheit interessiert sich jeder, auch wenn er sich für andere interessiert, nur für sich selbst. Das ist alles nur eine Umwegrentabilität. Das ist überall so, wurscht was es ist, Kinderdorf, Sahelzone und der Hunger in Nicaragua. Der Herr Ortega macht genauso ein Theater, um sich selbst zu dienen, so wie der Herr Reagan, das ist ganz wurscht, von welcher Perspektive. Der Mensch tut nur das, wovon er glaubt, daß es ihn halt irgendwie weiterbringt und ihn bei der Stange hält, ihn selbst. Auch wenn Sie Nonne werden oder Mönch, bleibt Ihnen auch nichts anderes im Sinn, es bleibt Ihnen ja nichts anderes übrig. Wenn S' da Mönch sein und dienen wollen, im Gegenteil, da werden S' besonders scheußlich und menschenfeindlich. So ist das, glaub' ich. Mit dem Glauben. So.

Funchal, 2. Dezember 86

Lieber Claus Peymann,
nach einem Tee im Reids denke ich selbstverständlich mit größter Intensität, was mit uns in Zukunft zu geschehen hat!
Was mache ich mit meiner Theaterarbeit?
Bedenken Sie bitte, daß weder der Theatermacher, noch Ritterdenevoss verlorengehen sollen *für immer*, wenn die Stükke nicht »aufgezeichnet« werden.
Während Sie an Ihrem Richard arbeiten, gehe ich einen, wie immer grauenhaften Prosaweg, auf dem es die Prügel nur so hagelt, die ich mir selbst geworfen habe.
Ich bin ab 19. in Wien oder Ohlsdorf erreichbar. Sie sollten sich unbedingt melden, wenn Sie mich nicht an den Rand der Verzweiflung bringen wollen.
Alle Umwege führen in den Tod,
Ihr

Thomas B.

Von einer Katastrophe in die andere

ASTA SCHEIB: Wer ist Thomas Bernhard?

THOMAS BERNHARD: Man weiß nie, wer man ist. Es sagen einem ja die anderen, wer und was man ist, nicht? Und weil es einem millionenmal gesagt wird, wenn man ein längeres Leben hat, weiß man überhaupt nicht mehr, wer man ist. Jeder sagt etwas anderes. Man selbst sagt auch jeden Augenblick etwas anderes.

ASTA SCHEIB: Gibt es Menschen, von denen Sie abhängig sind, die bestimmend in Ihr Leben eingreifen?

THOMAS BERNHARD: Man ist immer abhängig von Menschen. Es gibt niemanden, der nicht von irgendeinem Menschen abhängig ist. Ein Mensch, der immer mit sich allein ist, würde in Kürze zugrunde gehen, tot sein. Ich glaube, es gibt für jeden entscheidende Menschen. Ich habe zwei in meinem Leben gehabt. Meinen Großvater väterlicherseits und dann einen Menschen, den ich ein Jahr vor dem Tod meiner Mutter kennengelernt habe. Das war eine Verbindung, die über 35 Jahre gedauert hat. Das war der Mensch, auf den alles, was mich betrifft, bezogen war, von dem ich alles gelernt habe. Mit dem Tod dieses Menschen war dann auch alles wieder weg. Dann steht man allein. Zuerst möchte man mitsterben. Dann sucht man. Alle Menschen, die man noch hat, machte man im Laufe des Lebens zu weniger Wichtigem. Dann ist man halt allein. Damit muß man fertig werden.

Wenn ich, gleich wo, allein war, habe ich immer gewußt, dieser Mensch schützt mich, stützt mich, beherrscht mich auch. Dann ist das alles weg. Man steht auf dem Friedhof. Das Grab wird zugeschüttet. Alles ist weg, was einem irgend etwas bedeutet hat. Dann wacht man jeden Tag in der Früh mit einem Alptraum auf. Es ist nicht so, daß man unbedingt weiterleben will. Man will sich aber auch nicht erschießen oder aufhängen. Das kommt einem gemein vor und unappetitlich. Dann hat man nur noch Bücher. Die stürzen sich auf einen drauf mit allen Fürchterlichkeiten, die man hineinschreiben kann. Aber man spielt das Leben nach außen weiter, als wenn nichts geschehen wäre, weil man ja sonst aufgefressen würde von der Umgebung. Die lauert ja nur, ob sie Schwächen an einem entdeckt. Wenn man die zeigt, wird man restlos ausgenützt und in Heuchelei ertränkt. Heuchelei heißt dann Mitleid. Das ist die schönste Bezeichnung für Heuchelei.

Aber es ist, wie gesagt, schwierig, nach 35 Jahren mit einem Menschen plötzlich allein zu sein. Das verstehen nur Leute, die ähnliches erlebt haben. Man ist plötzlich noch hundertmal mißtrauischer als vorher. Hinter jeder sogenannten menschlichen Äußerung vermutet man eine Gemeinheit. Man wird noch kälter, als man vorher schon verschrien war. Noch abweisender. Das einzige, was einen rettet, ist, daß man nicht verhungern muß. Angenehm ist dieses Leben sicher nicht. Dazu kommt die eigene Hinfälligkeit. Ein totaler Abbau. Man betritt nur Häuser, die einen Lift haben. Man trinkt einen Viertelliter am Mittag, einen Viertelliter am Abend. Dann rutscht man so halbwegs durch. Wenn man aber schon zu Mittag einen halben Liter trinkt, hat man eine grauenvolle Nacht. Das sind die Probleme, auf die das Leben zusammenschrumpft. Pillen nehmen, nicht nehmen, wann nehmen, wozu nehmen. Alle Monate wird man da ein bißchen wahnsinnig, weil man durcheinanderkommt.

ASTA SCHEIB: Wann haben Sie sich zum letzten Mal gefreut?

THOMAS BERNHARD: Einmal am Tag freut man sich, daß man am Leben ist und noch nicht tot. Das ist ein unwahrscheinliches Kapital.

Von dem Menschen, der mir weggestorben ist, weiß ich, daß man bis zuletzt am Leben hängt. Im Grunde genommen lebt ja jeder Mensch gern. So schlimm kann das Leben gar nicht sein, daß man nicht doch dran hängt. Die Triebfeder ist die Neugierde. Man will wissen: Was ist noch? Es ist interessanter, zu wissen, was morgen ist, als was heute ist. Je älter man wird, desto interessanter wird das Leben. Nachdem der Körper kaputt ist, entwickelte sich das Gehirn erstaunlich gut.

Ich möchte am liebsten alles wissen. Ich bin auch immer bestrebt, die Leute auszurauben und alles aus ihnen herauszuziehen, was drinnen ist. Soweit man das versteckt machen kann. Wenn die Menschen merken, daß man sie ausrauben will, machen sie zu. So wie jeder seine Haustür zusperrt, wenn ein Verdächtiger näher kommt. Aber man kann auch einbrechen, wenn es nicht anders möglich ist. Ein Kellerfenster hat jeder Mensch offen. Das kann auch ein starker Reiz sein.

ASTA SCHEIB: Haben Sie sich je gewünscht, eine Familie zu gründen?

THOMAS BERNHARD: Ich war immer nur froh zu überleben. An die Gründung einer Familie konnte ich gar nicht denken. Ich war nicht gesund, ich hatte daher auch keine Lust zu diesen Sachen. Es ist mir nichts anderes übriggeblieben, als mich in meinen Verstand zu flüchten und mit dem irgend etwas anzufangen, weil das Körperliche nichts hergegeben hat. Das war leer. So ist es mehr oder weniger über die Jahrzehnte geblieben. Ob das gut ist oder schlecht, weiß man nicht. Es ist halt eine Form zu leben. Das Leben kennt Milliarden verschiedener Existenzformen.

Meine Mutter ist mit 46 Jahren gestorben. Das war 1950. Ein Jahr vorher hatte ich meine Lebensgefährtin kennengelernt. Das war zuerst eine Freundschaft und eine ganz starke Bindung an einen viel älteren Menschen. Wo ich auch immer war in der Welt, war das der zentrale Punkt, aus dem ich eigentlich alles genommen habe. Ich wußte immer, dieser Mensch ist vollkommen für mich da, wenn es schwierig wird. Ich habe nur an ihn denken müssen, nicht einmal aufsuchen mußte ich ihn, und es war dann schon in Ordnung. Auch jetzt lebe ich mit diesem Menschen. Wenn ich Sorgen habe, frage ich: Was würdest du machen? Dadurch bin ich oft zurückgehalten von absoluten Fürchterlichkeiten, die man im Alter auch noch begehen würde, weil in einem ja alles drin ist. Sie war für mich das Zurückhaltende, das Disziplinierende. Andererseits auch das Weltaufmachende.

ASTA SCHEIB: Waren Sie zu irgendeinem Zeitpunkt zufrieden mit Ihrem Leben?

THOMAS BERNHARD: Ich war nie zufrieden mit meinem Leben. Aber ich habe immer ein großes Schutzbedürfnis gehabt. Bei meiner Freundin habe ich Schutz gefunden. Sie hat mich auch immer zum Arbeiten gebracht. Sie war glücklich, wenn sie gesehen hat, daß ich was tue. Dadurch war es großartig. Wir haben Reisen gemacht. Ich habe ihre schweren Koffer getragen, aber ich habe vieles kennengelernt. Soweit man das von sich sagen kann, denn das ist immer noch wenig oder fast gar nichts. Aber für mich war es alles.
Als ich 19 war, hat sie mir in Sizilien gezeigt, wo Pirandello gewohnt hat. Ohne daß sie bildungsbeflissen etwas in mich hineingestopft hätte. Es war alles eher beiläufig. Wir waren in Rom, in Split – doch es waren immer mehr die inneren Reisen, die man dann halt gemacht hat. Wir waren irgendwo auf dem Land, wo wir ganz einfach lebten. Wo es in der Nacht auf das Bett geschneit hat. Dieser Hang zur Einfachheit war da. Die Kühe hausten grad daneben, wo man geschlafen und gelebt, eine Suppe gegessen und viele Bücher mitgehabt hat.

ASTA SCHEIB: Sind Sie je mit Ihrer Existenz als Schriftsteller einverstanden gewesen?

THOMAS BERNHARD: Nun – man will beim Schreiben immer besser werden, weil man sonst verrückt würde. Das ist so ein Vorgang, wenn man älter wird. Die Kompositionen sollten halt immer straffer werden. Ich habe stets versucht, beim Weitergehen etwas Besseres zu machen. Beruhend auf dem, was der letzte Schritt war, den nächsten Schritt zu machen. Natürlich hat man immer die gleichen Themen, das ist ganz klar. Jeder hat nur sein Thema. Darin soll er sich bewegen. Dann macht er es auch gut. Ideen hat es viele gegeben. Vielleicht will man Mönch werden, Eisenbahner, Holzhakker. Zu den ganz einfachen Leuten möchte man dazugehören. Das ist natürlich so ein Irrtum, weil man nicht dazugehört. Wenn man ein Mensch ist wie ich, kann man natürlich nicht Eisenbahner oder Mönch werden. Ich war immer ein Einzelgänger. Trotz dieser starken Verbindung war ich immer allein. Am Anfang habe ich natürlich noch geglaubt, ich müßte wohin fahren und mitreden.
Aber seit mindestens einem Vierteljahrhundert habe ich kaum Kontakt zu anderen Schriftstellern.
ASTA SCHEIB: Eines Ihrer Zentralthemen ist die Musik. Wieviel bedeutet sie Ihnen?
THOMAS BERNHARD: Als ich jung war, habe ich Musik studiert. Sie hatte mich ja von Kindheit an verfolgt. Obwohl ich die Musik geliebt habe, war das eine Verfolgungsjagd. Studiert habe ich eigentlich nur, um mit Gleichaltrigen zusammenzusein. Der Grund war wohl die Verbindung zu diesem sehr viel älteren Menschen. Mit den Kollegen am Mozarteum habe ich gespielt, gesungen, bin im Theater aufgetreten. Die Musik war dann nicht mehr möglich, weil sie rein physisch nicht mehr möglich war. Musik kann man auch nur machen, wenn man ständig mit Leuten zusammen ist. Da ich das nicht wollte, hat sich das eigentlich von selbst erledigt.
ASTA SCHEIB: Ihre Ausfälle vor allem gegen Staat und Kir-

che sind zuweilen sehr schroff. Der Katholizismus wird in »Auslöschung« als »Zerstörer, Angsteinjager, Charaktervernichter der Kinderseele« beschrieben. Ihr Land Österreich ist für Sie »zu einem skrupellosen Geschäft geworden, in welchem nur mehr noch um alles gefeilscht und in welchem jeder um alles betrogen wird«. Schreiben Sie das aus einer Art Universalhaß?
THOMAS BERNHARD: Ich liebe Österreich. Das kann man doch nicht verleugnen. Nur die Konstruktion von Staat und Kirche – die ist so scheußlich, daß man sie nur hassen kann.
Ich glaube, daß alle Länder und Religionen, die man gut kennt, gleich scheußlich sind. Man sieht mit der Zeit, daß die Konstruktion überall die gleiche ist. Ob Diktatur oder Demokratie – für den einzelnen ist im Grunde alles gleich schauerlich. Zumindest bei näherer Betrachtung. Zu der soll man sich aber nicht herablassen, sonst hat man die Meute am Hals, wenn man öffentlich solche Sachen sagt.
ASTA SCHEIB: Ist es Ihnen nicht wichtig, ob Sie in Ihrer Heimat als Schriftsteller und als Mensch akzeptiert werden?
THOMAS BERNHARD: Der Mensch lechzt von Natur aus nach Liebe, von Anfang an. Nach Zuwendung, Zuneigung, die die Welt zu vergeben hat. Wenn einem das entzogen wird, kann man hundertmal sagen, man sei kalt und sehe und höre das nicht. Es trifft einen mit aller Härte. Aber das gehört eben dazu, dem kann man nicht ausweichen. Wenn man in den Wald hineinruft, kommt eben ein Echo zurück. Wenn man den Wald kennt, kennt man auch das Echo. Letzten Endes ist man in Haß und Verachtung auch verliebt.
ASTA SCHEIB: Machen Sie deshalb in Ihren Büchern zunächst immer tabula rasa? Sie rechnen offenbar – und zwar ziemlich brüsk – mit bestimmten Menschen ab. Kriegen Sie das zu spüren?
THOMAS BERNHARD: Ja. Es ist manchmal fast unerträglich.

Gestern hat mich eine Frau regelrecht angesprungen, als ich in der Stadt war. Sie schrie: »Wenn Sie so weitermachen, werden Sie krepieren!« Dem ist man ausgeliefert. Oder man sitzt auf einer Parkbank und bekommt plötzlich von hinten einen Schlag, daß man zusammenfährt und nur noch hört, wie jemand schreit: »Nur so weiter!« Das verursacht man aber alles selber. Nur hat man damit nicht gerechnet. In Ohlsdorf, meinem eigentlichen Wohnsitz, kann ich auch kaum mehr leben. Die Überfälle von jeder Seite sind unerträglich. Dabei ist das Lob genauso schauerlich, verheuchelt, verlogen und selbstsüchtig wie die Beschimpfungen. Es ist so, daß die Leute, wenn ich nicht gleich öffne, bösartig werden und die Fenster einschlagen. Zuerst klopfen sie, dann rufen sie, dann schreien sie, und dann hauen sie die Fenster ein. Dann heult der Motor des Wagens auf, und dann sind sie weg. Weil ich vor 22 Jahren so blöd war, die Adresse bekanntzugeben, kann ich jetzt in Ohlsdorf nicht mehr leben. Leute sitzen dort auf der Mauer. Schon in der Früh, wenn ich zum Tor hinausgehe, sitzen die dort. Sie wollen mit mir reden, sagen sie. Oder die Leute gehen am Wochenende, so wie sie früher Affenschauen gegangen sind, jetzt Dichterschauen. Das ist günstiger. Sie fahren nach Ohlsdorf und umstellen mein Haus. Ich schaue dann wie ein Sträfling oder wie ein Verrückter hinterm Vorhang hervor. Unerträglich.

Ich halte seit zwölf Jahren auch keine Lesungen mehr. Ich kann mich nicht mehr hinsetzen und mein eigenes Zeug lesen. Ich kann auch applaudierende Leute nicht vertragen. Applaus – das ist der Lohn der Schauspieler. Die leben davon. Ich aber habe gern die Überweisungen vom Verlag. Aber Marschmusik, Heerscharen und klatschende Leute im Theater oder Konzert – das ist mir unerträglich. Das Unheil kommt ja immer aus der klatschenden, tosenden Menge. Alles Grausen kommt aus dem Applaus!

ASTA SCHEIB: In »Auslöschung« haben Sie gesagt, daß man

sich mit vierzig Jahren zum Altersnarren ausrufen lassen soll. Warum?
THOMAS BERNHARD: Diese Methode ist die einzige, die das Ganze erträglich macht. Sie haben mich gefragt, welchen Blick ich auf mich habe. Da kann ich nur sagen: auf den Narren. Dann geht's. Nur mit dem Blick auf den Narren, auf den Altersnarren. Ein junger Narr ist nicht interessant. Der wird als Narr auch noch gar nicht anerkannt.
ASTA SCHEIB: War das Schreiben, vor allem Ihrer frühen Bücher wie »Der Atem« oder »Die Kälte«, auch ein Mittel, mit Ihrer Krankheit fertig zu werden?
THOMAS BERNHARD: Mein Großvater war Schriftsteller. Erst nach seinem Tode habe ich mich getraut, selber zu schreiben. Als ich 18 war, wurde in dem Heimatdorf meines Großvaters eine Gedenktafel für ihn enthüllt. Nach der Feier gingen alle ins Gasthaus, das meiner Tante gehörte. Da saß dann auch ich, und meine Tante sagte zu Zeitungsredakteuren, die dabei waren: »Da sitzt der Enkel, der wird nichts. Aber vielleicht kann er ja schreiben.« Einer hat dann gesagt: »Schicken Sie ihn mir am Montag.« Da bekam ich den Auftrag, über ein Flüchtlingslager zu schreiben. Am nächsten Tag stand mein Bericht schon in der Zeitung. Ich habe in meinem ganzen Leben nie mehr ein solches Hochgefühl erlebt. Ein ganz großartiges Gefühl, daß man etwas schreibt und über Nacht gedruckt wird – wenn auch verstümmelt und gekürzt. Aber immerhin war es drinnen. Von Thomas Bernhard. Da hatte ich Blut geleckt am Schreiben. Zwei Jahre habe ich dann Gerichtsreportagen geschrieben. Die sind mir später beim Prosaschreiben wieder gegenwärtig geworden. Ein unschätzbares Kapital. Ich glaube, da liegen die Wurzeln.
ASTA SCHEIB: Wie ist es heute, wenn Kritiker wie Reich-Ranicki oder Benjamin Henrichs bewundernd über Sie schreiben? Ist das auch ein Hochgefühl?

THOMAS BERNHARD: Bei Kritiken habe ich nie mehr ein Hochgefühl. Am Anfang ja, weil man diese Dinge alle glaubt. Wenn man aber dreißig Jahre lang dieses Auf und Ab erlebt, dieses Heimzahlen von Schuld, dann durchschaut man die Mechanismen. Da schickt einer seinen Diener und sagt dem: »Da will ich eine negative Kritik.« So geht das.
ASTA SCHEIB: Ärgern Sie sich über Verrisse?
THOMAS BERNHARD: Ja. Ich falle auch heute noch in jede Grube. Zeitungen haben mich immer fasziniert, von meiner Jugend bis heute. Es ist mir kaum erträglich, einen Tag ohne Zeitung zu verbringen. Im Laufe der Zeit kennt man dann die Leute in den Redaktionen. Ich habe sie vielleicht nie gesehen, kenne aber die Zusammenhänge an einem Theater, die Hintergründe in einer Redaktion, ich kenne Verleger, Lektoren, Geschäfte. Der Geist bleibt immer auf der Strecke. Der Geschmack bleibt auf der Strecke. Die Poesie bleibt auf der Strecke. Darüber reiten die Kolonnen von Redakteuren und Kritikern hinweg. Sie gehen über alle Leichen, die irgend etwas Schöpferisches machen. Das ist auch wieder das Faszinierende daran. Es trifft mich, aber es stört mich in meiner Arbeit nicht mehr.
ASTA SCHEIB: In einer Rede haben Sie einmal gesagt: »Wir haben nichts zu berichten, als daß wir erbärmlich sind.« Schreiben Sie, um Zeugnis von Ihren Niederlagen zu geben?
THOMAS BERNHARD: Nein, ich tue alles nur für mich selbst. Alle Menschen tun alles für sich selbst. Ob sie seiltanzen oder Brot backen oder Schaffner bei der Eisenbahn sind oder Kunstflieger. Nur bei Kunstfliegern gibt es Veranstaltungen, wo die Leute halt hinaufschauen. Während er schön fliegt, warten die darauf, daß er runterfliegt. Bei Schriftstellern ist das auch so. Im Unterschied zum Kunstflieger, der nur einmal herunterfliegt und dann meistens kaputt und tot ist, ist der Schriftsteller auch kaputt und tot, aber er wird

immer wieder lebendig. Es gibt immer wieder eine Veranstaltung. Je älter er wird, je höher fliegt er. Bis man ihn eines Tages nicht mehr sieht und sich fragt: »Komisch, warum fällt er nicht mehr runter?«
Ich habe mein Vergnügen am Schreiben. Das ist nichts Neues. Das ist der einzige Strang, an dem ich noch hänge, aber da sieht man natürlich auch schon Risse. Aber das ist so. Ewig lebt man nicht. Aber solange ich lebe, lebe ich vom Schreiben. Es ist meine Existenz. Es gibt Monate oder jährliche Pausen, wo ich nicht kann. Das ist grauenhaft. Irgendwann kommt es dann wieder. Dann entsteht halt wieder was. Dieser Rhythmus ist grauenhaft und gleichzeitig eine ungeheure Sache, die andere vielleicht nicht erleben.
ASTA SCHEIB: Die Frauen in Ihren Büchern zeichnen Sie, von wenigen Ausnahmen abgesehen, nicht unbedingt freundlich. Spiegelt das Ihre Erfahrungen wider?
THOMAS BERNHARD: Ich kann nur sagen, daß mein Umgang im Leben, etwa seit einem Vierteljahrhundert, überhaupt nur Frauen waren. Ich vertrage Männer nicht. Männergespräche halte ich nicht aus. Die machen mich narrisch. Männer reden immer über das gleiche. Über ihren Beruf oder über Frauen. Etwas Besonderes kann man von Männern überhaupt nicht hören. Männeransammlungen sind mir unerträglich. Da sind mir schwätzende Frauen noch lieber. Ein nützlicher Umgang war für mich nur der Umgang mit Frauen. Gelernt habe ich alles auch nur von Frauen – nach meinem Großvater. Ich glaube nicht, daß ich von Männern irgend etwas gelernt habe. Männer sind mir immer auf die Nerven gegangen. Merkwürdig. Nach meinem Großvater war einfach keiner mehr da. Heil und Schutz habe ich immer bei Frauen gesucht, die mir auch in vielem überlegen sind. Frauen lassen mich vor allem immer eher in Ruhe. In der Nähe von Frauen kann ich arbeiten. Ich könnte nie in der Nähe von Männern irgend etwas produzieren.

ASTA SCHEIB: Gibt es nach dem Tod Ihrer Lebensgefährtin einen Menschen, auf den Sie nicht verzichten können?
THOMAS BERNHARD: Nein. Ich meine, ich könnte hundert Menschen haben, auf dreitausend Hochzeiten tanzen, doch nichts wäre mir scheußlicher. Neulich habe ich geträumt, daß der verlorene Mensch wieder da sei. Ich habe gesagt, die Zeit, die du nicht hier warst, ist mir die grauenhafteste gewesen. Wie wenn das nur ein Zwischenspiel gewesen wäre und die Tote jetzt wieder mit mir weiterlebte. Das war so stark. Das kann man nicht wiederhaben. Das ist alles gar nicht mehr möglich. Ich nehme jetzt einen Beobachterstandpunkt ein in einem ganz engen Bereich, von dem aus ich die Welt betrachte. Fertig.
ASTA SCHEIB: Glauben Sie, daß auch nach dem Tod noch eine Form der Existenz möglich ist?
THOMAS BERNHARD: Nein. Gott sei Dank nicht. Das Leben ist wunderbar. Doch der schönste Gedanke ist, daß es endgültig endet. Das ist mir der größte Trost, den ich überhaupt in der Tasche hab'. Aber ich habe eine große Lust zu leben. Das war immer so, bis auf die Phasen, wo Selbstmordgedanken und -absichten da waren. Das war mit 19, mit 26 ganz stark, mit 40 Jahren dann noch mal. Doch jetzt hänge ich am Leben. Wenn man einen Menschen sieht, der aus der Welt gehen muß, aber mit allem am Leben hängt – dann begreift man das.
Das Großartigste, was ich je erlebt habe, ist, daß man die Hand dieses Menschen in seiner Hand hat, den Puls spürt, und dann macht's einen langsameren Schlag, noch einen langsameren, dann ist es aus. Das ist so eine ungeheure Sache. Dann hat man die Hand noch in der Hand, dann kommt der Pfleger herein, hat die Kartonnummer für die Leiche dabei. Die Schwester schiebt ihn noch einmal hinaus und sagt: »Kommen S' später.« Dann ist man sofort wieder konfrontiert mit dem Leben. Ganz ruhig steht man auf, räumt zu-

sammen, inzwischen kommt der Pfleger wieder und tut an die große Zehe die Nummer von der Leiche. Man räumt das Nachtkastl aus, die Schwester sagt: »Das Joghurt müssen Sie auch noch mitnehmen.« Draußen kreischen die Krähen vorüber – wirklich wie in einem Theaterstück.
Dann kommt das schlechte Gewissen. Ein Toter läßt einen mit einer immensen Schuld zurück.
Alle Orte, wo ich mit ihr war, wo ich meine Bücher geschrieben habe, kann ich nicht mehr besuchen. Jedes Buch von mir ist ja woanders entstanden. In Wien, in Brüssel, irgendwo in Jugoslawien, in Polen. Ich habe auch nie einen Schreibtisch in dem Sinn gehabt. Wenn das Schreiben funktioniert hat, war es mir ganz egal, wo. Auch im größten Lärm habe ich geschrieben. Dann stört mich weder ein Baukran noch eine kreischende Menge, noch eine quietschende Straßenbahn, noch eine Wäscherei oder Schlächterei unter mir. Ich hab' immer gern in Ländern gearbeitet, wo ich die Sprache nicht verstehe. Das war ein ungeheures Stimulans. So eine Fremdartigkeit, in der ich hundertprozentig zu Hause war. Ideal fand ich, daß wir gemeinsam in einem Hotel wohnten, meine Freundin ist stundenlang spazierengegangen, und ich habe arbeiten können. Man hat sich oft nur zu den Mahlzeiten getroffen. Sie war glücklich, wenn sie gemerkt hat, daß ich arbeiten kann. Wir waren oft vier bis fünf Monate in einem Land. Das waren Höhepunkte. Während des Schreibens hat man oft ein ungeheures, herrliches Gefühl. Wenn dann noch jemand da ist, der das schätzt und einen in Ruhe läßt – das ist ideal. Ich hatte nie einen besseren Kritiker als sie. Das ist nicht vereinbar mit einer dummen, öffentlichen Kritik, die gar nicht eindringt. Von dieser Frau kam immer eine ganz starke, positive Kritik, die mir nützlich war. Sie hat mich halt gekannt, mit all meinen Fehlern. Das vermisse ich.
In unserer Wohnung in Wien bin ich immer noch gern. Sie gibt mir Schutz. Wahrscheinlich, weil wir dort jahrelang ge-

meinsam gelebt haben. Jetzt ist es das einzige Nest aus dem Zusammenleben. Der Friedhof ist auch nicht weit.
Es ist im Leben ein großer Vorteil, wenn man so etwas schon einmal erfahren hat. Die Dinge rühren einen gar nicht mehr an danach. Es interessieren einen weder Erfolg noch Mißerfolg, weder Theater noch Regisseure, weder Redakteure noch Kritiker. Es interessiert einen wirklich nichts mehr. Das einzig Interessante ist, daß man auf der Bank noch Geld hat und leben kann. Mein Ehrgeiz war ohnehin schon nicht mehr so stark wie früher. Aber mit diesem Tod war er endgültig vorbei. Es gibt kein Beeindrucken mehr. Man freut sich noch an alten Philosophen, an ein paar Aphorismen. Es ist fast so, wie man sich in Musik rettet. Stundenweise kommt man in eine wunderbare Stimmung hinein. Ich habe schon noch ein paar Pläne. Früher waren es vier oder fünf, heute sind es zwei oder drei. Es muß aber nicht sein. Weder ich schreie danach noch die Welt. Wenn ich Lust habe, mache ich noch etwas, wenn ich keine habe oder nicht mehr kann, ist Schluß. Was man auch schreibt – es sind ja doch alles Katastrophen. Das ist ja das Deprimierende an einem Schriftstellerschicksal. Man kann nie zu Papier bringen, was man sich denkt oder vorgestellt hat. Das geht zum größten Teil mit der Übertragung aufs Papier verloren. Was man liefert, ist nur ein schwacher, lächerlicher Abklatsch dessen, was man sich vorgestellt hat. Das deprimiert einen Autor wie mich am meisten. Man kann sich im Grunde nicht mitteilen. Das ist auch noch niemandem geglückt. In der deutschen Sprache schon gar nicht, weil die ja hölzern und schwerfällig ist, eigentlich schauerlich. Eine grauenhafte Sprache, die alles tötet, was leicht und wunderbar ist. Man kann sie nur sublimieren in einen Rhythmus, um ihr eine Musikalität zu geben. Wenn ich schreibe, ist es nie das, was ich mir darunter vorgestellt habe. Das ist weniger deprimierend bei Büchern, weil man denkt, der Leser hat eigene Phantasie. Dem geht

die Blume vielleicht doch noch auf. Während auf der Bühne, im Theater nichts aufgeht außer dem Vorhang. Es bleiben menschliche Schauspieler, die sich monatelang abgequält haben bis zur Premiere. Diese Leute müßten die Figuren sein, die man sich ausgedacht hat. Das sind sie aber nicht. Die Figuren im Kopf, die alles konnten, bestehen plötzlich aus Fleisch, Wasser und Knochen. Sie sind schwerfällig. Im Kopf war das Stück poetisch, großartig, doch die Schauspieler sind geschäftsmäßige Übertrager, Übersetzer. Eine Übersetzung hat mit dem Original nicht viel zu tun. Also hat ein Theaterstück auf der Bühne mit dem, was der Autor erfunden hat, auch nichts zu tun. Die sogenannten Bretter, die die Welt bedeuten, sind für mich immer Bretter gewesen, die in mir alles vernichtet haben. Alles wird zertrampelt auf der Bühne. Es ist jedesmal eine Katastrophe.

ASTA SCHEIB: Und doch schreiben Sie weiter. Bücher und Stücke. Von einer Katastrophe in die andere?

THOMAS BERNHARD: Ja.

... allerdings nur als Baß-Stimmführer
*Ein Brief von Thomas Bernhard an die SZ,
seine Karriere als Sänger betreffend*

20. Februar 1987

Sehr geehrtes Feuilleton,
vor zwei, drei Tagen berichtete Herr Otto F. Beer aus Wien, daß die Wiener Staatsoper im sogenannten Künstlerhaus Mitte März die Uraufführung der Oper »Die Nachtausgabe« von Peter Ronnefeld herausbringen wird. Hier irrt Herr Beer... Die Uraufführung dieser Oper hat im Jahr 1957 im Salzburger Landestheater während der Festspielzeit stattgefunden und ich selbst habe in ihr die einzige Sprechrolle gespielt, obwohl ich wahrscheinlich besser gesungen hätte als alle anderen Mitwirkenden; meine Baßstimme war damals gerade auf dem Höhepunkt ihrer Entwicklung und ich sang in demselben Jahr bei den Festspielen im Mozarteum in der Uraufführung eines Oratoriums von Gneechi mit Teresa Stich-Randall, eine der berühmtesten Sängerinnen überhaupt und Freundin des damaligen Mozarteumpräsidenten Paumgartner. So hatte ich also in diesem Jahr gleich bei zwei Uraufführungen mitgewirkt zum Ruhme der Salzburger Festspiele, wie ich jetzt denke.
Wahrscheinlich habe ich bei der Uraufführung der »Nachtausgabe« schon deshalb nicht auch gesungen, weil ich in diesem Gneechi-Oratorium gesungen habe; übrigens im Frack, ein Kleidungsstück, das ich weder vorher noch nachher jemals getragen habe. Und mir fällt ein, daß ich in diesem Jahr auch in der c-Moll-Messe von Mozart in der Peterskirche gesungen habe, allerdings nur als Baß-Stimmführer, aber immerhin neben der berühmten Maria Stader, die ebenso berühmt wie klein war und immer auf einem Stok-

kerl hat stehen müssen, damit sie überhaupt gesehen worden ist.
»Die Nachtausgabe« ist also im März in Wien keine Uraufführung, sondern eine Wiederaufführung. Alles hätte ich 1957 gedacht, aber doch nicht, daß diese Oper dreißig Jahre später noch einmal und jetzt sogar in dem schauerlichen Wien aufgeführt wird.
Peter Ronnefeld war einer meiner besten Freunde während meiner Studienzeit am Mozarteum, in meinem Leben habe ich nicht mehr so viel gelacht wie mit ihm, der schon mit Zwanzig Assistent von Karajan an der Wiener Oper gewesen war und dort mit wenig über Dreißig die italienischen Opern vor allem von Rossini, »La Cenerentola« etcetera, besser dirigiert hat als die meisten seiner Italianità-Kollegen. Vor allem war Peter Ronnefeld aber ein ganz und gar ausgezeichneter Klavierspieler und also Pianist und in dieser Profession am allerbesten, wenn er mit Hubertus Böse vierhändig spielte. Ich selbst habe außer, daß ich mit ihm mehr gelacht habe als mit den meisten anderen Menschen, die, wie man weiß, zum Lachen meistens zu stumpfsinnig sind, viel über Musik gesprochen und wir haben uns gegenseitig sozusagen musikalisch in die Höhe gebracht.
Ronnefeld hat nach der »Nachtausgabe« noch eine Oper mit dem Titel »Die Ameise« geschrieben, die in der sogenannten Deutschen Oper am Rhein, ich glaube in Düsseldorf, uraufgeführt worden ist. Diese Oper beruhte ganz und gar auf Witzen, die Ronnefeld und ich während unserer freien Stunden zwischen dem Mozarteumswahnsinn gemacht haben und Herr Liebeneiner hat sie inszeniert, Herr Erede, ein durch und durch italienischer Kapellmeister, dirigiert. Das Textbuch hat Herr Bletschacher (oder Pletschacher?), auch ein guter Freund von Peter Ronnefeld und später Dramaturg an der Wiener Oper, verfaßt.
So mit sechsundzwanzig ist Peter Ronnefeld gestorben. Ich

habe ihn zum letztenmal vor annähernd dreißig Jahren in einem Speisewagen auf dem Weg nach Düsseldorf eben zu einer Probe der »Ameise« gesehen. Er war damals gerade Generalmusikdirektor (!) von Kiel und sagte mir, während wir eine gebundene Ochsenschwanzsuppe ausgelöffelt haben: stell dir vor, ich wollte gerade den Krebs (einen der besten Oratoriensänger seiner Zeit) engagieren, weil ich den in der Johannespassion brauche, und der Arzt, bei dem ich am Vormittag war, sagte, ich hab' ihn schon! Ronnefeld hat sich ein Muttermal wegoperieren lassen; das hätte er nicht tun sollen, denn ein halbes Jahr darauf war er tot.
Vor ein paar Monaten habe ich gelesen, daß auch der Sohn von Peter Ronnefeld (in Hamburg) gestorben ist, auch noch nicht dreißig. Wer weiß, ob der nicht auch, wie sein Vater, sich ein Muttermal hat wegoperieren lassen. Jedenfalls sind die Ronnefelds früh gestorben. Daß sie so hochmusikalisch waren wie wenige Mitteleuropäer, hat nichts genützt.
Ich freue mich schon auf die Wiederaufführung der »Nachtausgabe« in Wien. In Salzburg bei der Uraufführung, die von Schuricht und Szell bis Boris Blacher und Einem nicht prominenter besucht hätte sein können und in welcher ich selbst als Mime letzten Endes im letzten Akt anstatt an dem Gerichtsakt teilzunehmen, wie vorgeschrieben von der Partitur, noch in den Landestheatervorhang eingewickelt wurde zum Gelächter aller Bühnenarbeiter und zur Tragik des Regisseurs, der nur schlicht Tuttenberg geheißen hat, hat die Oper noch »Echo Nachtausgabe« geheißen. Warum sie jetzt nur noch »Die Nachtausgabe« heißt, kann ich nicht wissen, weil mir die Gedanken der Nachkommen Ronnefelds und die Gedanken der Wiener Staatsoper nicht bekannt sind. Ich wünsche der Aufführung soviel Erfolg als nur möglich, denn der Peter Ronnefeld war ein genialer Hund und grüße die schauerliche *Süddeutsche*, die mir doch hier jeden Tag ein ganz und gar singuläres Vergnügen macht.

Bernhard gegen Europalia
Kein Gastspiel des »Theatermachers« in Brüssel?

Lieber Claus Peymann, für September planen Sie mit meinem »Theatermacher« zur sogenannten »Europalia« eine Reise nach Brüssel, wogegen ich *bis heute* nichts gehabt habe, wogegen ich aber *jetzt* heftig zu protestieren gezwungen bin und ich bitte Sie, dieses Burggastspiel unter keinen Umständen durchzuführen und schnellstmöglich abzusagen, denn entgegen meiner bisherigen Annahme und in bestem Glauben, die Europalia in Brüssel (in welchem ich oft und lange mit dem größten Gewinn gelebt habe!) sei eine *ausschließlich belgische Angelegenheit*, lese ich heute im »Bräunerhof«, daß die Europalia 1987 nichts anderes ist, als eine kulturelle Selbstdarstellung als Selbstaufblähung des mir in allem und jedem widerwärtigen gegenwärtigen österreichischen Staates.
Herr Walter Zettel als *»für die Ausstellungen auf der Europalia zuständig«*, schreibt im »Wiener Journal« in seiner Sprache, daß *»für die einzelnen Kulturbereiche der Europalia vier Exekutivsekretäre eingesetzt«* sind; also Herr Zettel selbst ist für Ausstellungen, Herr Wolfgang Kraus für Literatur, Herr Urbach für Theater *»eingesetzt«* etcetera...
Gerade die verheuchelten und inkompetenten seit eh und je als approbierte und pragmatisierte Nationalblutegel in den österreichischen Staat verbissenen Schauergestalten der österreichischen Kulturbürokratie hasse ich seit Jahrzehnten wie die berühmtberüchtigte Pest und ich habe sie, solange ich zurückdenken kann, gemieden wo immer.
Seit Jahrzehnten will ich ja mit dem österreichischen Staat, außer daß ich in krankhafter Selbstverleugnung an meine Wohnadressen gebunden und in dieses Volk und in dieses

Land verliebt und vernarrt bin, nichts zu tun haben, wie ich Ihnen so oft zu erklären versucht habe und meine Arbeit habe ich in diesen Jahrzehnten ununterbrochen mit schon an Wahnsinn grenzender Intensität *gegen diesen Unstaat* zu verteidigen gehabt, was mich einen Großteil meiner Kräfte gekostet hat, genau gegen diesen Geist und Kunst in jeder Beziehung verachtenden und mit Füßen tretenden Staat, der sich, wie ich jetzt sehe, mit der größten Schamlosigkeit, Plumpheit und Dummheit unter Mithilfe eines Heeres von betulichen Ministerialbeamten erster und übelster Klasse in diese Europalia 1987 hineingestopft hat. Mit diesem Staat, der mir mit seiner galoppierenden Schwindsucht und in seinem heutigen alles vergrausenden perversen und schäbigen Zustand an jedem Tag schon in der Frühe ein Alptraum ist und der an jedem neuen Tag eine ganze Serie von Lächerlichkeiten und Gemeinheiten als politische Verbrechen gebiert, fahre ich nicht nach Brüssel und lasse ich meinen »Theatermacher« auch nicht nach Brüssel fahren. Ich bin immer allein und immer gegen diesen geist- und kunstfeindlichen Staat meinen Weg gegangen und *vor*gegangen und ich werde mit diesem geist- und kunstfeindlichen Staat auch in Zukunft nicht einen einzigen Schritt gemeinsam gehn.
Lieber Claus Peymann, ich kann es nur immer wieder sagen, dieser Staat ist heute schon in allen seinen Gliedern zur nationalen Katastrophe verkommen und geradezu bis zu Unkenntlichkeit verstümmelt und auf tatsächlich unabsehbare Zeit ruiniert und eine lächerliche und verlogene Farce dazu. Ich darf mich in Brüssel nicht von den österreichischen Ministerialbeamten als Kulturpolizisten mißbrauchen und *exekutieren* lassen. Meinen »Theatermacher« auf dieser durch und durch von nichts anderem, als von unserem tödlichen katholisch-nationalsozialistischen Ungeist zusammengerotteten Europalia zu spielen, ist für mich absolut unzumutbar. Entlassen Sie mich (und sich!) aus diesem Europalia-Alp-

traum, und gehen Sie mit meinem Theatermacher überall hin und sei es in die Hölle, aber nicht in diesem September nach Brüssel.

Thomas Bernhard

Bernhard
Ohlsdorf

20. August '87

Sehr geehrter Herr Bundesminister,
am 19. August, also gestern, erhielt ich in einem Kuvert Ihres Ministeriums (Zl. 21.21.02/I-V.6/87) die, diesem Brief an Sie beigelegte, Einladung der Stadt Rio de Janeiro für den 23. November dieses Jahres mit der Bitte, der Prefectura in Rio de Janeiro bis Mitte August mitzuteilen, ob ich die Einladung annehme.

Durch die so knappe Terminstellung stutzig geworden, entdeckte ich, daß der Brief der Brasilianer an mich schon am 22. *Juli* in Rio de Janeiro an die Av. Atlantica, 3804 in Rio de Janeiro aufgegeben oder an dieser Adresse abgegeben worden ist, jedenfalls bei einer Vertretung des österreichischen Staates schon zu diesem Zeitpunkt.

Da ich den Brief erst gestern, den *19. August*, mit dem Wiener Aufgabestempel von vorgestern, den 18., hier in Ohlsdorf erhalten habe, frage ich mich, *warum, aus welchem Grunde und wo* die österreichischen Außenministeriumsbeamten den Brief der Brasilianer liegen gelassen haben. Die Brasilianer haben sicher im guten Glauben an die Kulturnation Österreich den Postweg über das österreichische Außenministerium als Botschaft oder Konsulat gewählt in gutem Glauben, so einer raschen und prompten Zustellung an mich sicher zu sein. Der Brief brauchte aber durch die diplomatischen Vertretungen vier Wochen!

Ganz abgesehen davon, daß es mir jetzt wahrscheinlich gar nicht mehr möglich ist, aus Termingründen nach Rio zu reisen und also die brasilianische Einladung anzunehmen, emp-

finde ich den Postvorgang der Behörden Ihres Außenministeriums als einen unglaublich skandalösen.
Aufklärungsbedürftig ist aber auch, wieso mir das brasilianische Schreiben ganz offen und ohne Kuvert der Brasilianer *völlig kommentarlos* vier Wochen nach dem Auf- oder Abgabedatum zugeschickt worden ist. Gerade weil den Beamten des Außenministeriums der Inhalt des Schreibens der Brasilianer bekannt sein mußte, da das Schreiben offen war, ist die Vierwochenzurückhaltung um so unverständlicher und skandalöser. Ich glaube, daß nicht jeden Tag und nicht jedes Jahr ein österreichischer Schriftsteller nach Rio de Janeiro eingeladen wird aufgrund seiner Geistesarbeit. Den Brasilianern, denen ich durch meine Vorliebe für die portugiesische Welt immer zutiefst verbunden gewesen bin, wird der Vorgang, daß ein von ihnen gerade wegen schneller und prompter Beförderung übergebener Brief an die österreichischen Auslandsvertretungen in Brasilien dann über das Wiener Außenministerium vier Wochen zu seinem Adressaten in Ohlsdorf braucht, schwer zu erklären sein, gerade dann und deshalb, weil sich ja Österreich nach wie vor im Ausland als Kulturnation zur Schau stellt.
Die Geschichte dieses brasilianischen Briefes zeigt ja wiederum deutlich die Kultur- und Geistesfeindlichkeit dieses Staates. Ich bitte Sie, die Angelegenheit in Ihrem Ministerium aufzuklären.
Mit allen Anzeichen der Empörung Ihr

Thomas Bernhard

Mein Glückliches Österreich
*Auflehnung gegen Herrn Peymanns »Tartuffe« –
ein erboster Leserbrief*

Während mich die morgendliche Lektüre von *El País* zu einem *café negro grande* auf dem Marktplatz von Pollença mit der Präzision einer Schweizeruhr absolut glücklich gemacht hat, versetzte mich darauf allein schon das erstmalige Aufschlagen Ihrer dieswöchigen ZEIT-Nummer als ganze Person in Entsetzen und Abscheu gegen alles und jedes Zeitungsgedruckte, indem Sie sich nicht entdeppen, Herrn Peymann, dem furchtbarsten aller Burgtheaterdirektoren, für sein verrückt-infernalisches Telex mit der Mitteilung, daß er *Tartuffe* aufführen wird, Platz zu geben. Herr Peymann leidet, wie Sie wissen, an der unheilbaren Klassikerkrankheit, die sich, wie Sie ebenfalls wissen, in den letzten Monaten in ihm zu einer geradezu bösartig-galoppierenden entwickelt hat, und er wird, wie ich es sehe, bis an sein Lebensende nicht mehr aufhören, alle diese widerwärtigen, primitiven und ordinären englischen und französischen und spanischen Klassiker aufzuführen, die unter den Namen Shakespeare, Molière, Lope de Vega etcetera bekannt und berüchtigt und leider in ihrer Primitivität und Vulgarität und Debilität nicht umzubringen sind. Meiner Meinung nach haben diese Schauerstückeschreiber die Theater in ganz Europa und tatsächlich in der ganzen Welt in Grund und Boden vergiftet und zwar auf unabsehbare Zeit, die von dieser Klassikerseuche niemals mehr entsorgt werden kann leider! Tschernobyl, diese sowjetisch-orthodoxe Lächerlichkeit, ist ja nichts gegen eines dieser an jedem Tag wenigstens einmal irgendwo auf der Welt in die Luft gehenden Shakespearestücke, ein Shakespearescher *Sturm* schadet Europa mehr als zehn

Tschernobyl- oder selbst Basler Katastrophen, glauben Sie mir. Allein Shakespeare hat die Theaterwelt auf Jahrhunderte, wenn nicht auf die Ewigkeit verseucht und vernichtet, glauben Sie mir! Herr Peymann kündigt also an, er spielt im März den *Tartuffe*, eines der dümmsten Theaterstücke übrigens, die jemals geschrieben und auf die Bühne gebracht worden sind, glauben Sie mir. Überhaupt sind ja Theaterstücke, gleich von wem, das Dümmste, das auf die Bühne gebracht werden kann, glauben Sie mir, denn ich weiß, wie großartig es ist, wenn ein Glas Bier auf die Bühne gebracht wird!, glauben Sie mir, niemals aber ein Theaterstück. Herr Peymann will also den *Tartuffe* im März im Burgtheater herausbringen, wie gesagt wird, und genau das ist der Grund meiner Verzweiflung, wenn nicht meiner Vernichtung, glauben Sie mir, denn Herr Peymann hat mir versprochen, daß in diesem März *nur ein einziges Stück auf dem Burgtheater gespielt wird*, nämlich mein *Glückliches Österreich!*, glauben Sie mir. Hat denn Herr Peymann vergessen, daß mir der österreichische Staat für dieses mein Stück und für diese meine eigene Inszenierung achtunddreißig Millionen Schilling an Subventionen ausbezahlt hat, sozusagen als Wiedergutmachung an mir, an dem der österreichische Staat, wie er weiß, so ziemlich alles verbrochen hat, das zu verbrechen ist! Hat Herr Peymann vergessen, daß er mir den Uraufführungstermin *11. März 1988* allein für mein Stück und für meine Inszenierung versprochen hat? Führt Herr Peymann tatsächlich *Tartuffe* auf (in der angegebenen Besetzung übrigens ja noch viel lächerlicher als an sich schon!), so bedeutet das ganz sicher und mit dem allergrößten Absolutismus meine Vernichtung!, glauben Sie mir, denn wie Herr Peymann weiß, probe ich hier auf Mallorca seit fünf Monaten an meinem Stück, an meinem *Glücklichen Österreich*, für das ich, glauben Sie mir, die totale Besetzung gefunden habe. In Anbetracht der Tatsache, daß jetzt Herr Peymann mit Herrn Waldheim *Tartuffe* spielt, kann ich nicht anders, als daß ich Ihnen folgendes bisher in Absprache mit Herrn Peymann! bis zum heutigen Tag völlig geheim gehaltene Geheimnis aufmache: seit fünf Monaten probiere ich hier in Pollença in der *finca católica* mein *Glückliches Österreich*, Sie werden es nicht glauben, mit Herrn Waldheim und Herrn Kreisky in den Hauptrollen. Herr Kreisky spielt in meinem Stück den *großen Dubiosus*, Herr Waldheim das *gefinkelte Hors d'oeuvre*, und Herrn Heller habe ich für den Schweinehirten in meinem Stück verpflichtet. Herr Heller macht seine Sache kostenlos, Herr Waldheim hat eine Vorauszahlung von sechs Millionen Schilling bekommen, Herr Kreisky nur drei, das entspricht dem Einsatzusus!, glauben Sie mir, beide Herren wollten ihr Honorar *absolut steuerfrei*, Herr Waldheim auf ein Konto in Liechtenstein, Herr Kreisky auf ein Konto in Andorra. Die Beträge wurden schon im Oktober überwiesen. Herrn Heller habe ich drei Millionen *für Blinde in Hamburg* bezahlt, glauben Sie mir, er hat dankend angenommen! Er ist mir der Wichtigste von allen Österreichern, glauben Sie mir. Herr Waldheim wollte unbedingt schwarzes Geld, wie Herr Kreisky auch. Weil Kreisky in Mallorca, wie Sie wissen, zuhause ist, habe ich mich entschlossen, mein Stück hier zu proben. Er zögerte übrigens seine Zusage nicht eine Sekunde hinaus, der alte Fuchs. Zuerst probte ich mit ihm allein, dann mit Waldheim, dann auch mit Vranitzky. Und ich hatte hier die herrlichsten Probenbedingungen. *Endlich einmal ein großes Stück von mir unter meiner eigenen Regie in einer schon das Ideale streifenden Atmosphäre!* Dabei hat es die letzten Wochen hier beinahe ununterbrochen geschneit, eine Seltenheit in Pollença, und die *finca católica* erschien mir die meiste Zeit wie eine über zweitausend Meter hoch gelegene Hütte in den Alpen. Die idealen Probenbedingungen: ganz auf der Mittelmeerinsel und doch in den hohen Alpen, man denke! Leider sind so viele Mitspieler in meinem *Glücklichen Österreich*, daß ich sie hier nicht aufzählen kann, aber es sind mehr als dreihundert, ich glaube dreihundertneunundzwanzig, aber die wichtigsten habe ich ja schon genannt. Waldheim, Kreisky, dazu kommen noch Vranitzky, Herr Mock und der Papst, der sich bereit erklärt hat, die Endproben mitzumachen, und glauben Sie mir, der Papst war schon dreimal hier und hat seine Rolle ausgezeichnet gespielt. Er ist schon mit vollkommen gelerntem Text hier angekommen, in der Nacht versteht sich, wie auch Herr Waldheim, den ich dreimal wöchentlich, zum Unterschied vom Papst aus Rom, von Wien hierher einfliegen habe lassen, wozu gesagt werden muß, daß die Flugkosten der österreichische und der vatikanische Staat bezahlt haben, denn die wären mir doch zu hoch gekommen. Herr Waldheim kam hier immer schon pünktlich um sechs Uhr abend, also in der Dämmerung, an, um vor der Probe noch einen Ausritt zu machen. Dabei beobachtete ich, daß Herr Waldheim wenn schon nicht gar nicht, so doch nur sehr schlecht reiten kann, obwohl er doch angegeben hat, er reite gut, und in meinem Stück muß er *reiten, reiten, reiten!*, Sie werden es nicht glauben. Der Papst hat in meinem Stück nur eine untergeordnete Rolle, er tritt nur ein einziges Mal auf und küßt österreichischen Boden. Aber auch das muß geprobt sein, glauben Sie mir! Dazu habe ich den Papst schon an die siebenmal einfliegen lassen. Er küßt den österreichischen Boden schon ganz gut, glauben Sie mir. Herr Vranitzky, der Ihnen als österreichischer Bundeskanzler bekannt ist, tanzt mit Herrn Kreisky einen sogenannten Linkswalzer, das können die beiden immer noch nicht, aber bis zum 11. März hoffte ich, daß auch das noch gelingt. Wenn ich Ihnen sage, daß Herr Kreisky mit größter Begeisterung bei der Sache ist, genauso Herr Waldheim, wie auch der Papst und Herr Vranitzky, Sie glauben es wahrscheinlich nicht. Mein Stück hat nur zwei Akte, der erste spielt *im Morgengrauen* auf dem Ballhausplatz, der zweite *in der Abenddämmerung* in der Hofburg. Im *Morgengrauen* hat Herr Kreisky die Hauptrolle zu tragen, in der *Abenddämmerung* Herr Waldheim. Herr Vranitzky ist während des ganzen Stücks immer anwesend, ohne daß er irgend etwas zu sagen hat. Aber wie Sie wissen, sind die sogenannten schweigenden Rollen die allerschwierigsten, und so probe ich mit Herrn Vranitzky schon seit Oktober in der *finca católica*. Herr Vranitzky lehnte jedes Honorar ab, mit der Begründung, er habe schon mehr Geld, als jemals angenommen werden kann, und ich glaube ihm das auch wirklich. Herr Vranitzky ist ideal für die sozusagen stumme Rolle, denn es fällt ihm das Sprechen, wie Sie wissen, schwer, und zu Halb- oder Einviertelsätzen wollte ich ihn nicht zwingen, die spricht in meinem Stück jener Mann, den zu erwähnen ich bis jetzt vergessen habe: der Wiener Erzbischof Groher. Dieser Mann, glauben Sie mir, hat sich hier, nomen ist omen, als das größte schauspielerische Talent erwiesen, das mir jemals untergekommen ist. Ich habe viele Szenen, die zuerst mit Herrn Vranitzky besetzt waren, auf Groher umgeschrieben. Herr Groher versteht sich sogar mit dem Papst, die beiden trinken nach der Probe zusammen immer eine Flasche Coca-Cola (eisgekühlt) nur halb aus, denn sie haben sich in den Kopf gesetzt, die nur halb ausgetrunkene Flasche den Dürstenden in Eritrea zukommen zu lassen. Sie sehen, hier ist tatsächlich an alles gedacht, selbst an die Selbstlosigkeit, die in meinem Stück naturgemäß die Hauptrolle spielt, Sie werden es nicht glauben. Ursprünglich habe ich auch Ihren Herrn Bundespräsidenten von Weizsäcker für eine der tragenden Rollen in meinem Stück bestimmt gehabt, mich aber dann doch dazu nicht entschließen können. Herr Waldheim reitet die erste Szene ein, und Herr Kreisky beendet sie, indem er sich in Mallorca angewidert von Österreich abwendet und zu seiner gerade im Liegestuhl an der

Hausmauer aufwachenden Frau sagt: *Glückliches Österreich*. Zu Beginn des zweiten Aktes springt Herr Vranitzky in das Planschbecken der Familie Kreisky und bespritzt alle Kreiskys von oben bis unten, so daß sie die Flucht ergreifen. *Dämmerung* heißt dieser zweite Akt deswegen, weil es in ihm jedem dämmert, daß Österreich verloren ist. *Glückliches Österreich* ist also nichts anderes als eine ironische Pointe. Insofern ist es doch auch wieder ein klassisches Stück, wie die Stücke der Klassiker. Nur ist mein klassisches Stück ein heutiges, während die übrigen klassischen Stücke unbestritten gestrige sind. Wenn Sie bedenken, daß mich sieben Monate Probenzeit mit Waldheim, Kreisky, Vranitzky, Groher und Konsorten (nicht zu vergessen den Weihbischof von Wien, Herrn Krenn, der in meinem Stück das erzbischöfliche Rattengift spielt!) schon beinahe an den Rand der totalen Erschöpfung und meine achtunddreißig Millionen Staatssubvention schon beinahe zur Gänze zum Verschwinden gebracht haben, verstehen Sie doch hoffentlich meine Wut über Herrn Peymann, der jetzt *Tartuffe* spielen will, anstatt mein Stück. Meine Arbeit ist ja schon fast fertig und wäre gerade genau am 11. März 1988 auf ihrem Idealpunkt angelangt; als *ein Fest für ganz Österreich* wäre ich damit am 11. März 1988 auf die Burgtheaterbühne gegangen. Ich selbst habe in meinem Stück die Rolle des Spielverderbers übernommen! Aber jetzt sehe ich durch die Lektüre Ihrer Zeitungsnotiz vom 26. Feber, daß mein ganzer Einsatz, der wie immer naturgemäß ein totaler Einsatz gewesen ist, umsonst ist. Schade nicht nur um die Probenzeit mit diesem fantastischsten aller Theaterensembles, schade auch um die Achtunddreißigmillionensubvention des österreichischen Staates, die, indem Peymann den *Tartuffe* spielt und nicht mein *Glückliches Österreich* auf dem Burgtheater, verloren sind. Eine der größten Chancen auf dem Theater, das ganz einfach die Welt bedeutet, ist vertan, und zwar von Herrn Peymann!

P. S. Von Herrn Peymann habe ich das Burgtheater für den ganzen März 1988 gemietet, aber Herr Peymann hält sich ja nicht an Verträge! Herr Waldheim ist den ganzen März über aus der Hofburg beurlaubt, damit er in meinem Stück das *gefinkelte Hors d'oeuvre* spielen kann, wie Herr Vranitzky aus dem Ballhausplatz. Und im Stephansdom werden den ganzen März über keine Messen gelesen und keine Fastpredigten gehalten, weil ich die Herren Groher und Krenn vollkommen fix in mein Programm genommen habe, Sie werden es mir nicht glauben, um einen Pappenstiel! In der *Dämmerung* wird Waldheim (als *gefinkeltes Hors d'oeuvre*) schon im *Flanellnachthemd* von Kreisky als *großem Dubiosus* und von den Wiener Sängerknaben gemeinsam erwürgt, und die Wiener Philharmoniker spielen darauf die halbe Eroica. Frau Waldheim (in meinem Stück genannt *Frühnazisse*) stürzt sich aus dem Präsidentenzimmer der Hofburg auf den Ballhausplatz. Herr Peymann ist wie schon Tausende Male vorher, auch was mein *Glückliches Österreich* betrifft, vertragsbrüchig geworden und hat wie Tausende andere vorher auch dieses sein Versprechen, mein *Glückliches Österreich* betreffend, nicht gehalten. Herr Peymann ist ein Wortbrecher und ein zynischer Vertragsignorant! Durch seinen *Tartuffe* am 11. März bin ich vernichtet! Nie wieder inszeniere ich ein *Glückliches Österreich*, auch wenn mich Herr Peymann in Zukunft mit Händen und Füßen bitten sollte, weil ich nie wieder eine solche Idealbesetzung zusammenbekommen und weil ich auch nie mehr die Lust haben werde, ein einziges Stück zu inszenieren, das mir nur ein einziges Mal Lust gemacht hat, glauben Sie mir! Sieben Monate meines Lebens sind mir durch den Wortbruch und die Vertragsignoration des Herrn Peymann verloren!, glauben Sie mir. Herr Peymann hat mit diesem *Tartuffe* am 11. März nicht nur mein Stück vernichtet, sondern meine ganze Existenz! Jetzt bleibt mir nichts anderes übrig, als mein *Glück-*

liches Österreich im Schwarzbrotofen der *finca católica* zu verbrennen und meine Inszenierung zu vergessen und auf den Formentorfelsen hinaufzusteigen und mich als Folge der Jahrtausendeunverschämtheit des Herrn Peymann von der grausamsten Spitze des Formentorfelsens ins Meer zu stürzen. Leben Sie wohl mein Herr, Sie sind nur der Redakteur, während ich, der Leserbriefschreiber, ein von einem dahergelaufenen Burgtheaterdirektor zerschlagener, ja vernichteter Autor der Bühne bin!
Ihr Thomas Bernhard

Straßenbahn ist Kleinod

Jedesmal, wenn ich aus dem Ausland zurückkomme, denke ich, daß ich in eine der allerschönsten Gegenden der Welt heimkehre und Gmunden ist ganz sicher auch im Salzkammergut der absolute Höhepunkt, was Stadt und Umgebung betrifft. Zu meinem Entsetzen erfahre ich heute aus Ihrer, von mir immer sehr geschätzten Zeitung, daß die Straßenbahn eingestellt werden soll. Ein größeres Unglück könnte dieser von mir geliebten Stadt gar nicht widerfahren! Gerade diese Straßenbahn ist eines der markantesten Wahrzeichen der Stadt und ich benütze sie regelmäßig mit dem größten Vergnügen bei meiner Ankunft auf dem Bahnhof. Diese Straßenbahn ist ein Kleinod und unersetzbar und Gmunden würde mit ihr eine seiner allerersten Attraktionen bei Jung und Alt verlieren. Auch ich bin, wie einer meiner Leserbriefvorschreiber, der Meinung, daß die Straßenbahn wieder bis zum Rathausplatz geführt werden sollte; das wäre nicht nur für die Gmundner selbst, sondern für alle, die diese Stadt aufsuchen, die Wiedergewinnung eines schon so viele Jahre vermißten Vorteils als Augenweide. Mit der Erhaltung der Straßenbahn und ihrer Weiterführung bis zum Rathausplatz wäre Gmunden nicht nur seiner Zeit gemäß, sondern dazu auch noch weit voraus.

Thomas Bernhard
Gmunden
Lerchenfeldgasse

Anhang

Anmerkungen

S. 7: *Jean-Arthur Rimbaud*
Das im Thomas-Bernhard-Archiv, Gmunden, erhaltene Typoskript trägt den Titel: *Thomas Bernhard: Jean Arthur Rimbaud. Zum 150. Geburtstag*. Bernhard hielt diesen vom »Bergen-Kreis« veranstalteten Vortrag am Dienstag, dem 9. November 1954, 19:30 Uhr im Salzburger Hotel Pitter anläßlich des 100. Geburtstags von Rimbaud (10. Oktober 1854-10. November 1891). Der »Bergen-Kreis«, organisiert von Renée Bergen und Hildegard Brenner, bot Künstlern und Literaten Mitte der fünfziger Jahre (ausschließlich im Hotel Pitter) ein öffentliches Forum. Posthumer Erstdruck: *Die Zeit*, 14. Mai 2009.
S. 18: *Das Werk von Josef Weinheber*
Erstdruck: *Münchner Merkur*, 16. Februar 1955; gez.: Thomas Bernhard.
S. 21: *Von schwarzen Sonnen und heiterem Gemüt*
Erstdruck: *Die Furche*, Wien, 23. Juli 1955; gez.: Thomas Bernhard.
S. 24: *Salzburg: Kokoschka und Manzù*
Erstdruck: *Die Furche*, Wien, 30. Juli 1955; gez.: Thomas Bernhard.
S. 26: *Salzburg wartet auf ein Theaterstück*
Erstdruck: *Die Furche*, Wien, 3. Dezember 1955; gez.: Thomas Bernhard, Salzburg. Dieser Artikel trug Bernhard einen ersten Prozeß ein: Der damalige Intendant des Salzburger Landestheaters, Peter Stanchina, erhob im Januar 1956 in Wien eine Privatklage wegen »Ehrenbeleidigung« gegen Bernhard. Der Prozeß zog sich über zwei Instanzen und wurde schließlich im Juli 1959 durch einen Vergleich beigelegt. Bernhard bezog sich auf diesen Prozeß in seinem Artikel

In Österreich hat sich nichts geändert aus dem Jahr 1969 (siehe S. 79 in diesem Band sowie S. 309 f.).
S. 29: *Ein Wort an junge Schriftsteller*
Erstdruck: *Berichte und Informationen.* Hg. vom Österreichischen Forschungsinstitut für Wirtschaft und Politik, 1957, S. 14.
Die Redaktion stellte dem Text folgende Bemerkung voran:
»Hier spricht ein junger Schriftsteller zu anderen jungen Schriftstellern. Er führt die Sprache der Jugend mit aller beschwörenden Rhetorik. Aber muß nicht die Bittgesuchfreudigkeit, der Pragmatisierungsdrang an Stelle der Lebensheftigkeit auch in der jungen Generation einen heißen Geist wirklich herausfordern? Wir meinen, einmal auch eine solche Wortmeldung aufnehmen zu dürfen.«
S. 32: *Dichter über Georg Trakl*
Erstdruck: *Der Akademiker. Zeitschrift des österreichischen Akademikerbundes,* Wien, Februar 1957.
S. 33: *Junge Köpfe. Thomas Bernhard*
Erstdruck: *Morgen. Monatsschrift Freier Akademiker,* 15. Jahrgang, Oktober 1959, S. 5; der Text ist nicht gezeichnet. Die im Porträt angekündigten Bücher Thomas Bernhards sind nicht erschienen.
Einen Monat später erschien in *Morgen,* 7. November 1959, eine Reaktion auf *Junge Köpfe.*
»Ein Brief aus dem Café Hawelka

                Wien, im November 1959
An die Redaktion der Monatsschrift freier Akademiker ›Morgen‹
Selten steht es dafür, an Redaktionen von Zeitungen oder Zeitschriften offene Briefe zu richten. Diesmal aber wäre Schweigen mit sträflicher Trägheit gleichbedeutend. In Ihrer ersten Nummer des 15. Jahrgangs scheinen Sie einen Traditionsbruch anzustreben. Bisher haben Sie in der Rubrik

›Junge Köpfe‹ mit sauberer Feder den Werdegang junger Persönlichkeiten dargestellt und uns oft interessante Begegnungen ermöglicht. Ob uns die jüngste Bekanntschaft, die Sie uns vermitteln wollen, ›sehr angenehm‹ ist, müßte wohl doch erörtert werden. Sie schreiben – gewiß sich an Angaben Thomas Bernhards haltend – Sätze, die unserer Ansicht nach die Redaktion nicht verantworten kann.
Gleich eingangs springt uns eine ›blendende‹ ins Auge: ›Die Zeit, die er in Wien verbrachte, betrachtet er als verloren, insofern er gezwungen war, in dieser bewunderungswürdigen Architektur mit ihren Bewohnern zusammenzutreffen.‹ Wie erinnerlich hat ein bedeutender Führer in letzter Vergangenheit – dem hierorts als Künstler Anerkennung versagt blieb – ähnlich gedrechselte Maximen von sich gelassen; auch er fühlte sich in einem ›flachen‹ Gau wohler (weil unbehelligt) als in der kosmopolitischen Atmosphäre des Wiener Cafés. Weiters der Satz: ›Keiner Hymne (was stellt sich Bernhard unter Hymne vor?) und keines Intellekts fähig beweihräuchern sie sich gegenseitig an den Extratischen (?) und in den Spalten der schmutzigsten, witzlosesten und unbedeutendsten Zeitungsblätter (meint auch er noch die ›Neue Freie Presse‹?) der Welt.‹
Inwiefern Christine Lavant, die wir alle sehr schätzen, auch wirklich mit Bernhards Klischeelob gedient ist, mag dahingestellt bleiben. Was den einzigen lebenden Dichter von Weltruf betrifft – der nicht zu finden sei –, so möchten wir Bernhard auf sich selbst weisen. Ach, wie das Gute doch nah liegt!
Hätten wir weiter gelesen, wäre Ihnen dennoch dieser Brief erspart geblieben, allein, was jetzt kommt, ist gelinde gesagt die Chuzpe, wie man es in unseren so ›modrigen‹ Caféhauskreisen ausdrücken würde: ›Er findet Doderer langweilig, alle anderen eingebildet (sic!) und ebensowenig wert.‹ Wer aber sollte das sein: Felix Braun, A. P. Gütersloh,

George Saiko, Alexander Lernet-Holenia oder Herbert Eisenreich?

Im Frühjahr 1960 soll im Otto Müller Verlag das Gedicht ›Das Mysterium der Karwoche‹ erscheinen. Was denkt dieser Verfasser einer dem Anschein nach christlichen Dichtung? Wie werden wir ihm seine Dichtung glauben können, wenn er in Ihrer Zeitschrift so die Gehässigkeitstrommel rührt?

Im Sinne der demokratischen Freiheit, seine Meinung kundtun zu dürfen, ersuchen wir Sie um den Abdruck dieses Briefes

Und grüßen hochachtungsvoll

Jeannie Ebner   H. C. Artmann   Gerald Bisinger   Elfriede Gerstl   Kurt Klinger«

Thomas Bernhard wird von Wieland Schmied (damals Redakteur der Zeitschrift *Morgen*) als Verfasser des Porträts genannt: Er sandte Siegfried Unseld am 22. Juli 1992 Texte des »frühen« Bernhard und schrieb in einem Begleitbrief: »[...] schließlich ebenfalls aus dem ›Morgen‹ ein vom Dichter selbst verfaßtes ›Portrait‹ – und die Reaktion aus dem ›Café Hawelka‹.«

S. 35: *Theater am Tonhof*

Erstdruck: *Wochenpresse*, Wien, 13. August 1960.

Thomas Bernhard antwortete mit diesem Leserbrief auf die Besprechung einer Aufführung seiner Kurzoper *Köpfe* sowie drei seiner Einakter (*Frühling, Rosa, Die Erfundene*) im Gerhard Lampersberg gehörenden Tonhof in Maria Saal (bei Klagenfurt) durch Wolf in der Maur. Sie war unter dem Titel *Theater am Tonhof. Die Frage bleibt offen* am 6. August 1960 in der *Wochenpresse* erschienen. Dort hieß es unter anderem: »Dabei stehen Publikum und lokale Rezensenten den dargebrachten Werken eher ratlos gegenüber, da sich sowohl Lampersbergs serielle Musik (›Hier wiederholt sich kein Ton‹, erklärt der Komponist) als auch Thomas'

Dichtungen völlig abstrakt geben, dennoch aber durch blitzlichtartige Sentenzen und Szenenausschnitte sehr realistische Gedanken aufwerfen, die wiederum dazu verführen, hinter dem Vorhang fließender Worte und serieller Töne eine ganz bestimmte Aussage zu suchen. Beide schwören darauf, daß das, was sie machen, nicht bloß modern, sondern schlechthin Gegenwartskunst sei. Beide wandeln dennoch auf Pfaden, die seit den frühen zwanziger Jahren immer wieder von experimentierfreudigen Künstlern und deren Epigonen mit Ausdauer eingeschlagen wurden, ohne indessen jemals zu ›bleibenden Werten‹ zu gelangen. Bernhard, der fast tachistische ›Gedichte‹ bei Frick verlegte, gibt sich in seinen Einaktern dunkel und rätselhaft, unter Beimengung von viel Psychologie und Symbolik. [...] Die Frage, ob das alles in einem tieferen Sinne ›notwendig‹ ist, bleibt, wie oft bei solchen Anlässen, weiterhin offen.«

S. 36: *WARUM NUR ZWEI ...*

Posthumer Erstdruck in: Karl-Markus Gauß: *Feder und Faust*, in: *Die Presse*, 4. September 1995.

Mit diesem Telegramm gratulierte Thomas Bernhard dem Schriftsteller Michael Guttenbrunner, der am 28. November 1960 bei einer Festveranstaltung zu Ehren Robert Musils in der Wiener Galerie Würthle dem Klagenfurter Archivar Karl Dinklage zwei Ohrfeigen versetzt hatte. Mehrere Tageszeitungen hatten am 29. und 30. von dem Vorfall berichtet. Guttenbrunner war über die verstümmelte Veröffentlichung eines seiner Gedichte sowie über den Umstand erbittert, daß Dinklage, ein ehemaliger Nationalsozialist, sich mit dem ins Exil gejagten Musil schmückte. Er wurde wegen leichter Körperverletzung zu drei Tagen Arrest unbedingt verurteilt. Da er Dinklage in einer Rede vor Gericht als »Nationalbestialisten« bezeichnet hatte, klagte dessen Anwalt erneut. In einem Vergleich mußte sich Guttenbrunner schließlich bereit erklären, den Ausdruck zurückzuziehen und 3000 Schilling Buße an den Tierschutzverein zu spenden.

S. 37: *Mit der Klarheit nimmt die Kälte zu*
Ansprache in Bremen anläßlich der Verleihung des Preises der Rudolf-Alexander-Schroeder-Stiftung/Literaturpreis der Freien und Hansestadt Bremen.
Erstdruck: *Jahresring* 1965/66, Stuttgart 1965, S. 243-245.
S. 40: *Politische Morgenandacht*
Erstdruck: *Wort in der Zeit*, Wien, 1966, H. 1, S. 11-13; Heft zum Thema *Die Ver-Politisierung unserer Kultur*.
S. 46: *Unsterblichkeit ist unmöglich*
Erstdruck: *Neues Forum*, Wien, XV. Jahrgang, H. 169-170, Januar/Februar 1968, S. 95-97.
Die redaktionelle Vorbemerkung lautete: »In unserer Serie von Beiträgen österreichischer Autoren über die Landschaft ihrer Kindheit schrieben bisher *Albert Paris Gütersloh*, ›Auf dem Linienwall‹ (Heft XIII, 145), *Alexander Lernet-Holenia*, ›Blätter der Erinnerung‹ (Heft XIII, 146) und *Fritz Hochwälder*, ›Auf den Gassen ...‹ (Heft XIII/148-149).«
Über den Autor hieß es in einer Fußnote: »*Thomas Bernhard*, 1931 von österreichischen Eltern in Heerlen, Holland, geboren, veröffentlichte zwei Romane, ›Frost‹ und ›Verstörung‹, eine Erzählung ›Amras‹, im Insel-Verlag, Frankfurt, und einen Band ›Prosa‹ in der Suhrkamp-Bibliothek [!]. 1965 erhielt er den Literaturpreis der Freien Hansestadt Bremen.«
S. 54: *Die Vergangenheit ist unerforscht.*
Posthumer Erstdruck: *Von einer Katastrophe in die andere*, hg. von Sepp Dreissinger, Weitra 1992, S. 19-34.
S. 68: *Mein nächstes Buch ...*
Erstdruck: *Der Spiegel*, Hamburg, Heft 22, 29. Mai 1967, S. 23.
Mit diesem Leserbrief reagierte Thomas Bernhard auf die Besprechung von *Verstörung* in *Der Spiegel*, Hamburg, Heft 19, 1. Mai 1967, durch Herbert Eisenreich. Die Rezension

trug den Titel *Irrsinn im Alpenland* und hatte die redaktionelle Vorbemerkung: »Der österreichische Schriftsteller Herbert Eisenreich, 42, schrieb Erzählungen, den Roman ›Auch in ihrer Sünde‹, Essays und Hörspiele. 1965 wurde er mit dem Großen Kunstpreis von Nordrhein-Westfalen ausgezeichnet. Er lebt in Sandl, Oberösterreich. – Der in Ohlsdorf, Oberösterreich, lebende Schriftsteller Thomas Bernhard, 36, ist mit dem Roman ›Frost‹ bekannt geworden, für den er 1965 den Bremer Literaturpreis erhielt. Sein neuer Roman ›Verstörung‹ ist unter den wenigen belangvollen Novitäten moderner deutscher Prosa in diesem Frühjahr die interessanteste.« Der Rezensent urteilte unter anderem: »In den knappen Szenen der Introduktion war, rund um die Innen-Bezirke der Seele, äußere Realität gehäuft: Beruf und Liebhaberei, Familie und Wohnung und überhaupt handfester Alltag: zum Greifen, Riechen, Schmecken nahe (zum Beispiel die Amtshandlung nach dem Totschlag). Hier aber, auf der Burg des Fürsten, zerdehnt sich die Innen-Welt, da so gut wie keine äußere mit ihr korrespondiert, ins Nebulose. Wir hatten gewiß nicht eine Antwort darauf, wohl aber eine Konkretisierung, eine äußerste Zuspitzung der Frage nach dem Kranksein erhofft, und der Autor zerredet sie uns; und zwar so konsequent, daß wir nicht einmal zu sagen vermöchten, wovon der Fürst da stundenlang redet, und geschweige denn, warum er das tut. Er redet auch eigentlich nicht, er laicht. Und zwar eine Unzahl von Wörtern und Sätzen, die man, da sie aus keiner sinnlichen Erfahrung wachsen und keine Außenwelt hereinziehen, beliebig vertauschen, auswechseln, ändern könnte – was in dem Buch denn auch mehrmals geübt wird. Was uns dann da in diesem Selbstgespräch geboten wird, ist weiter nichts als eine für Erkenntnis und Selbsterkenntnis unbrauchbare (und obendrein langweilige) Diffamierung des konkreten Menschen, in der, nebenbei bemerkt, ein antirationaler, ein antizivilisatorischer, ein antiurbaner Affekt offenbar wird, der im politischen Bereich die Wurzel jedes (grünen, braunen, roten oder sonstigen) Totalitarismus ist. Und in der Tat: Es wimmelt in diesem Buch von (noch dazu völlig unmotivierten) Invektiven gegen Idee und Realität des demokratisch organisierten Staates, die sich von denen gewisser ahistorisch denkender bundesdeutscher Jungdichter nur durch das bessere Deutsch unterscheiden. Mit Thomas Bernhard ist inmitten der dezidiert urbanen Literatur Österreichs wieder einmal der Urwald ausgebrochen.«

S. 69: *Verehrter Herr Minister ...*
Erstdruck: *Frankfurter Allgemeine Zeitung*, 19. März 1968. Die Zeitung druckte die Wiener Rede innerhalb eines Artikels von Karl Heinz Bohrer mit dem Titel *Des Dichters Fluch. Staatspreisträger Thomas Bernhard und eine inkriminierte Rede*. Bohrer schrieb: »Thomas Bernhard, sieht man einmal von den Wiener Surrealisten ab, ist der interessanteste Einzelgänger der österreichischen Literatur und einer der begabtesten Schriftsteller deutscher Sprache dazu. Nachdem dieser Liebling der Kritik schon mit dem Charles-Veillon-Preis, dem Preis der Stadt Bremen, der Förderungsgabe der deutschen Industrie ausgezeichnet worden ist, hat er kürzlich den österreichischen Staatspreis für Literatur 1967 bekommen. Dieser war als Romanpreis ausgeschrieben worden und die Jury sprach ihn Thomas Bernhard für den Roman ›Der Frost‹ zu, der 1963 erschienen ist und seitdessen Veröffentlichung noch drei weitere Prosabände erschienen: Die Novelle ›Amras‹, ein Band Erzählungen ›Prosa‹ und ein weiterer Roman ›Verstörung‹. Eine Sprache, in der sich Verlorenheit, Krankheit, eine bizarre Szenerie der verlorenen Existenz konkret, prägnant und aggressiv darstellten, ohne die modischen Schwenker, mit denen derlei Sujets gerne behandelt werden. Das zur Vorgeschichte der nun zu verzeichnenden austriakischen Begebenheit, die selbst

den Stoff für eine neue Erzählung dieses Dichters abgeben könnte.
Die Überreichung des Staatspreises an Thomas Bernhard wurde zu einem Skandal, für den die empörten Teilnehmer der Szene den Autor verantwortlich machen. Dieses ist geschehen. Der Autor Thomas Bernhard hielt keine konventionelle Dankrede, sondern sprach ein Stück polemischer und trauriger Prosa, die man in den Büchern abgedruckt finden könnte, für die er nun öffentlich ausgezeichnet worden ist. Seine inkriminierte Ansprache hatte folgenden Wortlaut:
[...]
Das waren Bernhards Worte, gerichtet an den österreichischen Unterrichtsminister, der nach der Rede wütend den Saal verließ und ausrief: ›Wir sind trotzdem stolze Österreicher.‹ Applaus des Publikums. Kein kaltes Buffet. Der Preisträger wurde mit ›Dutschke‹ und ›Hundertwasser‹ tituliert.
Inzwischen hat Bernhard, dem ebenfalls der Anton-Wildgans-Preis zugesprochen worden ist (30 000 Schilling), erfahren, daß die feierliche Überreichung im ›Haus der Industrie‹ nicht stattfinden wird. Der Unterrichtsminister hat nach der eben abgedruckten Rede abgesagt, und Bernhard erhielt von der ›Vereinigung österreichischer Industrieller‹ einen Absagebrief. Der noch ausstehende Betrag von 10 000 Schilling und die Urkunden werden ihm mit der Post zugesandt.
Es steht hier nicht an, die Reaktionen zu monieren. Es steht jedoch zu, das Allgemeine des Falles zu vermerken. Wie weit – so stellt sich die Frage – ist dem Poeten die vielzitierte Narrenfreiheit gestattet? Wann wird sie unerlaubt? Wenn er sich als das zeigt, was er ist? Als ein Dichter? Was ist die Wahrhaftigkeit einer Gesellschaft wert, die glaubt, ungestraft einen Schriftsteller zu küren, dessen Werk andererseits nichts anderes ist als eine Klage über diese Gesellschaft? In diesem

besonderen Falle wird die Reaktion um so widersprüchlicher, als Bernhard keine eigentlich politische Rede gehalten hat, sondern eher sein existentielles Manifest, seine österreichische Trauer, seinen Umgang mit dem Tode Zuhörern zumutete, die sich offensichtlich auf das Buffet freuten. Hatten sie seine Bücher nicht gelesen? Jede Antwort wäre aufschlußreich.«

Nachdruck in *Neues Forum*, Wien, XV. Jahrgang, H. 175, S. 349, unter der Überschrift *Der Wahrheit und dem Tod auf der Spur. Zwei Reden*. Die Redaktion bemerkte in einer Fußnote: »Den kürzeren der beiden abgedruckten Texte sprach *Thomas Bernhard* (siehe auch ›Unsterblichkeit ist unmöglich‹ in der Serie ›Landschaft der Kindheit‹. Neues FORUM, 1968, S. 95 [siehe in diesem Band S. 46-53]) als Danksagung anläßlich der Entgegennahme des *Österreichischen Staatspreises für Literatur* 1967. Der längere Text war als Danksagung anläßlich der Entgegennahme des *Wildgans-Preises der österreichischen Industrie* 1968 gedacht [siehe in diesem Band S. 71-S. 78]. Die Festveranstaltung zu diesem Anlaß wurde jedoch ohne Angabe von Gründen abgesagt, vermutlich weil die erste Rede zu einem Vorfall geführt hatte: Außer Programm antwortete Unterrichtsminister Dr. Piffl-Perčević mit zwei Sätzen auf Thomas Bernhards Feststellungen, und ein Großteil der Anwesenden applaudierte. Die Gespräche während des an den Preisverleihungsakt anschließenden Empfangs zeigten, wie stark Rede und Vorfall irritiert hatten. Zwei Fragen bleiben offen: die der passenden Gelegenheit und dann die wichtigere – welche Gesellschaft kann es sich leisten, auf solche Irritationen zu verzichten?«

Bernhard hat seine Sicht des Eklats, den die Rede auslöste, mehrmals geschildert. (Siehe: Thomas Bernhard – Siegfried Unseld, *Der Briefwechsel*, Frankfurt am Main 2009, S. 65-69; Thomas Bernhard, *Wittgensteins Neffe*, in: Th. B., Wer-

ke, Frankfurt am Main 2008, S. 270-279, sowie Thomas Bernhard, *Meine Preise*, Frankfurt am Main 2009, S. 66-85.)
S. 71: *Der Wahrheit und dem Tod auf der Spur*
Erstdruck (zusammen mit der Dankrede anläßlich der Entgegennahme des Österreichischen Staatspreises 1967): *Neues Forum*, Wien, XV. Jahrgang, H. 173, S. 347-349.
Thomas Bernhard schrieb die Rede für den Festakt zur Entgegennahme des Anton-Wildgans-Preises des Verbands der österreichischen Industrie 1968, der infolge der Ereignisse bei der Übergabe des Österreichischen Staatspreises am 4. März 1967 abgesagt wurde [siehe in diesem Band S. 69 f.]. Unter dem von der Redaktion gewählten Titel wurde zunächst die für die Verleihung des Wildgans-Preises vorgesehene Rede gedruckt, unmittelbar anschließend die zur Entgegennahme des Staatspreises. Beiden Reden wurde eine Vorbemerkung durch die Redaktion zuteil: »Mit Preisen und Auszeichnungen ehrt die Gesellschaft ihre Künstler; verpflichtet sie das, die Gesellschaft zu ehren, in der sie leben? Man kann für Auszeichnungen (und den damit verbundenen Geldbetrag) mit wohlgesetzten Worten danken, oder man kann, dem eigenen – preisgekrönten – Werk und der preiskrönenden Gesellschaft verpflichtet sein, als Dank sagen, was man für wahr hält. Wenn ein Autor vom Rang *Thomas Bernhards* Worte der Verzweiflung an seinem Vaterland äußert, ist das – im 50. Jahr der österreichischen Republik – Anlaß zum Bedenken. Mögen die Bedenken den Weg in die Redaktion finden; wir werden sie, pro oder contra, als Enquete zum Jubiläumsjahr gern veröffentlichen.«
S. 79: *In Österreich hat sich nichts geändert*
Erstdruck: *Theater 1969. Bilanz und Chronik der Saison 1968/69*. Sonderheft der Zeitschrift *Theater heute*, S. 144.
Thomas Bernhard bezog sich im ersten Satz des Artikels auf seinen am 3. Dezember 1955 in der Wochenzeitschrift *Die Furche* erschienenen Beitrag *Salzburg wartet auf ein Thea-*

terstück [siehe in diesem Band S. 26-28 sowie S. 299 f.]. Die Bezeichnung der Zeitschrift als »Quadratur des perversen katholisch-nationalsozialistischen Stumpfsinns« führte zum zweiten Prozeß gegen den Autor wegen »Presseehrenbeleidigung«. Die Klage hatte der damalige Chefredakteur der *Furche*, Willy Lorenz, am 22. Januar 1970 in Wels eingereicht. Die Hauptverhandlung fand am 11. März 1970 in Wien statt und endete mit einem Vergleich.

S. 81: *Nie und mit nichts fertig werden*

Dankrede in Darmstadt am 17. Oktober 1970 anläßlich der Entgegennahme des Georg-Büchner-Preises der Deutschen Akademie für Sprache und Dichtung.

Erstdruck: *Jahrbuch 1970 der Deutschen Akademie für Sprache und Dichtung*, Heidelberg/Darmstadt 1971, S. 83 f.

Thomas Bernhard schildert die Verleihung aus seiner Sicht in *Meine Preise*, Frankfurt am Main 2009, S. 109-114.

S. 83: *Grand Hotel Imperial Dubrovnik*

Erstdruck: *Ver Sacrum*, Wien, 1971, S. 47.

S. 85: *Präsident Kaut, Festspiele Salzburg.*

Erstdruck: *Oberösterreichische Nachrichten*, 9. August 1972.

Die Redaktion stellte dem Abdruck des Telegramms einen Text voran:

»Nach der Absetzung seines Dramas ›Der Ignorant und der Wahnsinnige‹ vom Spielplan der Salzburger Festspiele übermittelte Montag um etwa 17 Uhr der Autor des Stückes, Thomas Bernhard, dem Festspielpräsidenten Josef Kaut folgendes, im Wortlaut auch der Austria-Presse-Agentur zur Verfügung gestelltes Telegramm:«

Nach dem Telegramm plazierte die Redaktion die Bemerkung: »Wir werden auf den ganzen Sachverhalt noch genau zurückkommen, wenn sich die Wogen dieser ersten erregten Auseinandersetzung, deren gerichtliche Konsequenzen noch nicht abzusehen sind, gelegt haben.«

Thomas Bernhard bezog sich auf den »Notlichtskandal«: Bei der Uraufführung seines Stücks *Der Ignorant und der Wahnsinnige* (Regie von Claus Peymann, Bühnenbild von Karl-Ernst Herrmann) im Rahmen der Salzburger Festspiele am 29. Juli 1972 herrschte im Salzburger Landestheater keine »totale Finsternis«, wie sie am Ende eine Regieanweisung des Autors verlangt: Die Notbeleuchtung blieb angeschaltet. Daraufhin verweigerten Regisseur und Schauspieler weitere Aufführungen, wenn nicht auch die Notbeleuchtung ausgeschaltet werde. Bernhard telegraphierte deshalb am 2. August 1972 dem Präsidenten der Festspiele: eine gesellschaft die zwei minuten finsternis nicht vertraegt kommt ohne mein schauspiel aus stop mein vertrauen in regisseur und darsteller ist hundertprozentig stop sie faellen die selbstverstaendlich kompromisslose entscheidung fuer kuenftige auffuehrungen. Kaut weigerte sich, dem Ansinnen Rechnung zu tragen, so daß es bei der Premierenaufführung blieb (nur eine Fernsehaufzeichnung kam noch zustande). Die Festspiele verklagten daraufhin Regisseur und Schauspieler wegen Vertragsbruchs auf Schadensersatz, die Beklagten reichten ihrerseits Klage gegen die Festspiele ein.

S. 87: *Von Lissabon aus ...*
Erstdruck: *Frankfurter Allgemeine Zeitung*, 12. August 1974.
Die Redaktion stellte eine Bemerkung voraus:
»Oh Augsburg
Ist Augsburg ein ›muffiges Nest‹ oder eine ›schmucke Stadt‹? Es komme keiner und sage, das sei Geschmackssache. Das ist vorbei. Es gibt in Augsburg einen Oberbürgermeister, der es wissen muß. Er besteht darauf, daß seine Stadt eine ›schmucke Stadt‹ ist, und wer das Gegenteil behauptet, wer zum Beispiel sagt: ›Dieses muffige, verabscheuungswürdige Nest, diese Lechkloake‹, wer so etwas sagt, dem will er das Wort verboten sehen. Gerichtlich, versteht sich. Aber wer

sagt so etwas? Thomas Bernhard. Jedermann kann es nachlesen in dessen jüngstem Stück ›Die Macht der Gewohnheit‹, und viele konnten es hören, als diese Komödie kürzlich unter dem Beifall der Kritik und des Publikums in Salzburg uraufgeführt wurde. Thomas Bernhard also, Finsterling aus Österreich, strafwürdiger Pessimist und unverantwortlicher Schwarzseher. Nicht genug damit, daß er seit Jahren schon sein Vaterland und seine Landsleute beleidigt, den österreichischen Staat ›einen unvorstellbaren Schwachsinn‹, die Landbewohner ›Untermenschen‹ nennt, nicht genug damit, daß er Amerika als ›anachronistischen Völkerunrat‹ beschimpft, die Kirchen, Gewerkschaften, ja die ganze Menschheit in seinen Romanen und Erzählungen zutiefst immer wieder kränkt, in schwärzesten Farben malt, an der Glücksfähigkeit des Menschen schwerste Zweifel anmeldet und überall nur Tod und Wahnsinn sieht, nicht genug damit also, jetzt beleidigt er auch noch die Stadt Augsburg. Das kann eigentlich nur daher kommen, daß dieser Thomas Bernhard Augsburg nicht kennt. Was also liegt näher, als den Autor für ein paar Tage auf Kosten der Stadt einzuladen, damit er sich davon überzeuge, daß Augsburg ›schmuck‹ und nicht ›muffig‹ ist? Der Oberbürgermeister hat vorsichtshalber gleichzeitig seine Rechtsabteilung angewiesen, die Möglichkeit rechtlicher Schritte gegen Bernhard und gegen weitere Aufführungen des Stückes zu überprüfen. Denkbar ist allerdings, daß es in Augsburg nicht nur Juristen gibt, sondern auch Leute, die zu ihrem Oberbürgermeister hingehen und ihm verschiedenes erklären: Zum Beispiel, daß Thomas Bernhard kein unbedeutender Gegenwartsautor ist; oder, daß es einen Unterschied gibt zwischen einer literarischen Äußerung und einer öffentlich-politischen. Ungerührt kabelt uns inzwischen Thomas Bernhard:«

Am 27. Juli 1974 fand bei den Salzburger Festspielen die Uraufführung von Bernhards Stück *Die Macht der Gewohn-*

heit statt in der Regie von Dieter Dorn, dem Bühnenbild von Wilfried Minks und mit Bernhard Minetti als Zirkusdirektor Caribaldi. Der will mit dem das Stück skandierenden Ruf »Morgen Augsburg« – dort soll die nächste Station sein – seine Mitstreiter zur Übung des »Forellenquintetts« bewegen. Augsburg wird charakterisiert mit den Worten: »Gibt es denn in Augsburg / überhaupt einen Arzt / einen Rheumaspezialisten / in diesem muffigen verabscheuungswürdigen Nest / In dieser Lechkloake«. Aufgrund dieser Äußerung des Zirkusdirektors kam es in Augsburg zum Skandal. Der damalige Oberbürgermeister der Stadt, Hans Breuer, schrieb am 7. August 1974 einen Brief an Siegfried Unseld:
»Sehr geehrter Herr Unseld!
Wie abstrakt oder wie konkret ist das Gemeinwesen Stadt? Hat eine Stadt als lebendige Gemeinschaft ihrer Bürger auch eine Ehre, die verletzt werden kann? Werden Ansehen und Geschäfte einer Stadt geschädigt, wenn ihr im öffentlichen Rampenlicht unwahr und diffamierend Übles nachgeredet wird? Das sind sicher sehr interessante Fragen für Publizisten und Juristen und derzeit auch für unser städtisches Rechtsamt. Zuvörderst aber möchte ich bei Ihnen vorstellig werden, um Interessen der Stadt Augsburg und Belange der Bürger zu wahren.
Dies ist der Grund meines Schreibens: In Ihrem Verlag, sehr geehrter Herr Unseld, ist das Stück ›Die Macht der Gewohnheit‹ von Thomas Bernhard erschienen, das soeben in Salzburg uraufgeführt wurde. In diesem Stück wird – wenn Presse und Rundfunk aus der Aufführung richtig zitieren – die Stadt Augsburg als muffiges und verabscheuungswürdiges Nest diffamiert und es werden die Augsburger als die am schlimmsten abstoßend riechenden unter allen Zirkuszuschauern beschimpft. Das scheinen mir selbst für eine Komödie doch allzu bitterböse Worte, die Herr Bernhard

auch mit dem Hinweis auf die Freiheit eines Autors nicht rechtfertigen könnte.
Nicht einmal der Dichter Bert Brecht hat behauptet, daß Augsburg eine Lechkloake sei, und Brecht war kritisch und hat Augsburg gekannt. Er wurde an einem Augsburger Lechkanal geboren und ist nahe am Stadtgraben aufgewachsen. Ich muß annehmen, daß Herr Thomas Bernhard unser Augsburg überhaupt nicht kennt.
Deshalb möchte ich Herrn Bernhard einladen, doch bald einmal nach Augsburg zu kommen und hier drei Tage lang unser Gast zu sein. Die Stadt Augsburg wird die Kosten seines Aufenthaltes tragen und wir werden ihm auch gerne alles zeigen, was immer er sehen will, und ihn auch zum Lech hinführen und ihn mit Menschen aller Bevölkerungsschichten bekanntmachen. Und dann wird Herr Bernhard sicher bald sehen und fühlen und riechen, daß Augsburg zwar von einer 2000jährigen Geschichte geprägt, aber doch eine schmucke und muntere Großstadt ist mit quellreinem Trinkwasser und mit sauberen Bürgern. Und daß es hier gar nicht so übel riecht.
Übrigens: Rheumaspezialisten haben wir auch.
So darf ich Sie, sehr verehrter Herr Unseld, höflichst bitten, diese Einladung an Herrn Thomas Bernhard weiterzugeben. Ihrer und seiner Antwort sehe ich erwartungsvoll entgegen.«
Wann und in welcher Weise Thomas Bernhard Augsburg besuchte, siehe in diesem Band S. 88-90.
S. 88: *Gestern in Augsburg: Bernhard besucht AZ*
Erstdruck: *Augsburger Allgemeine Zeitung*, 7. September 1974.
Zu den Hintergründen siehe in diesem Band S. 311-314.
S. 91: *Thomas Bernhard: »Ich brauche die Festspiele nicht«*
Die Berühmten hatten am 8. Juni 1976 Premiere im Theater

an der Wien (Regie: Peter Lotschak) im Rahmen der Wiener Festwochen.

S. 93: »*Aus Schlagobers entsteht nichts*«.
Erstsendung: 12. September 1975 (ORF).
Erstdruck: *Thomas Bernhard und Salzburg*, hg. von Manfred Mittermayer und Sabine Veits-Falk, Salzburg 2001, S. 245-251.

S. 106: *Bernhard Minetti*
Erstdruck: *Theater 1975. Bilanz und Chronik der Saison 1974/75*. Sonderheft der Zeitschrift *Theater heute*, S. 38.
Bernhard Minetti war von den Kritikern für *Theater heute* zum »Schauspieler der Saison 1974/1975« gewählt worden. Als Reaktion darauf bat der Redakteur, Henning Rischbieter, um einen Vorabdruck von *Minetti*, dessen Premiere für Silvester 1975 in Stuttgart die Zeitschrift ankündigte (entsprechend den ursprünglichen Plänen des Autors). Die Uraufführung von *Minetti* mit Minetti fand am 1. September 1976 im Württembergischen Staatstheater Stuttgart in der Regie von Claus Peymann statt. Zu seiner »Publikumsbeschimpfung« äußerte sich Thomas Bernhard in der Fernsehsendung *Aspekte* des ZDF; siehe in diesem Band S. 108-110.

S. 108: *Thomas Bernhard spricht*
Erstsendung: 12. September 1975 (ZDF).
Erstdruck: *Theater heute*, Heft 11, November 1975, S. 79.
Der Transkription ist eine redaktionelle Vorbemerkung beigegeben: »In der ZDF-Sendung ›Aspekte‹ wurde Thomas Bernhard auf seine und Heiner Müllers Äußerungen über das Publikum im Sonderheft ›Theater 1975‹ angesprochen.«

S. 111: *Schriftstellerberuf heute. Die Komödie der Eitelkeit*
Erstdruck: *Die Zeit*, Hamburg, 27. Februar 1976.
Am 6. Februar 1976 hatte *Die Zeit* die Rede von Elias Canetti anläßlich der Entgegennahme der Ehrendoktorwürde

der Universität München unter dem Titel *Der Beruf des Dichters* gedruckt. In ihr zielte Canetti mit der Bezeichnung »Jemand, der schreibt« direkt auf Bernhard, der diese Selbstcharakterisierung im Film *Drei Tage* benutzt hatte. Canetti führte aus: »[...] aber auch andere [...], die bittere und sehr begabte Bücher verfaßten, brachten es als ›Jemand, der schreibt‹, sehr bald zu Ansehen und taten nun, was frühere Dichter zu tun pflegten: Statt zu verstummen, schrieben sie dasselbe Buch immer wieder. So verbesserungsunfähig und todeswürdig die Menschheit ihnen erschien, eine Funktion war ihr geblieben: ihnen zu applaudieren.«
S. 112: »*Ein destruktiver, schrecklicher Kerl*«
Erstdruck: *Die Presse*, Wien, 2. Juni 1976.
Unter den Brief stellte die Redaktion die Bemerkung: »Ein Schreiben gleichen Inhalts hat der Schriftsteller an Bundeskanzler Dr. Kreisky gerichtet. Die Red.«
Dieser Brief löste einen Leserbrief an *Die Presse* von Traudl Lenz aus (5. Juni 1976), in dem es unter anderem heißt: »Da am Abend der Vorlesung von Th. Bernhard an der Universität Lissabon sowohl Herr Botschafter Dr. Weinberger als auch der Leiter des Deutschen Kulturinstituts als Gäste bei uns zu Hause waren, nehme ich an, daß es sich bei dem Abendessen, zu dem Herr Bernhard angeblich ein- und ausgeladen war, um das unsere handeln muß. Ich war sehr erstaunt, daß Herr Bernhard sich ausgeladen fühlte, da eine richtige Einladung von unserer Seite gar nicht erfolgt ist. [...] Herr Dr. Weinberger wußte bis zum Moment, an dem er unser Haus betrat, nicht, wer die anderen Gäste waren, und konnte daher unmöglich Einfluß auf die Wahl dieser Gäste ausgeübt haben. [...] Ich werde weiterhin dem Werk Thomas Bernhards als eines Vertreters der österreichischen Gegenwartsliteratur Interesse entgegenbringen, darüber hinaus aber finde ich seine Handlungsweise für einen erwachsenen Menschen und ernst zu nehmenden Autor befrem-

dend und enttäuschend [...].« Siehe auch in diesem Band S. 115 f.
S. 115: *Thomas Bernhards Lissaboner Erlebnisse*
Erstdruck: *Die Presse*, Wien, 5. Juni 1976, »Briefe an ›Die Presse‹«.
An den Abdruck des Briefes schloß sich eine Bemerkung an: »Die ›Verstümmelung‹ bestand im Weglassen der Anrede ›Sehr geehrter Herr Bundeskanzler‹ und eines Halbsatzes, der klagbare Verbalinjurien im Zusammenhang mit Botschafter Weinberger enthielt. Daß ein Schreiben an den Bundeskanzler vom Autor auch diesem selbst übermittelt würde, mußte doch wohl angenommen werden. Ein Abdruck unter dem Titel ›Offener Brief‹ ist in der ›Presse‹ nur auf Inseratenbasis möglich – daß Herr Bernhard dies wünschte, war seinem Schreiben an die Redaktion keineswegs zu entnehmen. Und was ›zurecht‹ oder ›zu Recht‹ anlangt, ist dies nicht Sache der Redaktion, sondern der Korrektoren in der Druckerei; wenn in solchen Fällen seitens eines Autors ausdrücklich eine bestimmte Schreibung gewünscht wird, ist es üblich, die betreffenden Buchstaben zu unterpunktieren, was Thomas Bernhard nicht tat. Eine Kontaktaufnahme mit Herrn Bernhard, der in Ohlsdorf kein Telephon besitzt, war leider nicht möglich; eine briefliche Information ist erfolgt. (D. Red.)«
Die redaktionelle Nachbemerkung entsprach nicht den Tatsachen: Der unterdrückte Halbsatz bezog sich nicht auf den österreichischen Botschafter, sondern auf alle Österreicher. Der ganze Satz lautet (siehe in diesem Band S. 114, Z. 7 von oben; die in der *Presse* nicht gedruckte Passage ist unterstrichen): »Die Rechnung <u>für die Unmöglichkeit, um nicht sagen zu müssen Dummheit und Gemeinheit der Österreicher</u>, war in das Gelächter der Deutschen umgeschlagen, wie so oft.« (Zitiert nach der Kopie des Briefes von Thomas Bernhard im Thomas-Bernhard-Archiv Gmunden.)

S. 117: *Morgen Salzburg*
Erstdruck: *Münchner Merkur*, 24./25. Juli 1976.
Zu den *Berühmten* siehe in diesem Band S. 91 f.; zu den Lissaboner Ereignissen siehe in diesem Band S. 115-116.
S. 129: *Ist das Theater nicht mehr, was es war? Ein Beitrag zur Dürre*
Erstdruck: *Frankfurter Allgemeine Zeitung*, 3. November 1976.
Unter dem Beitrag stand eine redaktionelle Notiz: »Der vorstehende Beitrag wurde zu unserer Diskussion über das gegenwärtige deutsche Drama geschrieben, deren These ›Die Wüste lebt!‹ mit dem Hinweis auf die Dürre der gegenwärtigen Produktion beantwortet wurde.«
S. 134: *Bremer Literaturpreisträger antworteten auf drei Fragen*
Erstdruck: *Bremer Zeitung*, 24. Dezember 1976.
S. 135: *Verehrte Anwesende ...*
Posthumer Erstdruck: *Die Furche*, 9. Februar 2006.
Thomas Bernhard sprach diesen Nachruf auf Carl Zuckmayer am Sonntag, dem 30. Januar 1977, um 11 Uhr im Schauspielhaus Zürich. Dort fand eine für den am 18. Januar, kurz nach seinem 80. Geburtstag, Gestorbenen und wenige Tage später in Saas-Fee Beerdigten eine »Gedenkstunde« statt. Sie begann mit der Rede von Thomas Bernhard. Danach lasen Peter Ehrlich, Margrit Ensinger, Gustav Knuth, Hans-Gerd Kübel, Leopold Lindtberg, Helmut Lohner, Dorothea Parton, Gert Westphal und Hans-Dieter Zeidler aus Zuckmayers Werk. Das Zitat am Ende der Rede von Bernhard entstammt Zuckmayers Broschüre *Die langen Wege. Ein Stück Rechenschaft*, die Ende November 1952 erschienen war und deren Kurzfassung der Autor am 28. August 1952 anläßlich der Entgegennahme des Goethe-Preises der Stadt Frankfurt in der Paulskirche vorgetragen hatte. Thomas Bernhard schenkte das Redemanuskript seinem

zu den Zuhörern zählenden Verleger Siegfried Unseld. Der legte es in seiner Autographensammlung ab.

S. 137: *zu hexenjagd schwäbisch ...*
Erstdruck: *Die Zeit*, Hamburg, 7. Oktober 1977.
Thomas Bernhard reagierte mit diesem Telegramm auf einen Artikel von Benjamin Henrichs in der *Zeit* vom 23. August 1977 mit dem Titel *Hexenjagd, schwäbisch*: »Auch in Stuttgart hat man einen Sympathisanten [der verurteilten Mitglieder der RAF] entdeckt: den Schauspieldirektor Claus Peymann. ›Geistige Verwandtschaft zum Terrorismus‹ bescheinigt ihm der Vorsitzende der Polizeigewerkschaft, seine fristlose Entlassung fordern Mitglieder des Landtags, die Landesregierung, etwas moderater immerhin, dringt auf die ›schnellstmögliche Trennung‹ von Peymann. Der aber will seinen Vertrag bis zum Ende, bis zum August 1979, erfüllen. Dann erst wird er Stuttgart, dessen Theater seine Mitarbeiter und er in nur wenigen Jahren zum erfolgreichsten der Bundesrepublik gemacht haben, endgültig verlassen.

Der Volkszorn ist groß und berechtigt. Schließlich hat Claus Peymann den Terror aktiv unterstützt: Er hat im Juni 100 Mark für die Zahnbehandlung von Stammheim-Gefangenen gespendet. Für die Zahnbehandlung! [...] Peymann hat öffentlich erklärt: ›Ich lasse mich nicht zu einem Sympathisanten stempeln, der ich nicht bin. Maxime meiner künstlerischen Arbeit ist es, gegen Unvernunft, gegen Gewalt, gegen jedes Verbrechen zu sein. [...]‹ Das ist deutlich und überzeugend. Deshalb ist man dankbar für einen bürokratischen Vorwand: nicht seiner Spende wegen soll Peymann entlassen werden, sondern weil er den Bittbrief der Mutter Ensslin am Schwarzen Brett des Theaters ausgehängt hat.«

S. 138: *Zum österreichischen Nationalfeiertag 1977*
Erstdruck: *Die Zeit*, Hamburg, 17. Februar 1978.

S. 141: *Das Ganze ist im Grunde ein Spaß*
Erstsendung: ORF, 12. April 1978.
Erstdruck: *Von einer Katastrophe in die andere*, hg. von Sepp Dreissinger, Weitra 1992, S. 49-62. Das Gespräch führte Brigitte Hofer. Dem Erstdruck wurde eine Bemerkung vorangestellt. »Am 12. April 1978 las Thomas Bernhard in der Österreichischen Gesellschaft für Literatur. Am späten Vormittag traf Brigitte Hofer Thomas Bernhard im Café Bräunerhof zum Gespräch. Im Café wurde es zu laut, die beiden sprachen weiter im Auto von Brigitte Hofer – zuerst über das Programm, in dem eine Lesung aus dem ›Atem‹ angekündigt worden war. Hier das ungekürzte Tonbandprotokoll:«
Das zu Beginn des Interviews erwähnte Buch von Thomas Bernhard, *Die Billigesser*, erschien im Mai 1980.
S. 153: *Ich fülle die Leere mit Sätzen aus*
Erstdruck: *Les Nouvelles littéraires*, 56. Jahrgang, Nr. 2641, 22.-29. Juni 1978.
Deutsche Übersetzung von Monika Natter in: *Von einer Katastrophe in die andere*, hg. von Sepp Dreissinger, Weitra 1992, S. 63-67.
Nicole Casanova, die das Gespräch führte, stellte der deutschen Übersetzung eine Vorbemerkung voran: »Jede Bitte um ein Interview mit Thomas Bernhard war ohne Antwort geblieben. Als Wolfgang Schaffler, der damalige Leiter des Residenz-Verlags, merkte, wie ratlos ich war, schickte er Thomas Bernhard folgendes Telegramm: ›Nicole Casanova kommt am 17. Mai um ... zu Ihnen.‹ Und zu mir sagte er: ›Fahren Sie ruhig hin, Sie werden schon sehen!‹ So bin ich also mit dem Auto losgefahren, von Dorf zu Dorf, ohne wirklich zu wissen, ob ich am Ende überhaupt jemanden antreffen würde.
Der Bauernhof von Thomas Bernhard erinnerte mich an Wehrhöfe von früher, vielleicht war dieser ursprünglich auch

einer. Niemand empfing mich am Tor, auch im Hof, der in mir die Assoziation einer in ›sol y sombra‹ geteilten Stierkampfarena auslöste, war niemand zu sehen. Ich wartete einen Moment, dann sah ich auf der Sonnenseite eine kleine Tür, die zu den Wohnräumen zu führen schien. Ich hatte meine Hand auf der Türklinke und war gerade im Begriff einzutreten, als Thomas Bernhard plötzlich hinter mir auftauchte. Jetzt wurde mir klar, daß er sich in der Scheune auf der Schattenseite versteckt hatte. Entsetzen über mein Eindringen in sein Haus muß ihn aus seinem Versteck getrieben haben. Wenn ich schüchterner gewesen wäre, wäre ich, ohne ihn gesehen zu haben, wieder abgefahren – das nehme ich zumindest an.

Ich muß hinzufügen, daß ich im ersten Moment an die Erscheinung von Nosferatu im gleichnamigen Film gedacht habe – aber Nosferatu hatte die Höflichkeit besessen, sich vor den Eingang zu stellen, wenn auch auf eine etwas abrupte Weise ...

Das Gespräch fand im Hof statt; wir saßen einander an einem kleinen Metalltischchen gegenüber, auf der Sonnenseite, was Thomas Bernhard als Vorwand diente, seine schwarze Sonnenbrille aufzubehalten.

Sicher störte ich ihn sehr, und mein Eindringen war ihm sehr unangenehm. Er war trotzdem sehr freundlich, auf meine Fragen antwortete er geduldig und ausführlich und ließ mich auch sonst nicht spüren, daß ich ihn belästigte.«

S. 156: *Sehr geehrte Frau Annelore Lucan-Stood ...*
Erstdruck: *Oberösterreichische Nachrichten*, Linz, 22. Januar 1979.

Die Redaktion versah den Brief mit einem Vorspann: »Zu der angedrohten Klage der Tochter des verstorbenen Oberlandesgerichtspräsidenten Reinulf Zamponi gegen Thomas Bernhard nimmt dieser in einem offenen Brief Stellung. (Lesen Sie dazu auch unser ›Habe die Ehre‹).«

In der Kolumne *Habe die Ehre* vom selben Tag schrieb Reinhold Tauber unter dem Titel *Exempel – für wen?*: »Es hat meines Wissens bisher noch niemand, der sich mit dem Buch auseinandersetzte, die Geschichten [im *Stimmenimitator*] als Chronik tatsächlicher Vorkommnisse, als Berichte von wirklichen Personen interpretiert. Sollte es tatsächlich zur Klage kommen, wird der zuständige Richter wieder einmal zur Normierung gezwungen, muß das Modell eines Korsetts schneidern, innerhalb dessen sich der Künstler bewegen darf. Keine lustige Aufgabe.« Im Anschluß an den Kommentar druckten die *Oberösterreichischen Nachrichten* den Text *Exempel*.

Der Stimmenimitator, eine Sammlung von Kurzprosa, die ihr Autor in fünf Tagen geschrieben haben will, wurde am 21. September 1978 an die Buchhandlungen ausgeliefert. In der Kurzerzählung *Exempel* hieß es in der Erstausgabe: »Der Oberlandesgerichtsrat Zamponi, die ganzen Jahre über die beherrschende Figur des Landgerichtes Salzburg, [...] war [...] nach der Urteilsverkündung noch einmal aufgestanden und hatte gesagt, daß er jetzt ein Exempel statuieren werde. Nach dieser unüblichen Ankündigung griff er blitzartig unter seinen Talar und in seine Rocktasche und holte eine entsicherte Pistole hervor und schoß sich zum Entsetzen aller im Gerichtssaal Anwesenden in die linke Schläfe. Er war augenblicklich tot gewesen.« (Thomas Bernhard, *Werke*, Band 14, hg. von Hans Höller, Martin Huber und Manfred Mittermayer, Frankfurt am Main 2003, S. 248) Bernhard hatte sich bei seiner Fiktion des Namens von Reinulf Zamponi bedient, der zuletzt Senatspräsident in Linz gewesen und dort 1977 gestorben war. Die *Salzburger Nachrichten* hatten am 20. Januar 1979 unter der Überschrift *Privatanklage gegen Autor Bernhard. Tochter des OLG-Präsidenten Zamponi als Klägerin* berichtet: »Auf den Schriftsteller Thomas Bernhard kommt nun nach dem Prozeß, den seinerzeit der Salzburger Stadtpfarrer Franz Wesenauer wegen einer inkriminierten Stelle in Bernhards Buch ›Die Ursache‹ geführt hatte, eine Ehrenbeleidigungsklage der Tochter des vor zwei Jahren verstorbenen Oberlandesgerichtspräsidenten in Linz, Dr. Reinulf Zamponi, zu.« Die Klage wurde zurückgezogen, als Bernhard den Oberlandesgerichtsrat, wie im Brief angeboten, in »Ferrari« umbenannte.

S. 158: *Der Wald ist groß, die Finsternis auch*
Erstdruck: *Die Zeit*, Hamburg, 29. Juni 1979.
Der Abdruck des Interviews wurde anmoderiert von der Redaktion: »In dieser Woche [am 6. Juli 1979] hat Thomas Bernhards neues Stück ›Vor dem Ruhestand‹ bei Peymann in Stuttgart Premiere. In unserem Interview gibt Bernhard, der große Unzugängliche, zum erstenmal außerhalb seiner Bücher Auskunft über sich selbst – über Selbstmord und Sexualität, Schreiben und Alleinsein.« Der im Gespräch erwähnte Brief Bernhards an die *Zeit* wird in einem Kasten innerhalb des Interviews gedruckt; siehe in diesem Band S. 173 f.

S. 173: *Ein Brief an die ZEIT*
Erstdruck: *Die Zeit*, Hamburg, 29. Juni 1979; siehe in diesem Band S. 166 f.

S. 175: *Du liebe ZEIT ...*
Erstdruck: *Die Zeit*, Hamburg, 31. August 1979.
Dort hieß es in einer Kopfnote über der Überschrift *Der doppelte Herr Bernhard / Eine Fälschung, eine sommerliche Korrespondenz und ein doppelgängerisches Happy-End:*
»Ein Manuskript erreichte uns – aber dann hatte es der Autor, bei dem wir uns bedankten, nicht geschrieben. Entsetzt und geehrt darüber, daß er bereits einen Imitator gefunden hat, schrieb er es zu Ende.«
Daran schloß sich ein Text an:

»Thomas Bernhard
4694 Ohlsdorf
Oberösterreich

Ohlsdorf

Werte Herren,
meiner Person und genauer gesagt meinem empfindlichen Kopf ist es diesmal unmöglich, Ihnen nicht zuletzt in Ergänzung Ihrer Reiseberichte mein Reiseerlebnis vorzuenthalten, ja ich fühle ganz einfach die Pflicht, den folgenden Sachverhalt mitzuteilen. Diese Naturgeschichte, werte Herren, kann ich Ihnen nicht ersparen! In aller Höflichkeit und Bescheidenheit und naturgemäß auch Betroffenheit möchte ich Sie bitten und hoffe ich, daß es möglich ist, in Ihrer Zeitung (in welcher sonst?) den Tatbestand, um den es hier geht und der nicht ohne eine gewisse Pikanterie ist, zu veröffentlichen: diese mit dem höchstmöglichen Fanatismus zu Wahrheit und Klarheit wie auch mit aller nur zu Gebote stehenden Vorsicht und Rücksicht festzuhaltenden und festgehaltenen Ereignisse und Geschehnisse rund um meine
E i n k e h r i n e i n e m P i n z g a u e r D o r f g a s t h o f
Nachdem ich Mitte April auf Einladung der Österreichischen Gesellschaft für Literatur in S. oben tatsächlich eine meine Arbeit betreffende Vorlesung gehalten und mit den aus mehreren Ländern eingeladenen Teilnehmern diskutiert habe, zeigte sich während der Vorbereitungen zum anschließenden und abschließenden gemeinsamen Abendessen im sogenannten Gastsaal des einzigen größeren S.schen Gasthofes wieder einmal, in wie kurzer Zeit eine in diesem Falle herbeigeführte, alles in allem gelungene und an und für sich nützliche Stimmung und Gesellschaft plötzlich zu einer verdüsterten werden kann.
So hatte der sogenannte Oberkellner, der in Ausübung seines Amtes naturgemäß vorübergekommen war, von mir anfangs gar nicht Notiz genommen. Aber er mußte mich schon

gesehen haben. Das merkte ich. Wir waren noch nicht lange an unseren Tischen, als des weiteren meine Person mit einem Mal überdies von seiten der Gastwirtsgattin und Gasthofmitbesitzerin (Frau M. T.!) zu einer öffentlichen Brüskierung und allgemeinen Verächtlichmachung bei den zufällig anwesenden Einheimischen im Gästezimmer benutzt wurde, indem diese Person sich nunmehr über meine Person, und in diesem Zusammenhang hatte sie hinterrücks, doch ganz deutlich und unmißverständlich als von »diesem *destruktiven, schrecklichen Menschen*« gesprochen, ganz und gar abträglich zu äußern begann. Es sei ihr (der Wirtin) unverständlich, was *diese Person*, als solche bezeichnete sie mich schließlich, in dieser Gegend suche, wenn es nach ihr ginge, so käme jedenfalls überhaupt kein *solcher* Mensch mehr herauf, nicht *ein einziger*, ›mehr Nachteile als Vorteile‹ seien sie für die Wirtsleute usf. Die verletzenden Beobachtungen und die vollkommene Bewußtwerdung der Tatsache, daß ich als Mitglied einer zahlenden Gastgesellschaft in einem öffentlichen Gastbetrieb von einem Mitglied des Wirtspersonals immer deutlicher und immer lauter und nachhaltiger (das ist die unglaubliche Auffälligkeit gewesen, daß sie, die Wirtin, mit dem Fortschreiten der Zeit auf eine mir selbst unheimliche Weise immer mehr und von nichts anderem gesprochen hatte) attackiert wurde, waren es, die mich verständlicherweise endlich und also mit noch leerem Magen einfach das Freie hatten aufsuchen lassen.
Tatsächlich hätte ich Vorsorge zu treffen gehabt, sie (die Wirtin) erregende (oder andere) Wörter nicht zu gebrauchen. Sie soll auch, worauf ich ebenfalls nach dieser meiner faktischen Ausladung von oben angeführtem Abendessen aufmerksam gemacht worden bin (und wie mir nicht nur von einer Seite bestätigend zu Ohren gekommen ist), im Zuge der Verächtlichmachung meiner Person noch mehrere Male

ausgiebig von der Möglichkeit Gebrauch zu machen versucht haben, in ihrer krankhaften Einstellung gegen mich in Verbindung mit ihrer wichtigtuerischen und schamlosen Weise meine Person nun auch den Vertretern der Österreichischen Gesellschaft für Literatur gegenüber sowie insbesondere den ausländischen Gästen und Freunden verächtlich zu machen und nach unserem gemeinsam verbrachten Nachmittag von mir ganz offen nur mehr als von diesem ›*ganz schrecklichen, ja erschreckenden Kerl*‹ geredet haben (was ja mindestens als eine ungeheure und ungeheuerliche Ungezogenheit, und eine Dummheit!, bezeichnet werden muß), obwohl mich diese Wirtin bis dahin überhaupt nicht kannte und obwohl diese gewisse Wirtin auch, wie ich weiß, von mir bis jetzt keine Zeile gelesen hat, und von meiner ihr bis dahin also nur von der sie nicht weiter irritierenden und also in keiner Weise beunruhigend berührenden Oberfläche her bekannten Existenz schließlich nur mehr noch als von einer durch und durch ›*schrecklichen, krankhaften Existenz*‹ geredet haben. Die Rechnung war einfach nur in das Gelächter der Deutschen umgeschlagen wie so oft.

Mit dem Rücken hatte ich mich draußen an die Hauswand zu drücken gehabt ... Man darf nicht nachdenken! Doch diese Stimme im Ohr, die wie aus einem Schatten (Menschenschatten!) zustach, immer tiefer *in mich hinein* stieß, fortwährend und beständig, und tiefer und rücksichtsloser und immer noch tiefer und rücksichtsloser und roher und schonungsloser in mich hinein, bis in die tiefste Tiefe hinein, tatsächlich aber mit immer noch größerer Raffinesse und mit der unglaublichsten Ausdauer in mich zuletzt bis an die Grenzen des Beschreiblichen und Erträglichen treibender, meinen Körper von innen nach außen erhitzender Weise hineinstieß, hatte mich zunächst irritiert, zum *Hin- und Her*gehen, ja zum *Weiter*gehen (vom Haus weg!) gezwungen, das ein Weiter*hetzen* war. Menschen waren ja einerseits entschieden keine zu sehen, *keine mehr*, andererseits überall rücksichtslos bellende, heulende Hunde. Der Föhn! dachte ich gleich. Der bei dieser Gelegenheit auf dem Gelände und auf *jedem* Gelände bald an der Salzach, bald am Inn, in diesen salzburgischen und oberösterreichischen und oberbayrischen Hochfieberlandschaften jederzeit überall in Erfahrung zu bringende und auch bereits bei meiner vormittäglichen Ankunft in Erfahrung gebrachte ohrenbetäubende, von den Föhnstürmen ausgelöste, völlig viehische Geräuschelärm aus Ställen insbesondere vom Rind, vom Schwein, vom Geflügel usf. dachte ich. Der Tonfall, der ein krankhafter ist usf. Die Brüskierung meiner Person in diesem Fall muß ja eigentlich, indem ich ja, ganz abgesehen von Dutzenden und aber Dutzenden anderen Einladungen, bekanntlich auch von der Österreichischen Gesellschaft für Literatur in aller Herzlichkeit eingeladen worden war, denke ich, naturgemäß auch eine Brüskierung aller Leute von der Österreichischen Gesellschaft für Literatur usf. darstellen. In aller Bescheidenheit und naturgemäß auch Betroffenheit frage ich, ob es die Aufgabe einer Gastronomin, und sei es in S., sein kann, Gäste anderen Gästen gegenüber, anstatt ihnen selbstverständlich nützlich zu sein oder sie ganz einfach in Ruhe zu lassen, verächtlich, was noch schlimmer ist, öffentlich verächtlich zu machen.

Diese Gedanken unter dem Druck der sich insbesondere gegen das Winterende, es was ja erst Mitte April, in dieser Gegend bekanntlich immer noch mehr vergröbernden Jahreszeit und also der infolgedessen dort oben um diese Jahreszeit trotz des Föhns noch immer herrschenden tödlichen Temperaturen in Verbindung mit einer seit dem Mittag vollständig ermangelnden Verköstigung sowie der aus einem undurchsichtigen physikalischen Gesetz heraus urplötzlich über S. hereinbrechenden Dämmerung hatten mich natur-

gemäß und nichts als nur folgerichtig endlich frösteln lassen. Meine Erfahrungen mit der Gastwirtewelt sind ja seit vielen Jahren die groteskesten, also nicht die besten, aber ich frage mich heute, warum es tatsächlich auf alle Fälle immer die allerschlechtesten sein müssen.
Da habe ich tatsächlich plötzlich einen alten Mann, vermutlich einen Dörfler, widerwillig, wie ich glaubte, an einem Stock einfach aus einem Waldstück sich herausbewegen sehen. ›Ich suche das Gasthaus‹, sagte ich gleich. Er musterte mich und nahm mich mit. Er (der Alte) sei ständiger Gast im Gasthaus, sagte er bald. Und das könne wohl nur auf einem irrtümlichen (oder einem ausgefallenen) Gedanken beruhen, machte er mich plötzlich und nicht ohne Witz aufmerksam, wenn einer in S. absteige, hier Erholung suche. ›In *dem* Gasthaus dort?‹ So jung könne man gar nicht sein, daß man nicht gleich sehe, daß das natürlich unsinnig sei. ›In *dieser* Gegend?‹ Obwohl er mich vor sich hergehen ließ und mir nur ab und zu ein Kommando wie ›links‹ oder ›rechts‹ zurief, begann mich dieser Mensch schon nach kurzer Bekanntschaft seiner Person mit einem Mal mehr und mehr zu interessieren. ›Diesen Weg gehe ich täglich‹, sagte er, ›ich gehe ihn schon jahrzehntelang. Ich könnte ihn im Schlaf gehen.‹ Ich machte den Versuch, Näheres über den Grund, warum er jetzt in S. sei, zu erfahren. ›Meine Krankheit und alle Gründe zusammen‹, sagte er. Ich hatte mir selbstverständlich keine ausführlichere Auskunft erwartet. Das allerdings hatte ich sofort gefühlt: diesem Mann gegenüber kann ich vollkommen ehrlich die Wahrheit sagen, ohne zu verraten, wer ich *wirklich* bin, ich kann ihm von vornherein alles sagen, was ich denke, und ich dachte nichts Gutes. Sie sei eine schlechte Abwascherin, meinte er mehrere Male. Die Fenster ließe sie das ganze Jahr über sämtlich geschlossen. Auf das Dorf zurückkommend, sagt er: ›Man muß auf alle Fälle etwas zum Lesen mithaben oder eine Arbeit. Ha-

ben Sie denn nichts mit?‹ Und etwas später, bereits in dem Augenblick, als wir in das sogenannte Vorhaus eingetreten waren und ich dann augenblicklich buchstäblich wie in eine plötzlich in ein Vorhaus eingetretene Tragödie, Urtragödie schaute, daß es von mir hätte sein können: ›Ein paar Schritte hinein, heraus, dahin, dorthin, um nicht erfrieren zu müssen ... Der Mund wird gehalten, das andere tobt sich aus ...‹ Was zieht einen Menschen wie ihn in eine solche Gegend?!
Am nächsten Morgen bin ich mit dem ersten Autobus aus der verdrußerzeugenden S.schen Hochlandschaft wieder nach Hause hinuntergefahren, wo ein Berg unerledigter Arbeiten und Gedanken auf mich wartete.«
Im Glauben, die *Einkehr in einem Pinzgauer Dorfgasthof* stamme von Thomas Bernhard, schrieb ihm die Redakteurin Petra Kipphoff einen Brief:
»Herrn
Thomas Bernhard
A-4694 Ohlsdorf   26. Juni 1979
Werter Herr Bernhard,
in Stellvertretung des freundlichen Opportunisten in der Position des Ressortleiters und in meiner selbständigen Existenz als freundliche Opportunistin [die Äußerung fiel in dem Interview *Der Wald ist groß, die Finsternis auch*; in diesem Band S. 158] habe ich Ihren Bericht über die Einkehr in einem Pinzgauer Dorfgasthof mit jenem frivolen Vergnügen gelesen, das die Kehrseite der oben mehrfach genannten und seit dieser Woche auch den ZEIT-Lesern durch Ihr Interview bekannten Befindlichkeit ist. Wir möchten, dies sei mit der Klarheit der Wahrheit und trotz der Vorsicht gegen die Rücksicht gesagt, diesen Bericht vom Grund des Daseins gern drucken. Nun drucken wir aber bereits und just in dieser Woche sehr viel Bernhard, und in der nächsten Woche wird sich Ihr hochgeschätzter Name im Zusammenhang

Ihrer Ruhestandspremiere weiterhin üppig durchs Blatt ziehen. Mit diesen und anderen Worten: die Naturgeschichte sollte noch ein paar Wochen lagern, um dann den Ferienreisenden, selber gerade in einem Dorfgasthof sitzend, zur wahren Lebenshilfe werden.

Ich hoffe, daß Sie damit einverstanden sind, und wünsche einen angenehmen Sommer.

Ihre Petra Kipphoff

P. S. Gründliche Leser werden in Ihrem Bericht allerdings die Speisefolge vermissen.«

In einem Brief an die *Zeit* (26. Oktober 1979) gab sich der Wiener Journalist Karl Woisetschläger als der falsche Bernhard zu erkennen.

S. 177: *An den Präsidenten der Deutschen Akademie für Sprache und Dichtung...*

Erstdruck (Auszug): *Frankfurter Allgemeine Zeitung*, 26. November 1979.

Unter der Überschrift *Bernhard tritt aus. Offener Brief an die Akademie für Sprache und Dichtung* berichtete die Zeitung: »Auf der Herbsttagung der Deutschen Akademie für Sprache und Dichtung war neben Raymond Aron und Sir Karl Popper auch der ehemalige deutsche Bundespräsident Walter Scheel als neues Mitglied gewählt worden, was nun den Dichter Thomas Bernhard zum Austritt veranlaßt hat. In einem offenen Brief erklärt er ihn so:«

S. 178: *Lieber Peymann...*

Posthumer Erstdruck: *Die Zeit*, Hamburg, 24. Februar 1989.

S. 180: *Zu meinem Austritt*

Erstdruck: *Frankfurter Allgemeine Zeitung*, 7. Dezember 1979.

Die Zeitung stellte dem Text einen Vorspann voran: »Der demonstrative Austritt des Schriftstellers Thomas Bernhard aus der Deutschen Akademie für Sprache und Dichtung (Darmstadt) hat nicht nur unter Literaten viel Aufsehen erregt. Die Akademie hat auf Bernhards Erklärung hier ausführlich geantwortet (F. A. Z. vom 28. November). Daraufhin schickte Bernhard der Redaktion gestern aus Kreta die folgende Replik. In ihr begründet er seinen Austritt grundsätzlicher, so daß die Vermutung, seine Berufung auf die Zuwahl von Altbundespräsident Walter Scheel als Ehrenmitglied sei nur ein Anlaß für seinen Austritt, sich nun bestätigt. Die Red.«

S. 183: *Ich könnte auf dem Papier jemand umbringen*
Erstdruck: *Der Spiegel*, Hamburg, 23. Juni 1980.
Das Gespräch führten die *Spiegel*-Redakteure Erich Böhme und Hellmuth Karasek. Dem Interview in einem Kasten eingefügt ist ein Text der Redaktion: »Thomas Bernhard lebt zwei Autostunden von Wien und zwei Autostunden von München entfernt in dem oberösterreichischen Dorf Ohlsdorf auf einem einsamen Gehöft – auch eine Telephonverbindung mit der Außenwelt unterhält der große Einzelgänger der zeitgenössischen Literatur nicht. Am Bochumer Theater probiert der Bernhard-erfahrene Claus Peymann mit Edith Heerdegen und Bernhard Minetti zur Zeit ein neues Bernhard-Stück mit dem hohnvollen Titel ›Der Weltverbesserer‹, Premiere soll im September sein. [Die Uraufführung fand am 6. September 1980 statt.] Auch das nächste Stück ›Über allen Gipfeln ist Ruh‹ wird bereits in Bochum vorbereitet. [Die Uraufführung fand am 25. Juni 1982 statt.] Im letzten Jahr ist Bernhard, der Obsessionen des Künstlerberufs ebenso zu seinem Thema macht wie Krankheit, Schmerzerfahrung und Verwesensschrecknisse, unter Absonderung von Gift und Galle aus der Deutschen Akademie für Sprache und Dichtung ausgetreten und hat den Wiener Theatern Unfähigkeit bescheinigt, Bernhard-Stücke zu spielen.«
Das im Gespräch erwähnte »Filbinger-Stück« ist *Vor dem Ruhestand* (siehe in diesem Band S. 137 sowie 329); bei dem in der *Zeit* am 29. Dezember 1979 gedruckten Minidrama

handelt es sich um *Der deutsche Mittagstisch*; die Dissertation von Ria Endres erschien 1980 im Druck unter dem Titel *Am Ende angekommen. Dargestellt am wahnhaften Dunkel der Männerporträts des Thomas Bernhard*.

S. 200: *Sehr geehrter Herr Ruiss ...*
Erstdruck: *Problemkatalog. Bedingungen der Literaturproduktion in Österreich. Arbeitsunterlage zum Ersten Österreichischen Schriftstellerkongreß vom 6. bis 8. März 1981 in Wien*, hg. von Gerhard Ruiss und Johannes A. Vyoral. Wien 1981, S. 245 f.

S. 204: *Der pensionierte Salonsozialist*
Erstdruck: *profil*, Wien, 26. Januar 1981.
Oberhalb der Überschrift vermerkte die Redaktion: »Thomas Bernhard, der demnächst fünfzig wird, bedenkt Bruno Kreisky, der eben siebzig wurde – an Hand des Geburtstagsbuches von Roth und Turrini.«
Auf die Rezension von Bernhard folgte der Zusatz: »Es ist eine eherne Tradition des profil, daß ›Gastkommentare‹, die von uns in Auftrag gegeben wurden, auch dann erscheinen, wenn die darin geäußerte Meinung der der Redaktion widerspricht. Das ist bei diesem Beitrag von Thomas Bernhard der Fall.
H. V. [= Helmut Voska]«
Der »Gastkommentar« zog viele Leserbriefe nach sich, die *profil* in den beiden folgenden Wochen abdruckte. Die Wochenzeitung selbst sah »Österreich in Aufruhr« (*profil*, 16. Februar 1981). Wolf in der Maur (siehe auch in diesem Band S. 35), zu diesem Zeitpunkt Intendant von ORF 1, dachte öffentlich darüber nach, ob die Sendung des Bernhard-Porträts von Krista Fleischmann (*Monologe auf Mallorca*) anläßlich des 50. Geburtstags des Autors nicht unterbleiben solle.

S. 209: *Sehr geehrter Herr Ruiss ...*
Erstdruck: *Autorensolidarität. Erster Österreichischer*

Schriftstellerkongreß, 6. bis 8. März 1981. Resolutionen (= *Zirkular* Nr. 5), hg. von Heinz Lunzer, Alfred Pfoser und Gerhard Renner. Wien 1981, S. 46.

S. 211: *Schwulst*

Erstdruck: *Wiener Journal*, H. 5, Februar 1981, S. 28.

Dem Abdruck des Leserbriefs folgte die Anmerkung: »Stelzhamer heißt natürlich Stelzhamer und nicht Stelzhammer. Für diesen (verräterischen?) Fehler bitten wir um Entschuldigung. Den ›unlauteren Schwulst‹ weisen wir jedoch zurück: wer seinem Patriotismus nicht so subtil-dialektischen Ausdruck zu verleihen vermag (oder mag) wie Thomas Bernhard, steht nicht notwendigerweise gleich im Verdacht der Dummheit und Scheinheiligkeit. Darum ging's ja im Heft 3. D. Red.«

S. 212: *Mitglieder der Sozialistischen Partei Österreichs...*

Erstdruck: *profil*, Wien, 23. März 1981.

Der Leserbrief wurde von folgendem Vorspann eingeleitet: »Im profil 4/81 schrieb Thomas Bernhard über das Kreisky-Buch von Turrini und Roth. Seine Buchkritik wurde zur Kanzlerkritik und löste eine profil-Leserbrief-Welle aus.«

S. 213: *Verfolgungswahn?*

Erstdruck: *Die Zeit*, Hamburg, 1. Januar 1982.

Die Redaktion hatte fünf Autoren um ein Gedicht zum Jahresende gebeten. Die Überschrift über allen Gedichten lautete: *Trauer, die jetzt im Kalten spricht. Fünf deutsche Gedichte zum Jahresende.*

S. 215: *Ich und meine Arbeit...*

Erstdruck: *Mein(e) Feind(e). Literaturalmanach 1982*, Salzburg: Residenz Verlag, 1982, S. 28.

S. 216: *Alle Menschen sind Monster, sobald sie ihren Panzer lüften*

Erstdruck in französischer Übersetzung: *Le Monde*, Paris, 7. Januar 1983.

Erstdruck in der Rückübersetzung von Andres Müry: *Von*

einer Katastrophe in die andere, hg. von Sepp Dreissinger, Weitra 1992, S. 104-113.
Der deutschen Fassung ist eine Bemerkung des Interviewers Jean-Louis de Rambures vorangestellt: »Um Thomas Bernhard ein erstes Mal treffen zu können, mußte ich ein Jahr lang verhandeln. Sein deutscher Verleger wiederholte mir immer wieder, daß dies ein praktisch unmögliches Unterfangen sei. Zudem habe er noch nie einem französischen Journalisten ein Interview gegeben.
Und dann hat eines schönen Tages mein Telefon geklingelt: ›Thomas Bernhard erwartet Sie. Verlieren Sie keine Zeit, denn er kann jeden Augenblick seine Meinung ändern.‹
Mein Herz schlug heftig, als ich sein Haus, einen großen Vierkanthof, halb Kloster, halb Gefängnis mitten in den Salzburger Voralpen, erreichte. Hatte er nicht einmal seinen Verleger einen ganzen Vormittag lang mit den Fahnen unterm Arm warten lassen? Thomas Bernhard stand auf der Schwelle und lachte: ›Geben Sie zu, daß ich Sie erschreckt habe!‹
Das Interview wurde sehr aufregend. Thomas Bernhard sprach, wie er schrieb. Als der Artikel in ›Le Monde‹ erschien, erwartete ich keine Reaktion von seiner Seite. Ich hatte geschrieben, daß er auf Briefe nie reagiere. Um so größer war meine Überraschung, als ich in meinem Briefkasten herzliche Zeilen vorfand. ›Ich kann nicht glauben, daß ich all das gesagt habe, was Sie geschrieben haben‹, schrieb Thomas Bernhard, ›aber ich kann auch nicht beschwören, daß diese Sätze nicht von mir sind . . .‹«
S. 223: *Ich hab' praktisch eh alle gegen mich*
Erstsendung: Abendjournal, ORF, 29. August 1984.
Erstdruck: *Von einer Katastrophe in die andere*, hg. von Sepp Dreissinger, Weitra 1992, S. 114-118.
Die Interviewerin, Brigitte Hofer, sprach eine Anmoderation:
»Österreichs Kulturleben ist um einen Skandal reicher. Auf

Antrag eines namentlich nicht genannten Klägers wurde heute das jüngste Buch des Schriftstellers Thomas Bernhard mit dem Titel ›Holzfällen‹ aufgrund einer einstweiligen Verfügung gerichtlich beschlagnahmt. Der Kläger fühlte sich durch Bernhards Roman, der mit Österreichs Kulturschaffenden recht unsanft umspringt, beleidigt. Bernhard attackiert den Wiener Kunstbetrieb im allgemeinen und das Wiener Burgtheater im besonderen. Das im deutschen Suhrkamp Verlag erschienene Buch war erst vor wenigen Tagen an die Buchhandlungen ausgeliefert worden, aus denen es jetzt wieder verschwunden ist.

Eine Abendgesellschaft in der Wiener Gentzgasse. Zum Essen erwartet man einen prominenten Burgschauspieler, der sich nach einer Premiere der ›Wildente‹ unter die illustren Gäste mischen will – Ausgangssituation und Rahmen von Thomas Bernhards jüngstem Buch ›Holzfällen‹, ein Buch, das, wie schon manch anderes Werk des großen literarischen Einzelgängers, mit Österreich, mit seiner Kultur und seinem Kulturbetrieb unsanft abrechnet.

Ein Zitat als Beispiel: ›Künstlertum heißt in Österreich für die meisten, sich dem Staat, gleich welchem, gefügig zu machen und sich von ihm aushalten zu lassen, lebenslänglich. Das österreichische Künstlertum ist ein gemeiner und verlogener Weg des Staatsopportunismus, der mit Stipendien und Preisen gepflastert und mit Orden und Ehrenzeichen tapeziert ist und der in einem Ehrengrab auf dem Zentralfriedhof endet.‹

Unter den von Thomas Bernhard Attackierten befinden sich diesmal vor allem Künstler und Kulturfunktionäre – Literaten, Burgschauspieler, Komponisten mit fiktiven Namen. Einer fühlte sich von Bernhards Text bis zur Kenntlichkeit beschrieben und klagte. Sein Rechtsanwalt, Dr. Edwin Morent: ›Ich bin nicht in der Lage, den Namen meines Mandanten offenzulegen. Ich kann lediglich sagen, daß es sich bei dem Werk des Thomas Bernhard um einen Schlüsselroman handelt, der in die höchstpersönlichen Persönlichkeitsrechte meines Mandanten eingreift. Wegen Gefahr im Verzug hat das Landesgericht Wien eine einstweilige Verfügung erlassen. Aus diesem Grund sind die Sicherheitsbehörden, das sind Polizei und Gendarmerie, in ganz Österreich bereits aufgefordert, in den Buchhandlungen den weiteren Verkauf des Romans zu unterbinden und die Romane einzuziehen.‹«

Die Vorgeschichte: Der mit Thomas Bernhard in den fünfziger Jahren befreundete Komponist Gerhard Lampersberg hatte am 21. August 1984 beim Landesgericht Wien einen Strafantrag gegen Thomas Bernhard und Siegfried Unseld wegen übler Nachrede und Beleidigung im Roman *Holzfällen* eingereicht und zugleich eine Einstweilige Verfügung beantragt. Dieser wurde am 27. August 1984 stattgegeben, das Buch am 29. August in allen Buchhandlungen Österreichs beschlagnahmt. Der Kritiker bei der in Wien erscheinenden Tageszeitung *Die Presse*, Hans Haider, hatte, im Besitz eines Rezensionsexemplars, Gerhard Lampersberg über den Inhalt von *Holzfällen* informiert; siehe in diesem Band auch S. 225-226. Die Klage wurde von Lampersberg zu Beginn des Jahres 1985 zurückgezogen.

S. 225: *Verbot*

Erstdruck: *Die Presse*, Wien, 9. November 1984.

Dem Abdruck des Briefs war unter der Überschrift *Bernhard verbietet Auslieferung seiner Bücher nach Österreich* eine Bemerkung vorangestellt: »Der österreichische Schriftsteller Thomas Bernhard hat in einer am Donnerstag der ›Presse‹ übermittelten Erklärung bekanntgegeben, daß er seinen Verleger Siegfried Unseld vom Frankfurter Suhrkamp Verlag angewiesen hat, seine Bücher ab sofort nicht mehr nach Österreich auszuliefern. Die mit ›Verbot‹ überschriebene Erklärung steht im Zusammenhang mit der Beschlagnahme von Bernhards jüngstem Werk ›Holzfällen‹ in Österreich und hat folgenden Wortlaut:«

S. 226: *Bernhards Plädoyer*
Erstdruck: *Frankfurter Allgemeine Zeitung*, 15. November 1984.
Unter dem Artikel vermerkte die Redaktion: »Dr. Hans Haider ist Kulturredakteur der Wiener Tageszeitung ›Die Presse‹.«

S. 231: *Ich bin kein Skandalautor*
Erstdruck in französischer Übersetzung: *Le Monde*, Paris, 2. Februar 1985.
Erstdruck in deutscher Rückübersetzung von Monika Natter (Vorbemerkung) und Isabelle Pignal: *Von einer Katastrophe in die andere*, hg. von Sepp Dreissinger, Weitra 1992, S. 119-123.

S. 234: *Soeben aus dem Ausland zurückgekehrt...*
Erstdruck: *profil*, Wien, Heft 16, 14. Mai 1984.

S. 235: *Vranitzky. Eine Erwiderung*
Erstdruck: *Die Presse*, Wien, 13. September 1985.
Die Redaktion fügte dem Text unter dem Titel *Bernhard. Ein Problem* eine Nachbemerkung an:
»Es gibt Menschen, die aufstehen und sich gegen Salzburg verneigen – oder gegen Freilassing –, wenn sie seinen Namen hören, den des, wie sie meinen, einzigen zeitgenössischen österreichischen Theaterdichters von Rang. Es gibt andere, die ihn als maßlos überschätzten Nestbeschmutzer bezeichnen. Ein Problem ist Thomas Bernhard jedenfalls. Wie weit darf Österreichkritik gehen, wo verlaufen die Grenzen von Toleranz (oder Geschmack)? Sit venia verbo, könnte man sagen: für Künstler gelten andere Gesetze, zumeist solche, die sie sich selbst basteln. Für ›Die Presse‹ indes ist Bernhards verbalisierter Wutausbruch gegen Finanzminister Vranitzky ein Zeitstück, freilich kein lustiges. Vielmehr eines, das vom Dichter wohl als Provokation gemeint, von uns

als Diskussionsgegenstand verstanden wird. Die Interpretationen mögen bis zur Selbstentlarvung gehen, als Dokumentation, daß – und wie sehr – ein Dichter hassen kann, sogar sein Vaterland, ist Thomas Bernhards Erwiderung hochinteressant.
t. c. [= Thomas Chorherr]«
Thomas Bernhard bezog sich zu Beginn seiner Ausführungen auf den österreichischen Kabarettisten Werner Schneyder, der in einer Fernsehsendung die Aufführung von Stücken Thomas Bernhards mit der Vergabe öffentlicher Subventionen in Zusammenhang gebracht hatte. Einen Tag darauf, am 11. September 1985, hatte Finanzminister Franz Vranitzky anläßlich der Eröffnung der Wiener Herbstmesse die Vorgänge rund um die Salzburger Premiere von *Der Theatermacher* angesprochen und kritisiert, daß es in Österreich möglich sei, »sich bei einer renommierten österreichischen Kulturveranstaltung unter Einstreifen guter Steuerschillinge die eigene Verklemmung vom Leib zu schreiben.«
S. 238: *Antwort*
Erstdruck: *Die Presse*, Wien, 25. September 1985.
Die Redaktion stellte unter den Titel eine Bemerkung:
»Neue Attacke des Dichters
Thomas Bernhard hat der ›Presse‹ die folgende ›Antwort‹ übermittelt, die als Erwiderung auf die Äußerungen von Unterrichtsminister Moritz zu seinem Buch ›Alte Meister‹ und zu seiner Person gedacht ist.«
Herbert Moritz, 1984-1987 österreichischer Bundesminister für Unterricht, Kunst und Sport, SPÖ-Mitglied, hatte, als Reaktion auf Thomas Bernhards Artikel *Vranitzky. Eine Erwiderung* (siehe in diesem Band S. 235-237), am 20. September 1985 im ORF erklärt, der Autor werde immer mehr zu einem Objekt der Wissenschaft, wobei er nicht die Literaturwissenschaft meine. Auch Werner Schneyder meldete sich erneut zu Wort.

S. 240: »*Von Ehrengrab zu Ehrengrab*«
Erstsendung: Ö1, März 1986.
Erstdruck: *Lesezirkel (Beilage der Wiener Zeitung)*, Nr. 20, September 1986 (Thema des Heftes: *Junge Literatur in Österreich*), S. 25.
S. 242: *Sehr geehrter Herr Dr. Temnitschka ...*
Posthumer Erstdruck: Gerhard Ruiss, Johannes Vyoral: *Der Zeit ihre Kunst. Der Kunst ihre Freiheit. Der Freiheit ihre Grenzen? Zensurversuche und -modelle der Gegenwart.* Wien 1990, S. 142.
S. 243: *Mein Beitrag ...*
Schriftliche Stellungnahme am 4. April 1986 für die Sendung *Zeit im Bild* (ORF).
Erstdruck: Ruiss, Vyoral, a. a. O.
S. 244: *Leute, die ein Gespräch führen wollen, sind mir verdächtig*
Erstdruck in französischer Übersetzung: *Cahiers l'Envers du miroir. Nr. 1: Thomas Bernhard*, hg. von Hervé Lenormand und Werner Wögerbauer, Saint-Nazaire 1987.
Deutscher Erstdruck in: *Kultur & Gespenster*, Ausgabe 2, Herbst 2006, S. 178-188.
Wögerbauer stellte dem Interview folgende Einleitung voran: »Wien, Café Bräunerhof, 15. Juli 1986, am frühen Vormittag: Thomas Bernhard hatte mit mir einen eher unbestimmten Termin für ein Interview fixiert. Er lasse gerade seine Wiener Wohnung neu ausmalen, ›naturgemäß‹ in weiß. Da er die Anwesenheit der Handwerker in seiner Wohnung nicht aushalte, flüchte er schon am frühen Morgen ins Kaffeehaus. Als ich im Bräunerhof ankomme, ist er schon installiert, nahe beim Eingang, wo die Luft besser sei. Eingemauert in Türme von Zeitungen, deren Seiten er hastig überfliegt und beim Umblättern fast zerreißt. Ein Gespräch? Einverstanden, heute sei er dazu aufgelegt. Aber: kurz und bündig.«

S. 265: *Lieber Claus Peymann...*
Posthumer Erstdruck: *Die Zeit*, Hamburg, 24. Februar 1989.
S. 266: *Von einer Katastrophe in die andere*
Erstdruck: *Süddeutsche Zeitung*, 17./18. Januar 1987.
Das Interview wurde mit folgenden Worten eingeleitet: »Wer versucht, sich Thomas Bernhard über Archivmaterial zu nähern, bringt sich in eine komplizierte Situation. Statt des einen Schriftstellers, mit dem man sich als Leser auseinandersetzte, hat man plötzlich eine ganze Anzahl Thomas Bernhards im Reisegepäck nach Wien: den ›großen störrischen Einzelgänger‹, den ›heiteren Tragiker‹, den ›makabren Humoristen‹, den ›leidenden Rebellen‹ (Marcel Reich-Ranicki), den ›staatlich geprüften Misanthropen‹ (Ulrich Weinzierl), den ›Verzweiflungsvirtuosen und Mißmutsmanieristen‹ (Eberhard Falcke), den ›ins Finstere vernarrten Komödianten‹ (Franz Josef Görtz) oder die ›misanthropische Wortmühle‹ (Sigrid Löffler).
Die Lektüre der Kritiken seines umfangreichen Prosawerks und der vielgespielten Theaterstücke ist wie ständig wechselnder Konsum von Süßem und Saurem. Und dann sitzt man vor verspiegelten Säulen in einem Hotel an der Kärntner Straße und wartet auf den Dichter. Vielleicht hat er einen schon längst im Spiegel erblickt und so widerwärtig gefunden wie Caecilia und Amalia in seinem letzten Roman ›Auslöschung‹. Vielleicht ist er deshalb schon längst wieder gegangen. Doch dann steht er da, und sein offenes Lächeln bewirkt Auslöschung aller angelesenen Bernhard-Porträts. Man möchte von ihm selber wissen: Wer ist Thomas Bernhard?«
S. 280: *... allerdings nur als Baß-Stimmführer*
Erstdruck: *Süddeutsche Zeitung*, München, 3. März 1987.
S. 283: *Bernhard gegen Europalia.*
Erstdruck: *Die Presse*, Wien, 6. August 1987.

S. 286: *Sehr geehrter Herr Bundesminister*...
Erstdruck: *Basta*, Wien, Nr. 10, 30. September 1987, S. 216.
Unter der Überschrift *In der Hölle von Wien* berichtete die Zeitschrift über das von Claus Peymann zur Uraufführung am Burgtheater angenommene Stück *Elisabeth II*. Einleitend zu Thomas Bernhards Brief heißt es: »Zum Vorabdruck erreichte uns aus Thomas Bernhards Umgebung einer jener raren Briefe, die der Meisterpolemiker alle heiligen Zeiten einmal über ein ihm genehmes Medium der Öffentlichkeit weiterreicht. Empfänger: Alois Mock, dessen Außenministerium mit einem von der Stadt Rio de Janeiro an Bernhard gerichteten Schreiben unverwechselbar österreichisch verfuhr: schlampig, ignorant und respektlos. Ein alpenländisches Sittenbild.«
S. 288: *Mein Glückliches Österreich*
Erstdruck: *Die Zeit*, Hamburg, 11. März 1988.
S. 296: *Straßenbahn ist Kleinod*
Erstdruck: *Salzkammergut-Zeitung*, Gmunden, 12. Jänner 1989.

Notiz der Herausgeber

Die hier versammelten »öffentlichen« Publikationen Thomas Bernhards sind ursprünglich in Zeitungen, Zeitschriften und Sammelbänden verstreut erschienen, zum Teil an entlegener Stelle. Mit Ausnahme der Interviews sind sie nun erstmals ungekürzt und in Buchform zugänglich.
Im Umgang mit der Medienöffentlichkeit bediente sich Bernhard einer Vielzahl literarischer Gattungen und journalistischer Formate: von der in offiziellem Rahmen gehaltenen Festrede bis zum spontanen, einen Übelstand anprangernden Leserbrief, vom polemischen Feuilleton-Beitrag bis zum Interview in unbekümmert freier Rede, von der mit persönlichen Erinnerungen angereicherten, bedingungslosen Lobrede bis zum kompromißlos-scharfen offenen Brief. Die chronologische Reihung der Texte läßt eine bis ins sprachliche Detail gehende Kontinuität über dreieinhalb Jahrzehnte erkennen.
Jede Äußerung wird hier in der Form ihrer Erstveröffentlichung wiedergegeben. Wo es zum Verständnis notwendig ist, werden die Anmerkungen der Redaktionen durch Kursivierung kenntlich gemacht. Redaktionelles Beiwerk wie Titel, Untertitel, Kopfnote, Vorspann oder Kommentar findet sich im Anhang.
Die Anmerkungen geben Hinweise zum Kontext der Publikationen. Vermerkt werden neben Ort und Datum des Erstdrucks Angaben zur Vorgeschichte bzw. zu den Reaktionen unmittelbar Betroffener. Auf den Versuch, die von diesen Schriften ausgelöste Medienresonanz auch nur annähernd widerzuspiegeln, mußten wir aus Platzgründen verzichten. Eine ausführlicher kommentierte Edition bleibt dem Band 22 der Thomas-Bernhard-Werkausgabe vorbehalten.

Rechtschreibung und Zeichensetzung folgen dem Erstdruck. Schreib- oder Satzfehler sowie sinnentstellende Interpunktion wurden stillschweigend bereinigt.
Wir danken besonders Theresia Klugsberger, Heidrun Isabella Stiftner, Astrid Wallner, Eckart Früh, Wieland Schmied und Thomas Wiedenholzer.

Die Herausgeber

Inhalt

Jean-Arthur Rimbaud 7
Das Werk von Josef Weinheber 18
Von schwarzen Sonnen und heiterem Gemüt 21
Salzburg: Kokoschka und Manzù 24
Salzburg wartet auf ein Theaterstück 26
Ein Wort an junge Schriftsteller 29
Dichter über Georg Trakl 32
Junge Köpfe. Thomas Bernhard 33
Theater am Tonhof 35
Warum nur zwei Ohrfeigen? 36
Mit der Klarheit nimmt die Kälte zu 37
Politische Morgenandacht 40
Unsterblichkeit ist unmöglich 46
Die Vergangenheit ist unerforscht 54
Mein nächstes Buch 68
Verehrter Herr Minister, verehrte Anwesende 69
Der Wahrheit und dem Tod auf der Spur 71
In Österreich hat sich nichts geändert 79
Nie und mit nichts fertig werden 81
Grand Hotel Imperial Dubrovnik 83
Bernhard telegraphiert Kaut 85
Von Lissabon aus 87
Gestern in Augsburg: Bernhard besucht AZ 88
Thomas Bernhard: »Ich brauche die Festspiele nicht« 91
»Aus Schlagobers entsteht nichts« 93
Bernhard Minetti 106
Thomas Bernhard spricht 108
Schriftstellerberuf heute 111
»Ein destruktiver, schrecklicher Kerl« 112
Thomas Bernhards Lissaboner Erlebnisse 115

Morgen Salzburg	117
Ist das Theater nicht mehr, was es war?	129
Bremer Literaturpreisträger antworteten auf drei Fragen	134
Verehrte Anwesende...	135
zu hexenjagd schwäbisch...	137
Zum Österreichischen Nationalfeiertag 1977	138
Das Ganze ist im Grunde ein Spaß	141
Ich fülle die Leere mit Sätzen aus	153
Sehr geehrte Frau Annelore Lucan-Stood...	156
Der Wald ist groß, die Finsternis auch	158
Thomas Bernhard: Ein Brief an die ZEIT	173
Du liebe ZEIT...	175
Sehr geehrter Herr Präsident...	177
Lieber Peymann, Großfürst der Schnürböden	178
Zu meinem Austritt.	180
Ich könnte auf dem Papier jemand umbringen	183
Sehr geehrter Herr Ruiss...	200
Der pensionierte Salonsozialist.	204
Sehr geehrter Herr Ruiss...	209
Schwulst.	211
Mitglieder der Sozialistischen Partei Österreichs...	212
Verfolgungswahn?	213
Ich und meine Arbeit...	215
Alle Menschen sind Monster, sobald sie ihren Panzer lüften	216
Ich hab' praktisch eh alle gegen mich	223
Verbot	225
Bernhards Plädoyer	226
Ich bin kein Skandalautor	231
Soeben aus dem Ausland zurückgekehrt...	234
Vranitzky. Eine Erwiderung	235
Antwort	238

»Von Ehrengrab zu Ehrengrab« 240
Sehr geehrter Herr Dr. Temnitschka 242
Mein Beitrag zur Eindämmung der Professoren-
inflation 243
Leute, die ein Gespräch führen wollen, sind mir
verdächtig 244
Lieber Claus Peymann 265
Von einer Katastrophe in die andere 266
... allerdings nur als Baß-Stimmführer 280
Bernhard gegen Europalia 283
Sehr geehrter Herr Bundesminister 286
Mein Glückliches Österreich 288
Straßenbahn ist Kleinod 296

Anhang 297
Notiz der Herausgeber 342